욥기, 전도서, 아가의 이해

양 창 삼

욥기, 전도서, 아가의 이해

2022년 8월 25일 초 판 1쇄 인쇄
2022년 8월 30일 초 판 1쇄 발행

저 자 • 양 창 삼
발행인 • 조 경 혜
발행처 • 도서출판 그리심
07030 서울시 동작구 사당로2길 72 인정 B동 (B01)

등록번호 • 제 7-258호(1998. 4. 23)
출 판 사 • 전화 523-7589 팩스 523-7590
전자우편 • grisimcho@hanmail.net
홈페이지 • grisim.net
• http://smartstore.naver.com/grisimgrisim

ISBN 978-89-5799-477-1 (93230)

양 창 삼

양창삼(梁創三)은
현재 한양대학교 경상대학 경영학부 명예교수이고
목사이자 시인이다.
서울대학교에서 정치학과 경영학을 공부했다.
미국 웨스턴일리노이 대학교에서 MBA를,
연세대학교에서 경영학 박사 학위를 받았다.
총신대학교에서 목회학 석사와
신학 석사 학위를 받았다.
한양대에서 경상대학 학장과
산업경영대학원 원장을 역임했으며
중국 연변과기대에서 상경대학장, 부총장, 챈슬러를 역임했다.

저서

'기독교와 현대사회' 로 한양대에서 우수저술상을 받았고,
'헨리 나우웬의 실천하는 영성' 은
문화관광부 우수교양도서로 선정되었다.
함께 쓴 '뒤르케임을 다시 생각한다' 는
대한민국 학술원 우수학술도서로 선정되었다.
기독교 관계 주요 저서로
'기독교사회학의 인식세계,'
'뒤틀린 삶의 문제와 기독교적 해답,'
'자아의식과 예수의식,'
'조선을 섬긴 행복: 서서평의 사랑과 인생' 등이 있다.

바른 성경읽기에 관심을 가져
'창세기' 를 비롯한 모세오경, '열왕기 상하 읽기,' '시편 읽기,'
'잠언의 이해,' '이사야의 이해,' '예레미야, 예레미야애가의 이해,'
"에스겔서의 이해,' '다니엘서,' '소선지서' 등 구약해설서 전권과,
'마태복음의 이해' 를 비롯한 사복음서, '사도행전의 이해,'
'로마서의 이해' 를 비롯한 여러 바울서신, '히브리서의 이해,'
'베드로전서와 베드로후서의 이해,'
'요한1 · 2 · 3서와 요한계시록' 등 신약해설서 전권을 내놓았다.

머리말

이 책은 시가서 가운데 욥기, 전도서, 아가를 이해하는데 길잡이 역할을 하는 책이다. 시가서는 쉽게 읽히지만 따지고 보면 어려운 구석이 한두 군데가 아니다. 이 책은 독자로 하여금 이러한 부분들에 대해 전체적으로 볼 수 있는 눈과 깊이를 잴 수 있는 안목을 키워주는 데 목적이 있다. 이것을 알게 되면 성경만큼 우리의 마음을 움직이는 책은 없다.

'욥기' (the Book of Job)는 시가서의 첫 번째 책이다. 이 책은 우스 땅의 욥이 겪은 시련과 그로 인한 욥의 신앙의 위기가 기록되어 있다. 욥기의 저자는 알 수 없다. 욥 자신이라는 주장에서부터 엘리후, 모세, 솔로몬, 이사야, 예레미야, 에스라, 이방인 등 다양하다. 모세일 것으로 보는 것은 그가 미디안 광야에 있을 때 들은 것을 기록했을 것으로 보기 때문이다.

욥기는 고난의 문제를 다루고 있다. 욥을 찾아온 친구들이 그의 고난을 두고 나름대로 의견을 제기한다. 그 키워드는 '죄' 다. 그의 세 친구는 영적 체험, 전통, 이성 등 각자의 신앙적 입장을 견지하며 그가 당하는 고난은 죄에 대한 벌이기 때문에 회개하라고 윽박지른다. 후반에 등장하는 엘리후는, 고난은 죄를 짓지 않게 하려는 것이라 말한다. 욥의 친구들은 하나님의 정당성을 주장하기 위해 온갖 말을 지어냈다. 욥기는 전능하신 하나님을 바라보며 고난을 참고 이기면 승리의 삶을 살 수 있음을 가르쳐 준다.

'전도서' 를 'Book of Ecclesiastes' 라 한 것은 70인 역에 따른 것이며 히브리 명칭은 '코헬레트' (qoheleth)이다. 이 말은 '회중' 이라는 뜻을 가진 '카할' (qahal)에서 나왔다. 이 두 명칭은 '회중을 불러모아놓고 가르치는 자' , 곧 전도자이다. 우리는 중국성경을 본 따 '전도서' 라 했다.

전도서는 허무주의를 강조하는 장이 아니다. 이 세상은 믿는 사람이든 믿지 않는 사람이든 헛되다는 것을 인식하게 하고, 그 헛됨으로부터 자유하도록 한다. 인생은 허무하다는 것을 솔직하게 시인하고, 하나님께 엎드리도록 만드는 것이 전도서의 가치가 있다. 더 이상 헛된 세상에 굴복하지 말고 당당하게 살라는 것이다. 일의 결국, 곧 세상은 헛되니 하나님을 경외하며 살라는 것이다(전 12:13).그는 창조의 본성에 대해 불만을 말하면서도 창조자의 존재와 공경을 의심치 않았다. 먹고 마시고 기뻐하고, 선을 행하며, 아내와 즐겁게 살고, 최선을 다해 일하고, 하나님을 경외하고, 최후의 심판 날을 명심하며 사는 것이 이 헛된 세상에서 할 일로 결론지었다.

'아가' (Song of Solomon)는 솔로몬이 지었음을 처음부터 밝히고 있다. 아가는 '아름다운 노래' 라는 뜻에서 붙여진 것인데, '솔로몬의 노래', '노래 중의 노래', '술라미 여인을 향한 왕의 노래', '주님과 그 백성간의 사랑의 노래' 라는 이름으로도 알려져 있다.

아가는 신랑 솔로몬 왕과 신부 술라미 여인 사이의 사랑과 결혼 생활에 있어서의 상호태도가 어떠해야 하는가를 가르쳐주고 있다. 그러나 이것을 하나님과 이스라엘 민족(하나님의 아내)의 관계로 이해하기도 하고, 그리스도와 그의 신부된 교회의 관계로 이해하기도 하며, 어린 양 혼인 잔치의 기쁨을 나타내는 것으로 이해하기도 한다. 우리는 아가를 통해 단지 남녀 간의 사랑 노래로 그치는 것이 아니라 신부 같은 성도들을 찾으시는 예수님과, 성도로 하여금 어린 양 혼인잔치에 참여하는 기쁨을 미리 누리도록 역사하시는 주님을 바라볼 수 있어야 한다.

이 책을 통해 시가서에 대한 모든 설명을 마무리해서 기쁘다. 독자 여러분의 성경을 향한 사랑이 날로 깊어져 여러분의 삶이 주님을 향한 시가 되고, 찬양이 되기를 기도한다.

양 창 삼

Contents

[욥 기]

[전도서]

[아가서]

Job

욥기

욥은 온전하고,
정직하며,
하나님을 경외하며,
악에서 떠난 자로 소개하고 있다(1절).
'온전하고' (*tam*, blameless, perfect)는
죄가 없다는 것이 아니라
영적으로 성숙되었고,
인격이 깨끗하다는 뜻이다.

제1장

욥의 인물됨, 사단의 첫 번째 간계, 욥의 고난과 순결

1. 욥의 인물됨(1-5절)

욥(Job)은 우스 땅에 살고 있던 사람이다. '우스'(Uz)의 위치에 대해서는 여러 의견이 있으나 요단강 동쪽 지역과, 남으로는 에돔과 북으로는 아람 지경을 포함하는 넓은 지역으로 추정되고 있다. 사막 근처이기는 하지만, 농경과 목축을 할 정도로 땅이 비옥했다.

욥은 온전하고, 정직하며, 하나님을 경외하며, 악에서 떠난 자로 소개하고 있다(1절). '온전하고'(*tam*, blameless, perfect)는 죄가 없다는 것이 아니라 영적으로 성숙되었고, 인격이 깨끗하다는 뜻이다. '정직하며'(*yasar*, upright)는 '올곧은' 이란 의미로, 사람이 그 행동에서 하나님의 방식을 따르는 것을 말한다. 하나님과의 관계에서나, 삶에서 참으로 모범적인 인물임을 보여준다.

욥에게는 아들 일곱과 딸 셋이 있었다. 자녀가 모두 열이다. 소유 또한 많아 양이 7,000마리, 낙타가 3,000마리, 소가 500겨리, 암나귀가 500마리나 가지고 있다. '겨리'는 소 두 마리가 끄는 쟁기를 말한다. 여기서는 '둘'을 의미하는 수사로 사용되었다. 종도 많았다. 그는 동방 사람 중에 가장 훌륭한 자라 했다(3절). '동방'(*qedem*, the East)은 북부 아라비아에 위치한 게달로 추정된다. '가장 훌륭한 자'(the greatest)는 '부자'로 해석하기도 하고, 그곳의 '족장' 또는 '사막의 군주'로 보기도 하고, 심지어는 에돔의 2대 왕 요밥(창

36:33)이라는 주장도 있다.

4-5절은 욥이 얼마나 자녀들을 하나님 앞에서 바르게 키우고자 했는가를 보여준다. 그의 아들들이 생일잔치를 하고 나면 욥은 그들을 차례로 불러다가 성결하게 했다. 자신은 아침에 일어나 자녀의 수대로 일일이 번제를 드렸다. 욥은 자기 아들들이 혹시(부지중에) 죄를 범하여 마음으로 하나님을 욕되게(저주하거나) 하지 않았는지 살폈다. 욥은 바로 그런 사람이었다.

2. 사단의 첫 번째 간계(6-12절)

어느 날 하나님의 아들들(천사들)이 하나님 앞에 나와 섰을 때 고소자인 사단도 그들 가운데 와 있었다(6절). '사단' (Satan)은 '원수', '대적자' 라는 뜻이다. 하나님을 대적하여 원수가 된 타락한 천사를 가리킨다. 사단을 뜻하는 헬라어 '디아볼로스' (*diablos*)는 '고소자', '중상자' 를 뜻하며 신약에서는 흔히 '마귀' 로 번역된다.

하나님은 사단에게 어디를 다녀왔느냐 물으셨다. 사단은 땅을 두루 돌아다니다가 왔다고 했다. 하나님은 그러면서 "네가 내 종 욥을 주의하여 보았느냐? 그처럼 온전하고 정직하며 하나님을 경외하며 악에서 떠난 자는 세상에 없느니라." 고 하셨다(8절). 극찬하신 것이다. '내 종' (*abdi*, My servant)은 하나님과 특별한 관계에 있고, 충성스럽게 섬기는 사람을 가리키는 명칭이다. '주의하여 보다' (*hasamta*, have considered)는 문자적으로 '마음을 고정하다' 는 뜻이다. 욥의 순전함과 정직함을 기뻐하시는 하나님의 심정이 암시되고 있다.

그러자 "욥이 하나님을 두려운 마음으로 섬기는 데는 어찌 이유가 없겠습니까? 주께서는 항상 그와 그 가정과 그의 재산을 울타리로 두르시고(*sakta*, made a hedge, 보호하고) 그가 하는 모든 일에 축복을 해 주셔서 그의 가축이 온 땅을 덮을 만큼 부자가 되게 하셨습니다."(10절) 하나님이 그를 울타리를 치듯 보호하시고, 부하게 하시니 그런 것 아니겠느냐는 말이다.

그리고 사단은 말했다. "이제 주의 손을 펴서 그가 소유한 모든 것을 한번 빼앗아 보십시오. 그러면 당장 그가 정면으로 주를 저주할 것입니다."(11절) 그러자 하나님은 그의 소유를 네 마음대로 치되, 그의 몸에는 손을 대지 말라 하셨다. 죽이지는 말라는 말씀이다. 그래서 사단은 하나님 앞에서 물러갔다.

3. 욥의 고난과 순결(13-22절)

이제 욥에 대한 사단의 공격이 시작된다. 하루는 욥의 자녀들이 맏형의 집에 모여 식사를 같이하며 포도주를 마시고 있었는데, 한 종이 욥에게 달려와서 말하였다.

"우리가 소로 밭을 갈고, 나귀는 주변 목초지에서 풀을 뜯어 먹고 있었는데, 갑자기 스바 사람들이 우리를 기습하여 소와 나귀를 다 빼앗아 가고 종들을 죽였습니다. 그래서 나만 이렇게 간신히 살아나와 주인께 보고를 드립니다."(14, 15절) 하나님께서 보호의 울타리를 거두신 것이다. 스바 사람(*seba*, the Sabeans)은 아라비아 남서쪽 해안 지방으로, 지금의 예멘에 해당한다. 그들은 후에 향로, 금, 보석 등을 무역해 부유하게 되었다.

그의 말이 미처 끝나기도 전에 또 한 종이 와서 말하였다. "하나님의 불이 하늘에서 내려와 양떼와 종들을 모조리 태워 죽였습니다. 그래서 나만 이렇게 간신히 살아나와 주인께 보고하러 왔습니다."(16절) '하나님의 불' (the fire of God)은 번개, 유황불을 의미한다. 단순한 자연현상이 아니라 하나님의 특별한 목적에 따라 내리는 것을 말한다.

그의 말이 미처 끝나기도 전에 또 한 종이 와서 말하였다. "갈대아 사람들이 갑자기 우리를 기습하여 종들을 죽이고 낙타를 모조리 끌어갔습니다. 그래서 나만 이렇게 간신히 살아나와 주인께 보고하러 왔습니다."(17절) '갈대아 사람'(*kasdim*, the Chaldeans)은 남부 메소포타미아에 살던 민족으로, 약탈을 일삼았다. 후에 바벨론 제국을 세웠다.

그의 말이 미처 끝나기도 전에 또 다른 한 종이 와서 말하였다. "주인의 자녀들이 맏아들의 집에서 식사를 같이하며 포도주를 마시고 있었는데 갑자기 사막에서 태풍이 불어와 집 네 모퉁이가 무너져 내려 그들이 다 죽고 말았습니다. 그래서 나만 이렇게 간신히 살아나와 주인께 보고하러 왔습니다."(18, 19절) 엎친 데 덮친 격이다. 욥은 이렇게 한꺼번에 자기의 소유뿐 아니라 자녀들마저 모두 잃게 되었다.

그러자 욥은 일어나 자기 겉옷을 찢고 머리털을 밀고 땅에 엎드려 여호와께 경배하며 말했다(20절). "내가 태어날 때 아무것도 가져온 것 없었으니 죽을 때에도 아무것도 가져가지 못하리라 주신 자도 여호와시요 가져가신 자도 여호와시니 여호와의 이름이 찬양을 받으시기 원하노라."(21절)

고대 히브리인들은 태어나기 전의 상태와 죽은 후의 상태가 같다고 보았다. 욥은 자기 자신을 벌거벗은 존재로 이해했으며, 자신의 재앙에도 불구하고 그동안 자신에게 복을 주셨던 하나님을 찬양하고, 그분이 도로 가져가실 수 있음을 인정했다. 주신 이도 하나님이시요 취하시는 이도 하나님이니 찬양 받으실 이는 오직 하나님이시다. 이것은 고통을 뛰어넘는 신앙이다.

욥은 이 모든 일을 당하고도 범죄하거나 결코 하나님을 원망하지 않았다(22절). 하나님이 우리 울타리(보호막)를 거둬낼 때 욥의 진짜 믿음이 드러난다. 무너지는 울타리가 아니라 그 가운데서도 우리를 붙드시는 하나님을 바라보자.

제2장

사단의 두 번째 간계, 욥의 두 번째 시련, 세 친구의 방문

1. 사단의 두 번째 간계(1-6절)

어느 날 또 하나님의 아들들(여호와의 천사들)이 여호와 앞에 나와 섰을 때 사단도 그들 가운데 와 있었다(1절). 하나님께서 사단에게 "어디를 갔다가 오는 길이냐?" 하고 물으셨다. 사단은 하나님께 땅을 이리저리 돌아다니다가 오는 길이라 대답했다(2절)

그러자 하나님께서 말씀하셨다.

"네가 내 종 욥을 주의하여 보았느냐? 그처럼 온전(진실)하고 정직하며 나를 두려운 마음으로 섬기고 악을 멀리하는 사람은 세상에 없다. 네가 나를 충동(자극)하여 아무 이유 없이 그를 해치게 하였지만 그는 여전히 자기의 온전함(진실 됨)을 굳게 지키고 있다."(3절) 하나님은 욥을 굳게 신뢰하셨다.

하나님의 말씀에 사단은 말했다.

"가죽은 가죽으로 바꾸는 법입니다. 사람이 자기 생명을 구하기 위해서는 무엇이든지 포기할 것입니다. 이제 주의 손을 펴서 그의 살과 뼈를 한번 쳐 보십시오. 그러면 틀림없이(당장) 그가 정면으로 주를 저주할 것입니다."(4, 5절) '가죽으로 가죽을 바꾼다.' 는 것은 상거래 때 사용하던 격언이다. 앞의 가죽은 재산을, 뒤의 가죽은 생명을 뜻한다. 큰 병을 앓게 하면 금방 달라질 것이라는 말이다.

하나님께서 사단에게 말씀하셨다.

"그렇다면, 그를 너에게 맡겨 보겠다. 그러나 그의 생명만은 건드리지 말라!"(6절) 사단에게 두 번째 기회를 주신 것이다.

2. 욥의 두 번째 시련(7-10절)

그래서 사단은 하나님 앞에서 물러가 욥을 쳐서 그의 발바닥에서부터 정수리(머리 끝)까지 악성 종기(painful, terrible boils)가 나게 하였다(7절). 그의 종기는 고치기 힘든 모진 부스럼을 말한다. 개역한글에서는 '악창'이라 번역했다. 입에서도 역한 냄새가 나고(19:17), 살갗이 떨어져 나가는듯한 고통(30:30), 악몽(7:14)과 같은 신경증적 증세가 수반되었다.

욥이 재 가운데 앉아서 질그릇 조각(옹기 조각)을 가져다가 자기 몸을 긁고 있는데 그의 아내가 와서 말하였다. "당신이 이래도 자기의 온전함(진실)을 고수할 셈이오? 하나님을 욕하고 죽으시오."(8, 9절)

재 가운데 앉았다는 것은 치료나 고통을 덜기 위해서가 아니라 그 당시 슬픔을 당한 자들이 그 슬픔을 표현하기 위한 것이었다. 게다가 욥은 질그릇 조각으로 너무 가려워 몸을 긁고 있었다. 그 모습에 욥의 아내도 변했다. 아내는 그를 향하여 "하나님을 욕하고 죽으라."며 하나님과 남편을 저주했다. 그는 자식뿐 아니라 건강을 잃었다. 이제는 아내까지 그를 저주했다. 그는 가족을 잃고 홀로 남게 되었다.

'온전함'(integrity)은 순수하고 완전함을 말한다. 여기서는 하나님에 대한 진실된 믿음을 뜻한다. '하나님을 욕하고 죽으라'(curse God and die)는 것은 하나님을 원망하고, 저주하고, 스스로 목숨을 끊으라는 말이다. 재산을 모두 잃은 데다 자식들마저 모두 죽었는데, 남편까지 고치기 어려울 정도로 병이 든 모습에 절망한 것이다.

그러나 욥은 달랐다. 그는 아내에게 이렇게 대답했다.

“당신의 말은 어리석은 여자의 말과 같소. 우리가 하나님께 복도 받았는데 화(재난)을 당하지 말라는 법이 있겠소?”

이 모든 일을 당하고서도 욥은 입술로 하나님께 범죄하지 않았다(10절)

3. 세 친구의 방문(11-13절)

그 때에 욥의 친구 세 사람, 곧 데만 사람 엘리바스(Eliphaz)와 수아 사람 빌닷(Bildad)과 나아마 사람 소발(Zophar)은, 욥이 이 모든 재앙을 만나서 고생한다는 소식을 듣고, 욥을 달래고 위로하자 서로 약속하고, 저마다 집을 떠나서 욥에게로 왔다(11절).

‘데만’ (Teman)은 에서의 손자 데만의 후손들이 사는 도시로, 에돔 영역에 속해있다. 이곳에는 지혜로운 사람들이 많았다(렘 49:7, 욥 8). ‘수아’ (*Shuah*, Suah)는 유프라테스 강 서편에 있는 지역으로 추정되고 있다. 장소가 아니라 부족을 가리킨다는 주장도 있다. 수아를 아브라함과 그두라의 자손으로 보기도 한다(창 25:2) ‘나아마’ (Naamah)는 아라비아 북서부에 있는 산악지방으로 추정되고 있다. 이 세 친구는 당시 유목민의 군주들로 보기도 한다.

그들은 멀리서 욥을 바라보고 알아 볼 수 없을 만큼 그가 변한 것을 보자 소리 높여 울며 슬픔에 못 이겨 자기들의 옷을 찢고 하늘을 향해 티끌을 날려 자기들의 머리에 뿌렸다(12절).

최고의 비탄의 표시이다. 하늘에 먼지를 날리는 일은 그들의 슬픔을 나타낸다. 이것은 재앙이 하늘로부터 내려옴을 상징한다. 욥의 친구들의 이런 행동은 최대의 동정의 표시로, 욥의 처지를 자신의 처지로 받아들일 만큼 진정 친구다움을 보여준다.

그리고서 그들은 밤낮 7일을 꼬박 그와 함께 땅바닥에 앉아 있었으나 욥의 고통이 너무 큰 것을 보았기 때문에 말 한마디 하는 자가 없었다(13절). '밤낮 칠 일' 은 단순히 시간의 길이를 의미하기보다 크게 고통당하는 욥과 함께 하기 위한 완전한 기간을 상징한다.

제3장

자기의 생일을 저주하는 욥

욥기는 3장에서부터 산문에서 운문으로 형식이 바뀐다. 이것은 욥기가 시서(詩書)에 속함을 보여준다. 욥은 3장에서 자기의 생일(*yowmow*, his day, the day of his birth), 곧 태어난 날을 저주한다. 욥은 도저히 이해할 수 없는 상황이 자기에게 일어난 것에 대해 질문과 의문을 제기한다. 그는 왜 하나님께서 그를 태어나게 하셔서 그런 고난을 겪게 하시는지 알지 못해 괴로워했다.

그 후 드디어 욥은 침묵을 깨뜨리고 입을 열어 자기의 태어난 날을 저주하며 울부짖었다(1, 2절).

그는 먼저 태어나지 않았더라면 좋았을 것이라 말한다. 자기 출생에 대한 부정적 생각으로 일관되어 있다.

"내가 태어나던 날이 차라리 사라져 버렸더라면, '남자 아이를 배었다'고 좋아하던 그 밤도 망해 버렸더라면, 그 날이 어둠에 덮여서(존재하지 않아서) 높은 곳에 계신 하나님께서도 그 날을 기억하지 못하셨더라면, 아예 그 날이 밝지도 않았더라면, 어둠과 사망의 그늘이 그 날을 제 것이라 하여, 검은 구름이 그 날을 덮었더라면, 낮을 어둠으로 덮어서, 그 날을 공포 속에 몰아넣었더라면, 그 밤도 흑암에 사로잡혔더라면, 그 밤이 아예 날의 수(the days of the year)와 달의 수(the number of the months)에도 들지 않았더라면, 아, 그 밤이 아무도 잉태하지 못하는 밤이었더라면, 아무도 기쁨의 소리를 낼 수 없는 밤이었더라면, 주문을 외워서 바다를 저주하는 자들, 곧 리워야단도 길들일 수 있는 마력을 가진 자들이, 그 날을 저주하였더라면, 그 밤에는 새벽 별들도 빛을 잃어서, 날이 밝기를 기다려도 밝지를 않고, 동트는 것도 볼 수 없었더라면, 좋았을 것을." (3-9절)

욥의 혼동된 감정과 의식이 스스로를 향한 저주로 나타난다. 욥은 그가 태어난 그 날이 하나님이 주관하시는 날짜와 연한에서 아예 계획 없이 생략되었더라면 좋았을 것이라고 말한다. 이것은 욥이 존재 의미를 상실한 채 얼마나 처절하게 몸부림치고 있는가를 보여준다.

리워야단(*liwyatan*, leviathan, monsters)은 큰 악어, 용, 뱀 등으로 해석되며 창조질서를 위협하는 사단을 상징하기도 한다.

"어머니의 태가 열리지 않아, 내가 태어나지 않았어야 하는 건데. 그래서 이 고난을 겪지 않아야 하는 건데 어찌하여 내가 모태에서 죽지 않았던가? 어찌하여 어머니 배에서 나오는 그 순간에 숨이 끊어지지 않았던가? 어찌하여 나를 무릎으로 받았으며, 어찌하여 어머니가 나를 품에 안고 젖을 물렸던가?" (10-12절) 나를 태어나게 하여 이처럼 큰 슬픔을 당하게 한 그 날을 저주하고 싶다는 말이다.

그 후 욥은 사후 세계에 대한 향수를 말하기 시작한다.

"그렇게만 하지 않았더라도, 지금쯤은 내가 편히 누워서 잠들어 쉬고 있을 텐데. 지금은 폐허가 된 성읍이지만, 한때 그 성읍을 세우던 세상의 왕들과 고관들과 함께 잠들어 있을 텐데. 금과 은으로 집을 가득 채운 그 통치자들과 함께 잠들어 있을 텐데. 낙태된 핏덩이처럼, 살아 있지도 않을 텐데. 햇빛도 못 본 핏덩이처럼 되었을 텐데!" (13-16절)

"그 곳은 악한 사람들도 더 이상 소란을 피우지 못하고, 삶에 지친 사람들도 쉴 수 있는 곳인데. 그 곳은 갇힌 사람들도 함께 평화를 누리고, 노예를 부리는 감독관의 소리도 들리지 않는 곳인데. 그 곳은 낮은 자와 높은 자의 구별이 없고, 종까지도 주인에게서 자유를 얻는 곳인데!"(17-19절) 여기서 '그 곳' (*sam*, there)은 죽어서 가는 곳, 곧 사후 세계를 가리킨다. '악한 사람들' (*resaim*, the wicked)은 하나님을 믿지 않는 자, 곧 버림받은 자를 말한다.

욥은 다시 자신의 현실로 돌아와 슬픔과 고난이 가득한 삶에 어떤 의미가 있는가를 묻는다. 이것은 고난이 너무 심하기 때문이라기보다는 고난의 무의미성, 이해할 수 없음 때문이다.

"어찌하여 하나님은, 고난당하는 자들을 태어나게 하셔서 빛을 보게 하시고, 이렇게 쓰디쓴 인생을 살아가는 자들에게 생명을 주시는가?"(20절)

"이런 사람들은 죽기를 기다려도 죽음이 찾아와 주지 않는다. 그들은 보물을 찾기보다는 죽기를 더 바라다가 무덤이라도 찾으면 기뻐서 어쩔 줄 모르는데, 어찌하여 하나님은 길 잃은 사람을 붙잡아 놓으시고, 사방으로 그 길을 막으시는가?"(21-23절)

"밥을 앞에 놓고서도, 나오느니 탄식이요, 신음 소리 그칠 날이 없다. 마침내 그렇게도 두려워하던 일이 밀어닥치고, 그렇게도 무서워하던 일이 다가오고야 말았다. 내게는 평화도 없고, 안정도 없고, 안식마저 사라지고, 불안(두려움)만 끝없이 밀려온다!"(24-26절)

'불안' (*rogez*, trouble, turmoil)은 고난에 수반되는 고통의 극심함을 나타낸다.

욥은 자기의 난 날을 저주하고, 차라리 나지 않았으면 좋았을 것이라며 사후세계에 대한 동경까지 피력하지만 그 가운데서도 하나님을 욕하거나 저주하지는 않았다.

제4장

욥을 책망하는 엘리바스, 환상에 대한 진술

1. 욥을 책망하는 엘리바스: 죄 없이 망한 자는 없다(1-11절)

그때 데만 사람 엘리바스가 말하였다.

"누가 네게 말을 걸면 너는 짜증스럽겠지. 말을 하지 않으려고 했지만 참을 수가 없다. 너는 많은 사람을 가르쳤고 손이 늘어진 자(연약한 자)를 강하게 하였으며 넘어진 자를 격려하여 일어나게 하고 무릎이 약한 자에게 힘을 주지 않았는가! 그러나 어려움이 부딪히자 이젠 네가 오히려 낙심하고 당황하는구나." (1-5절)

'손이 늘어진 자' (weak hands)는 용기를 잃고 낙심한 사람을 가리킨다. 욥은 원래 그런 사람들에게 힘을 주고 강하게 한 사람이었다. 그런데 지금 그는 낙심가운데 있다. 이 모습이 말이 되느냐는 것이다.

"하나님을 경외하는 것이 네 믿음이고, 온전한 길을 걷는 것이 네 희망이 아니냐? 잘 생각해 보아라. 죄 없는 사람이 망한 일이 있더냐? 정직한 사람이 멸망한 일이 있더냐?

내가 본 대로는, 악을 갈아 재난을 뿌리는 자는 그대로 거두더라.

모두 하나님의 입 기운(입김)에 쓸려가고, 그의 콧김에 날려 갈 것들이다.

사자의 울부짖음도 잠잠해지고, 젊은 사자(사나운 사자)의 울부짖음도 그치는 날이 있다. 어린 사자(힘센 사자)도 이빨이 부러진다. 사자도, 늙어서 먹

이를 잡지 못하면, 어미를 따르던 새끼 사자들이 뿔뿔이 흩어진다."(6-11절)

'하나님의 입 기운' (the blast of God)은 생명의 원동력이 되기도 하지만 (창 3:7) 생명을 거두어가는 힘으로 작용하기도 한다.

2. 환상에 대한 진술: 사람이 어찌 하나님보다 의롭겠느냐(12-21절)

"한번은 나에게 무슨 말이 은은하게 들렸는데 그 소리는 너무 작아서 간신히 들릴 정도였다.

사람들이 깊이 잠든 밤에 나는 환상을 보고 마음이 뒤숭숭한 가운데

갑자기 무서운 공포에 사로잡혀 벌벌 떨고 있었다.

그때 한 영이 내 앞을 스쳐 지나갔다. 그 순간 나는 너무 놀라 머리털이 쭈뼛쭈뼛 서는 것 같았다."(12-15절)

'환상' (*hezyonowt*, visions)은 하나님께서 일어날 사건에 대해 선지자들에게 미리 알리고 그 사건에 대해 의미를 전달하는 방법을 가리킨다.

'영' (*ruah*, a spirit)은 때로 '바람' 을 뜻하기도 한다. 이 구절에서 영이 어떤 영적 존재를 가리키는 지, 머리털을 곤두서게 하는 찬바람인지 구별할 수 없다. 16절을 보면 영적 존재임을 알 수 있다.

"이윽고 그 영은 멈춰 섰다. 나는 그것이 어떻게 생겼는지 알 수가 없었다. 그러나 한 형체가 내 앞에 서 있는 것만은 사실이었다. 그러자 조용한 가운데 이런 소리가 들렸다."(16절)

'조용한 중에 이런 소리가 들렸다' (silence, and I heard a voice)는 문자적으로 '한 순간 고요했고, 그리고 난 다음 말하는 한 목소리를 들었다.' 이다. 다음은 그가 들은 소리다.

"인생(*enowos*, a mortal man, 유한한 인생)이 하나님보다 의로울 수 있느

냐? 사람(*geber*, a man)이 자기를 창조하신 이보다 성결할 수 있느냐?

하나님은 자기 종들도 믿지 않으시고 그의 천사들에게까지도 허물을 찾으시는데 하물며 흙집에 살며 티끌로 터를 삼고 하루살이 앞에서라도 무너질 자(하루살이처럼 쉽게 짓눌려 죽을 수밖에 없는 흙으로 만든 사람)이겠느냐?" (17-19절)

'흙집' (houses of clay)은 흙으로 만들어진 사람의 육체나 진흙으로 만든 건축물을 뜻한다. 집은 인간의 육체를 상징한다. 이는 인간의 기원이 진토이며, 흙으로 지은 바 되었음을 보여준다.

"아침과 저녁 사이에 부스러져 가루가 되며 영원히 사라지되 기억하는 자가 없으리라'" (20절) 사람은 아침에 살아 있다가도 미처 저녁이 되기도 전에 말없이 죽어 영원히 사라지는 법이다. '아침과 저녁 사이에' (from morning to evening, between morning and evening)는 인간의 수명이 짧고 덧없음을 보여준다.

"장막 줄이 그들에게서 뽑히지 아니하겠느냐 그들은 지혜가 없이 죽느니라." (21절) 생명 줄만 끊기면 사람은 그냥 죽고, 그 줄이 끊기면 지혜를 찾지 못하고 죽어간다.

'장막 줄' (*yitram*, their own excellence)의 원문은 '그들 자신의 탁월한 것' 이다. 장막 줄(tent cords)은 장막을 말뚝에 고정하기 위해 사용하는 줄을 말한다. 이것이 풀어지거나 끊어질 때 장막은 무너지게 된다. 따라서 장막 줄이 뽑히는 것은 생명이 끊어짐을 의미한다.

'지혜' (*hakemah*, wisdom)는 인간으로 하여금 율법을 지키게 하며 근신하게 하고 분별력 있게 하며 겸손하게 해주는 하나님의 신령한 지혜를 뜻한다. '지혜가 없이 죽는다.' 는 것은 지혜를 알 만큼 오래 살지 못한다는 것과, 인간이 불완전하여 지혜, 곧 인생의 깊은 차원을 알지 못함을 뜻한다.

제5장

욥에 대한 엘리바스의 정죄

1. 하나님을 의뢰하라(1-16절)

"어서 부르짖어 보아라. 네게 응답하는 이가 있겠느냐? 하늘에 있는 거룩한 자(천사들) 가운데서, 그 누구에게 하소연을 할 수 있겠느냐"(1절) '거룩한 자' (the holy ones)는 천사들로, 도덕적으로 완전하다는 의미보다 하나님께 가까이 있음을 의미한다. 엘리바스는 욥과 하나님 사이에 중재할 수 있는 중간적 존재가 없다고 보았다.

"분노는 미련한 자를 죽이고 질투는 어리석은 자를 죽이는 법이다."(2절)

엘리바스는 미련한 사람의 예를 든다. "내가 미련한 자가 뿌리 내리는 것을 보고 그의 집을 당장에 저주하였노라."(3절) '뿌리 내리는 것' (taking root)은 뿌리가 땅 속 깊이 뻗는 것으로, 번성함을 뜻한다. 나는 미련한 자가 잠시 성공하다가도 그의 집안에 저주를 받아 일순간에 무너지는 것을 보았다. 미련한 자가 처음에는 번영을 누렸다. 그러나 갑자기 하나님의 저주를 받게 되었다. 이 말은 욥을 빗댄 것으로 이해할 수 있다. 욥이 하나님의 저주를 받은 것이라는 것을 간접적으로 나타낸다.

"그의 자녀들은 한시도 평안할 날이 없고 성문(법정)에서 시달림을 당해도 그들을 변호해 줄 자가 없다."(4절) 그러나 아무도 그의 처지를 동정하지 않았다. '성문' (the gate)은 성의 일반 사무가 이루어지고(행정중심지), 재판하는 곳으로 정의가 실현되는 곳이기도 하다.

"그가 추수한 것은 주린 자(*raeb*, the hungry)가 먹되 덫(원문은 가시나무, the thorns)에 걸린 것도 빼앗으며 올무가 그의 재산을 향하여 입을 벌리느니라."(5절) 그런 자들이 거두어들인 것은, 굶주린 사람이 먹어 치운다. 가시나무 밭에서 자란 것까지 먹어 치운다. 목마른 사람이 그의 재산을 삼켜 버린다. 얼마 남지 않은 곡식마저 빼앗기게 되어 최악의 상태에 직면하게 되었다는 말이다. '올무' (a snare)는 새나 짐승을 잡는데 사용되는 올가미를 말한다. '목마른 사람' (ISV, HVSB), '강도' (KJB)로 해석하기도 한다.

"재난은 티끌에서 일어나는 것이 아니며 고생은 흙에서 나는 것이 아니니라."(6절) 재앙이 흙에서 일어나는 법도 없고, 고난이 땅에서 솟아나는 법도 없다. 재앙의 근원은 재앙 받는 자에게 있다는 말이다. 이것이 엘리바스의 일관된 주장이다.

"사람은 고생을 위하여 났으니 불꽃이 위로 날아가는 것 같으니라."(7절) 불에서 불티가 날아오르는 것이 사실인 것처럼 인간이 고난을 타고 태어나는 것은 사실이다. 인간은 스스로 불행을 초래하고 있는 것으로 해석하기도 한다(현대인의성경).

"내가 만일 너 같으면 나는 하나님을 찾아 나의 모든 문제를 그분에게 맡기겠다."(8절)

"그분은 우리가 측량할 수 없는 큰일을 하시며, 우리가 헤아릴 수 없는 기이한 일을 하신다. 땅에 비를 내리시며, 밭에 물을 주시는 분이시다. 겸손한 자를 높이시고 애곡하는 자(슬퍼하는 자)를 안전한 곳으로 인도하시는 분도 하나님이시다. 하나님은 교활한 자들의 계획을 뒤엎고 그들이 성공하지 못하게 하시며 간교한 자(약삭빠른 자)를 자기 꾀에 빠지게 하셔서 그들이 아무것도 이루지 못하게 하신다."(9-13절)

여기서 '애곡하는 자' (mourners)는 슬픔의 표시로 재를 뒤집어쓴 자를 말한다. '교활한 자' (the crafty)는 교묘하고 간사스러운 속임이 능한 자를 가리킨다. '간교한 자' (the cunning)는 아주 간사스럽고 못된 자를 말한다.

"그들은 대낮에도 밤과 같이 어두움 속에서 더듬고 다닌다. 하나님은 가난한 자를 칼날과 같은 그들의 입과 강한 자의 손에서 구원하신다. 그러기 때문에 가난한 사람은 희망을 가지지만, 불의한 사람은 스스로 입을 다물 수밖에 없다."(14-16절)

2. 하나님의 징계를 받으라(17-27절)

엘리바스는 하나님이 징계하시기 위해 욥에게 고난을 주셨음을 말하고, 그러므로 욥이 해야 할 일은 그 징계를 긍정적으로 받아들이는 것이다. 그러면 질병을 고쳐 주시고, 다시 축복을 내리실 것이라 한다.

"볼지어다 하나님께 징계 받는 자에게는 복이 있나니 그런즉 너는 전능자의 징계를 업신여기지 말지니라 하나님은 아프게 하시다가 싸매시며 상하게 하시다가 그의 손으로 고치시나니."(17-18절) 하나님께 징계를 받는 사람은, 그래도 복된 사람이다. 그러니 전능하신 분의 훈계를 거절하지 말라. 하나님은 아픔도 주시지만 싸매어 주기도 하시며, 상하게도 하시지만 손수 낫게도 해주신다.

"여섯 가지 환난(six troubles)에서 너를 구원하시며 일곱 가지 환난(seven troubles)이라도 그 재앙이 네게 미치지 않게 하시며."(19절) 어떤 불행과 재난에서도 너를 구해 주실 것이며 아무 해도 너에게 미치지 못하게 하실 것이다. 이 구절은 하나님의 절대적인 보호를 상징하는 일종의 관용적 표현이다. 6은 큰 수를, 7은 완전수를 나타낸다. '7가지 환난' 에서 '7' 은 완전수로, '모든 환난'의 뜻을 가지고 있다.

"기근 때에 죽음에서, 전쟁 때에 칼의 위협에서 너를 구원하실 터인즉 네가 혀의 채찍을 피하여 숨을 수가 있고 멸망이 올 때에도 두려워하지 아니할 것이라."(20-21절) 하나님은 흉년이 닥쳐도 너를 죽지 않게 하실 것이며 전쟁의 칼날에서도 너를 구출하실 것이다. 너는 비방을 받아도 피할 길이 있을 것이며 멸망이 와도 두려워할 필요가 없을 것이다. '혀의 채찍'(the scourge of the tongue)은 상대방의 비방, 저주, 조롱을 뜻한다.

"너는 멸망과 기근을 비웃으며 들짐승을 두려워하지 말라. 들에 있는 돌이 너와 언약을 맺겠고 들짐승이 너와 화목하게 살 것이니라."(22-23절) 그러므로 너는 멸망과 흉년을 비웃게 될 것이며 들짐승을 두려워하지 않을 것이다. 이것은 네가 일구는 밭에 돌이 없고(돌이 많으면 경작하기 어렵다) 들짐승으로 인해 네 가축이 피해를 입지 않을 것이기 때문이다. '화목하게'(be at peace)는 분쟁이 없이 서로 가까이 지내는 것을 말한다.

"네가 네 장막의 평안함을 알고 네 우리를 살펴도 잃은 것이 없을 것이며 네 자손이 많아지며 네 후손이 땅의 풀과 같이 될 줄을 네가 알 것이라. 네가 장수하다가 무덤에 이르리니 마치 곡식 단을 제 때에 들어 올림 같으니라."(24-26절) 그래서 너는 집안이 두루 평안한 것을 볼 것이며, 가축의 우리를 두루 살필 때마다 잃은 것이 없는 것을 볼 것이다. 또 자손도 많이 늘어나서, 땅에 풀같이 많아지는 것을 보게 될 것이다. 때가 되면 곡식 단을 거둬들이는 것처럼 너도 수명이 다하면 무덤으로 들어갈 것이다. '제 때'(in its season, at just the right time)는 곡식이 결실하여 추수하는 때를 가리킨다.

"볼지어다 우리가 연구한 바가 이와 같으니 너는 들어 보라 그러면 네가 알리라."(27절) 나는 오랜 연구 끝에(searched, investigated) 이 모든 것이 사실임을 알게 되었다. 이 충고를 귀담아 두면 너에게 유익이 될 것이란 말이다.

제6장

엘리바스에 대한 욥의 답변

1. 엘리바스에 대한 욥의 답변: 죽기를 바라는 욥(1-13절)

그래서 욥이 이렇게 대답하였다. "나의 괴로움과 나의 파멸을 저울에 달 수 있다면 바다의 모래보다 무거울 것이다. 그러고 보니 내 말이 경솔했던 것 같다."(1-3절) 엘리바스의 말을 듣고 욥은 자신이 경솔했음을 시인한다. 하지만 고통이 너무 심해 차라리 태어나지 않은 것이 좋았으리라 생각한 것뿐이지 하나님을 원망하지는 않았다. '괴로움' (grief)은 심신의 고통을, '파멸' (calamity, devastation)은 슬픔을 말한다. '바다의 모래' 는 수를 셀 수 없을 정도로 많음을 비유하는 표현이다. 여기서는 측량할 수 없을 정도의 무거움을 뜻한다.

"전능자의 화살이 내게 박히매 나의 영이 그 독을 마셨나니 하나님의 두려움이 나를 엄습하여 치는구나."(4절) 전능자의 화살이 내 몸에 박혀 있으니 나의 심령이 그 독을 마시게 되었구나. 하나님의 두려움은 물밀듯이 나에게 엄습해 오고 있다. '전능자의 화살' (the arrows of the Almighty)은 하나님이 쏘시는 화살로, 그분의 진노, 그분이 주시는 시련이나 심한 고통을 상징한다.

"들 나귀(wild donkey)가 먹을 풀이 있을 때 울겠느냐? 소가 꼴이 있는데 무엇 때문에 울겠느냐? 소금을 치지 않은 싱거운 음식을 먹을 수 있겠느냐? 달걀 흰자위가 무슨 맛이 있겠느냐? 그런 것들은 생각만 해도 구역질이 난다.

냄새조차도 맡기가 싫다."(5-7절) 음식에 소금이 필요한 것처럼 고난에는 슬픔이 따르기 마련이라는 말이다.

"나의 간구를 누가 들어 줄 것이며 나의 소원을 하나님이 허락하시랴 이는 곧 나를 멸하시기를 기뻐하사 하나님이 그의 손을 들어 나를 끊어 버리실 것이라."(8, 9절) 내가 구하고 사모하는 것을 하나님이 주셨으면 얼마나 좋을까! 하나님이 내 생명을 끊어 나를 기꺼이 죽여 주셨으면 좋으련만. 지금 욥이 구하고 사모하는 것은 죽음이다. 죽음을 갈망한 것이다. 그러나 그는 감당하기 어려운 고통에도 불구하고 스스로 목숨을 끊으려는 생각은 결코 하지 않았다. 하나님만이 생과 사를 주관하신다는 것을 믿고 있었기 때문이다. 우리는 이것에 주목할 필요가 있다.

"그러할지라도(하나님의 손에 죽는다 해도) 내가 오히려 위로를 받고 그칠 줄 모르는 고통 가운데서도 기뻐하는 것은 내가 거룩하신 이의 말씀을 거역하지 아니하였음이라."(10절) 고통 가운데서도 욥이 기뻐하는 근거가 있다. 그것은 자신이 거룩하신 분(하나님)의 말씀을 거역하지 않았다는 사실이다. 이것은 그의 깊은 믿음을 보여준다. 그는 말한다. "나는 하나님의 손에 죽어도 위로를 받고, 견딜 수 없는 고통 가운데서도 기뻐할 수 있다."

"내가 무슨 기력이 있어서 이 삶을 지탱하며 내가 무슨 희망이 있어서 참고 기다리겠는가? 내가 바위 같은 힘을 가진 줄 아느냐? 내 몸이 놋쇠로 만들어진 줄 아느냐? 나의 도움이 내 속에 없지 아니하냐 나의 능력이 내게서 쫓겨나지 아니하였느냐(나는 이제 아무런 희망도 없이 완전히 무력한 자가 되고 말았다.)"(11-13절) 욥의 고통은 하루도 견디기 어려울 정도로 엄청난 기력과 인내심이 요구된다. 자신은 돌 같은 기력이나 놋쇠 같은 몸을 가진 초인이 아니다. 자신은 더 이상 고통과 싸울 수 없다고 말한다. 한계가 달했다는 말이다. 사단은 욥을 극한 상황까지 밀어붙였다.

2. 계속되는 자기변호: 친구들에 대한 책망과 탄식(14-30절)

"하나님을 저버렸건 저버리지 않았건 나같이 낙심한 자(어려움에 빠진 사람)은 신실한 친구가 필요한데 내 형제들(욥의 세 친구들)은 비가 오지 않으면 당장 말라 버리는 개울의 물살(시냇물)처럼 신실하지 못하구나."(14, 15절) 친구들이라면 내가 하나님을 저버렸던 저버리지 않았던(이 말은 욥이 하나님을 저버렸다는 말이 아니다. 가정한 것뿐이다.) 고통당하는 나를 불쌍히 여겨야 하는데 그렇지 않았다는 말이다. 엘리바스는 욥을 책망하고, 다른 두 친구도 침묵으로 동조했다. '낙심한 자' (who is afflicted)는 절망한 사람(despairing man)을 말한다. '내 형제들' (my brothers)은 욥의 세 친구를 가리킨다. '개울의 물살' (the streams of the brooks)은 개울물이 땅에 스며들어 마름을 의미한다.

"그런 시냇물은 눈과 얼음이 녹으면 불었다가도 조금만 가물면 물이 점점 줄어들어 마침내 바닥까지 완전히 드러내고 만다. 대상들이 물을 찾아 이리저리 헤매다가 사막에서 죽고 데마(Tema)의 대상들과 스바(Sheba)의 상인들도 물을 찾아 헤매다가 바싹 마른 시냇가에 와서는 기대가 무너져 낙심하고 만다."(16-20절) 사막을 여행하는 대상들이 길을 잃고 물을 찾아 헤매다가 결국 죽게 되고, 데마 대상도 스바 상인도 물을 찾다가 마른 시내를 보고 허탈해 한다. 기대가 무너졌기 때문이다. 마른 개울, 곧 물 없는 시냇물은 그런 것이다.

"이제 보니 너희는 아무것도 아니로구나. (이와 같이 너희도 나에게 그런 시내와 같은 자들이다. 아무런 도움을 주지 못한다.) 너희가 두려운 일을 보고 겁이 나서 나를 멀리하는구나. 내가 너희에게 무엇을 달라고 한 적이 있느냐? 내가 너희 재물로 나를 위해 뇌물을 주라고 부탁한 적이 있느냐? 내가 너희에게 원수나 폭군의 손에서 나를 구해 달라고 사정한 적이 있느냐? 너희는 나를 가르치고 내 허물(잘못)이 무엇인지 알게 하라. 그러면 내가 침묵을 지키겠다. 진실한 말은 설득력이 있는 법이다. 너희 비난은 도대체 어디에 근거한 것이냐?" (21-25절)

욥이 말라버린 시내(개울)를 든 것은 그의 세 친구가 지금 바로 그런 존재라는 것이다. 욥을 위로하러 왔는데, 위로는커녕 욥이 죄를 지어서 그런 것 아니냐며 비난만 하고 있다. 너희는 도대체 무슨 근거로 그런 말을 하는가.

"너희는 내가 절망 가운데서 몇 마디 한 말을 책잡으려고 하느냐? 절망에 빠진 사람의 말이란, 바람과 같을 뿐이 아니냐?" (26절) 절망한 사람의 말을 트집 잡고 따지는 것은 무의미하다는 말이다.

"너희는, 고아라도 제비를 뽑아 노예로 넘기고, 이익을 챙길 일이라면 친구라도 서슴지 않고 팔아넘길 자들이다." (27절) 너희는 불쌍한 고아를 이용하려고 제비 뽑을 자, 친구까지도 팔아먹을 자들이라는 말이다. '제비' 는 정복한 땅의 분배, 죄인의 색출, 왕의 선출 등에 사용되었다. 여기서 고아를 '제비 뽑다' (cast lots)는 '이용하려고 제비를 뽑다', '압제하다', '올무에 빠지게 하다' 로 번역할 수 있다.

"나를 잘 보아라. 내가 너희에게 거짓말할 것 같으냐? 너희는 돌이켜 행악자가 되지 말라(너희는 태도를 바꾸고 부당한 비판을 하지 말라.) 아직도 나의 의가 건재하니 돌아오라. (내게는 아무 잘못도 없다.) 내 혀에 불의한 것이 있느냐?(내가 혀를 놀려서, 옳지 않은 말을 한 일이라도 있느냐?) 내 미각이 어찌 속임을 분간하지 못하랴?(내가 어찌 옳고 그른 것을 분별하지 못하겠느냐?)" (28-30절)

제7장

지속적인 고통에 대한 욥의 질문, 하나님을 향한 욥의 호소기도

1. 지속적인 고통에 대한 욥의 질문(1-6절)

"이 땅에 사는 인생에게 힘든 노동이 있지 아니하겠느냐 그의 날이 품꾼의 날과 같지 아니하겠느냐."(1절) 인생은 고된 종살이(전쟁)을 하는 것 같고 그 사는 날이 품팔이꾼의 생활과 같다. '힘든 노동'(*saba*, hard service)은 '품꾼의 날'과 대구를 이루는 것으로, '고역', '고된 종살이'를 말한다.

"종이 해만 지기를 바라고 품팔이꾼이 품삯만 기다리는 것처럼 내가 여러 달째 고통을 받으며 이 길고 지친 밤을 외롭게 보내야만 하는구나."(2, 3절) 욥의 고통이 며칠이 아니라 몇 달째라는 말이다.

내가 누울 때는 "언제나 일어날까?" "언제나 밤이 갈까?" 하고 생각하며 새벽까지 긴긴 밤을 엎치락뒤치락하다가 보낸다(4절). "내 살에는 구더기와 흙덩이가 의복처럼 입혀졌고 내 피부는 굳어졌다가 터지는구나."(5절) 내 피부는 전신에 구더기와 부스럼으로 뒤덮여 있고 내 살은 곪아 터지고 있다. '구더기'는 부스럼이 아주 악화되었음을 상징한다. '흙덩이'는 코끼리 가죽처럼 거칠게 부풀어 오른 피부를 상징하는 것으로, 지저분하게 부스럼이 난 것을 말한다. 죽지 못해 살고 있을 만큼 극한 상황임을 말해준다.

"나의 날은 베틀의 북보다 빠르니 희망 없이 보내는구나."(6절) 내 날이 베틀의 북보다 빨라 희망 없이 그저 지나가버리는구나. '베틀의 북'(*areg*, a weaver's shuttle)은 베틀에 딸린 도구로, 사람의 눈으로는 식별할 수 없을 정도로 빠르게 지나가는 것처럼 인생의 덧없음을 비유한 말이다.

2. 하나님을 향한 욥의 호소기도(7-21절)

"내 생명이 한낱 바람 같음을 생각하옵소서 나의 눈이 다시는 행복을 보지 못하리이다."(7절) 하나님께 호소한다. "주님, 생명이 한낱 바람(*ruah*, breath, 호흡)에 불과한 것을 기억하소서. 내가 행복할 날을 다시 볼 수 없게 되었나이다." '한낱 바람 같음' 은 인생의 덧없음과 짧음을 뜻한다.

"나를 보는 눈이 다시는 나를 보지 못할 것이며 주께서 나를 찾아도 내가 이 세상이 없을 것입니다. 구름이 사라져 없어지듯 음부로 내려가는 사람도 그와 같아서, 다시는 올라올 수 없습니다. 죽은 자는 다시 자기 집으로 돌아가지 못할 것이며 그가 살던 곳도 다시 그를 기억하지 않을 것입니다"(8-10절) 욥은 자신이 행복을 맛보지 못하고 죽게 될 것이라 말한다. 음부(*owl*, grave)은 죽은 자가 머무는 곳으로, 그곳에 가면 되돌아올 수 없다.

"그러므로 내가 침묵을 지키지 않고 내 괴로움을 말하며 내 영혼의 슬픔을 털어놓아야겠습니다."(11절)

"하나님, 내가 바다 괴물이라도 되는 것입니까? 내가 깊은 곳에 사는 괴물이라도 되는 것입니까? 어째서 나를 지키십니까? (감시하나이까?)"(12절) 여기에서 '바다' (*hayam*, sea)는 모든 악한 짐승이 나오는 곳이자 하나님의 경계를 넘어 흉용함을 의미한다. '바다 괴물' (*tannin*, sea serpent, sea monster)은 하나님을 거역하는 존재, 자연 질서의 파괴자를 뜻한다.

"내가 말하기를 내 잠자리(bed)가 나를 위로하고 내 침상(couch)이 내 수심을 풀리라 할 때에 (내가 잠자리에서나마 내 고통을 잊고 근심을 풀어 보려고 해도) 주께서는 악몽으로 나를 놀라게 하시고 환상으로 나를 두렵게 하십니다." (13, 14절) '수심' (*besihi,* complaint)은 근심을 말한다.

"이러므로 내 마음이 뼈를 깎는 고통을 겪느니 차라리 숨이 막히는 것과 죽는 것을 택하리이다."(15절) 이런 몸으로 삶을 계속하느니보다 차라리 숨이 막혀 죽기를 원한다. '뼈' (*asmowtay*, bones)는 원래 '해골' 을 뜻해 '해골 같이 사느니' (뼈만 앙상하게 살아 있기보다)이다. 그러나 이것을 '고통' (*asbowtay*, pains)으로 보아 '이같이 고통을 당하고 사느니' 로 보기도 한다. 차라리 숨이라도 막혀 죽는 것이 낫겠다고 말한다. 고통이 극심함을 보여준다.

"내가 생명을 싫어하고 영원히 살기를 원하지 아니하오니 나를 놓으소서 내 날은 헛 것이니이다."(16절) "이젠 사는 것도 싫어졌고, 더 이상 살고 싶지 않으니 나를 내버려 두소서. 내 삶은 무의미합니다." '헛 것이니이다' (*hebel*, breath)는 '바람' 이라는 뜻이다. 8, 21절의 '내가 있지 아니하리이다' 와 같은 의미이나 무의미하게 사는 것이란 의미가 강하다.

"사람이 무엇이기에 주께서 그를 크게 만드사 그에게 마음을 두시고."(17절) 사람이 무엇이기에 주께서 그처럼 소중히 여기셔서 많은 관심을 쏟으시나이까. '사람' (*enowos*, man)은 '여인에게서 난 자' 이다. 여기서는 벌레와 같이 작은 존재, 하나님과 비교할 때 메뚜기 같은 존재로, 인간의 불완전성을 나타내는 말로 사용되고 있다.

"아침마다 권징하시며 순간마다 단련하시나이까."(18절) "아침마다 살피시며 매순간마다 시험하시나이까?" '권징' (*paqad*, visit, muster, attend to)은 권선징악의 준말로, 여기서는 '방문하다' , '수를 세다' , '조사하여 살피다' 를 말한다. 하나님의 호의를 의미하기도 한다. '단련' (*bachan*, examine, try)은 '시험하다' 는 뜻이다.

"주께서는 어째서 잠시 동안도 내게서 눈을 떼지 않으시고 침 삼킬 동안도 나를 내버려 두지 않으십니까?" (19절) '침 삼킬 동안'은 '잠시 동안'을 의미하는 관용구이다.

"사람을 감찰하시는 이여 내가 범죄하였던들 주께 무슨 해가 되오리이까 어찌하여 나를 당신의 과녁으로 삼으셔서 내게 무거운 짐이 되게 하셨나이까." (20절) "사람을 살피시는 주님, 내가 죄를 지었다고 하여 주님께서 무슨 해라도 입으십니까? 어찌하여 나를 주님의 과녁으로 삼으십니까? 어찌하여 나를 주님의 짐으로 생각하십니까." 이렇게 고통을 주심은 너무하지 않으시냐는 말이다. '감찰하시는 이' (*noser*, watcher)은 감시하여 살피는 이를 말한다.

"어째서 주는 내 허물을 용서하지 않으시고 내 죄를 씻어 주시지 않으십니까? 나는 곧 죽어 흙에 눕게 될 것입니다. 그땐 주께서 나를 찾아도 내가 이미 사라지고 없을 것입니다." (21절) 그렇게 많은 속건제를 드렸는데, 하나님은 왜 나의 허물을 용서하지 않으시는가. 이젠 곧 죽을 것만 같다. 이젠 마지막으로 자비를 베풀어 주소서. 내가 죽으면 무슨 소용이 있나이까.

제 8 장

죄를 회개하라는 빌닷의 충고

1. 빌닷의 충고: 청결하고 정직하면 반드시 너를 돌보시고(1-22절)

그 때 수아 사람 빌닷(Bildad)이 말했다.

"언제까지 네가 그런 투로 말을 계속할 테냐? 네 입에서 나오는 말 거센 바람(a blustering wind)과도 같아서 걷잡을 수 없구나."(2절) 욥의 말이 파괴적이고 거칠다는 말이다.

"하나님이 어찌 정의를 굽게 하시겠으며 전능하신 이가 어찌 공의를 굽게 하시겠는가."(3절) 너는, 하나님이 심판을 잘못하신다고 생각하느냐? 전능하신 분께서 공의를 거짓으로 판단하신다고 생각하느냐? '굽게 하다' (*yeawwet*, pervert, subvert)는 '왜곡하다', '불의하게 다루다' 는 뜻이다. '굽게 하시겠는가?' 는 하나님의 심판의 공정성을 반어법으로 표현한 것이다.

"네 자녀들이 주께 죄를 지었으므로 주께서 그들을 그 죄에 버려두셨나니."(4절) 너의 자녀들은 하나님께 범죄한 것이 틀림없다. 그래서 주께서는 그들에게 마땅히 받아야 할 벌을 주신 것이다. 빌닷은 자녀들의 죄 때문에 욥이 벌을 받은 것으로 보았다.

"네가 만일 하나님을 찾으며 전능하신 이에게 간구하고 또 청결하고 정직하면 반드시 너를 돌보시고 네 의로운 처소를 평안하게 하실 것이라."(5, 6절) 네가 정직하고 깨끗하며 하나님을 간절히 찾으며 전능하신 분께 자비를 구하면 네 경건한 가정을 회복시켜 주실 것이다. '찾으며' (*tesaher*, seek earnestly)는 하나님만 바라보고 겸손하게 간절하게 찾는 것을 말한다. '의로운 처소'(righteousness dwells)는 그의 경건한 신앙으로 인해 보상으로 주어졌던 예전의 재산을 가리킨다.

"네 시작은 미약하였으나(*misar*, small) 네 나중은 심히 창대하리라(*yisgeh meod*, increase abundantly)."(7절) 처음에는 보잘 것 없겠지만 나중에는 크게 될 것이다.

"이제 옛 세대에게 물어 보아라. 조상들의 경험으로 배운 진리를 잘 생각해 보아라."(8절)

(우리는 어제부터 있었을 뿐이라 우리는 아는 것이 없으며 세상에 있는 날이 그림자와 같으니라.)(9절) 우리는 다만 갓 태어난 사람과 같아서, 아는 것이 없으며, 땅 위에 사는 우리의 나날도 그림자에 지나지 않는다.

"그들이 네게 가르쳐 이르지 아니하겠느냐 그 마음에서 나오는 말을 하지 아니하겠느냐."(10절) 그러나 옛 현인들의 말에는 배울 점이 있지 않겠느냐? 너는 그들의 말에 귀를 기울여라.

"왕골이 진펄 아닌 데서 크게 자라겠으며 갈대가 물 없는 데서 크게 자라겠느냐."(11절) 왕골이 늪지대가 아닌 곳에서 나겠느냐? 갈대가 물 없이 자랄 수 있겠느냐? 왕골(*gome*, papyrus), 갈대(*ahu*, reeds, rushes)는 늪지대에서 자라는 한 해 살이 식물로 물이 빠지면 며칠 내로 말라죽는다. 줄기의 겉껍질을 쪼개어 방석이나 돗자리를 만든다. 왕골은 이집트의 나일 강 주변에서 자라는 파피루스를 가리킨다. '진펄'은 질퍽한 진창으로 된 넓은 들을 말한다.

"그런 것은 푸르게 자라다가도 물이 마르면 다른 풀보다 먼저 시들고 만다."(12절)

"하나님을 잊어버리는 자의 길은 다 이와 같고 저속한 자의 희망은 무너지리니."(13절) 하나님을 잊어버린 경건치 못한 사람들도 이런 갈대와 같아서 그들의 희망은 완전히 사라지고 만다. '길' (*arehowt*, paths)은 '운명, 그 마지막' 을 뜻한다. '저속한 자' (*hanep*, the profane, the godless, the hypocrite)는 경건하지 못한 자를 말한다.

"그가 믿는 것이 끊어지고 그가 의지하는 것이 거미줄 같은즉 그 집을 의지할지라도 집이 서지 못하고 굳게 붙잡아 주어도 집이 보존되지 못하리라." (14, 15절) 그들이(하나님을 잊은 자들) 의지하는 것은 거미줄(a web of spider)과 같아서 쉽게 끊어질 것이며 또 기대어 살고 있는 집(거미줄로 만든 집)도 오래 서 있지 못하며, 굳게 잡고 있는 집도 버티고 서 있지 못할 것이다. 하나님을 의지하지 않는 자의 지식이나 신념은 아무리 강하다 해도 거미줄에 지나지 않는다. 거미줄에 기댄들 아무 소용이 없다.

"그는(하나님을 잊어버린 자) 햇빛을 받고 물이 올라 그 가지가 동산에 뻗으며 그 뿌리가 돌무더기에 서리어서 돌 가운데로 들어갔을지라도 그 곳에서 뽑히면 그 자리도 모르는 체하고 이르기를 내가 너를 보지 못하였다 하리니" (16-18절) 비록 햇빛 속에서 싱싱한 식물과 같이 동산마다 그 가지를 뻗으며, 돌무더기 위에까지 그 뿌리가 엉키어서 돌 사이에 뿌리를 내린다고 해도, 뿌리가 뽑히면, 서 있던 자리마저 '나는 너를 본 일이 없다'고 모르는 체할 것이다. 하나님을 잊어버린 자는 한 동안 푸르렀다 해도 뿌리가 뽑히면 그것으로 끝난다.

"그 길의 기쁨은 이와 같고 그 후에 다른 것이 흙에서 나리라."(19절) 하나님을 잊어버리는 자의 기쁨은 모두 뿌리 뽑힌 풀과 같다. 살아서 누리던 즐거움은 이렇게 빨리 지나가고, 그 흙에서는 또 다른 식물이 돋아난다. 악한 자들의 기쁨은 참된 기쁨이 아니다.

"하나님은 순전한 사람을 버리지 아니하시고 악한 자를 붙들어 주지 아니하시므로"(20절). 그러나 하나님은 순전한 사람(*tam*, the blameless, 온전한 사람, 흠 없고 정직한 사람)을 버리지 않으실 것이며 또 악한 자(*mereim*, evildoers)를 손잡아주지(도와주지)도 않으실 것이다.

"웃음을 네 입에, 즐거운 소리를 네 입술에 채우시리니 너를 미워하는 자는 부끄러움을 당할 것이라 악인의 장막은 없어지리라."(21, 22절) 하나님께서 네 입에 웃음을 채워 주시면, 네 입술은 즐거운 소리(기쁨의 소리)를 낼 것이다. 그 때 너를 미워하는 사람은 부끄러움을 당할 것이며, 악인의 장막은 자취도 없이 사라질 것이다(악인은 망할 것이다). 빌닷은 욥의 행동에 책망할 것이 없다면 웃음을 회복하고 기쁨을 얻게 될 것이라 했다.

제9장

빌닷에 대한 욥의 답변

1. 하나님의 공의를 인정하는 욥(1-35절)

욥이 대답했다. "그것이 사실이라는 것은 나도 잘 알고 있다. 그러나 사람이 어떻게 하나님 앞에서 의롭다고 주장할 수 있겠느냐?"(1, 2절) 하나님 앞에 의로운 사람은 아무도 없다.

"사람이 하나님께 변론하기를 좋아할지라도(논쟁을 한다고 해도) 천 마디에 한 마디도 대답하지 못할 것이다."(3절) '변론하기' (*larib*, contend, dispute)는 법정용어로, 다투어 변론하는 것을 말한다.

"그는 마음이 지혜로우시고(모든 것을 아시고) 힘이 강하시니(능력이 많으시니) 그를 거슬러 스스로 완악하게 행하고도 형통할 자(온전할 자)가 누구이랴."(4절) '완악하게' (*hiqsah*, hardened)는 '목을 굳게 하다' 는 뜻이다. 하나님을 인정하지 않고 모든 일을 자기 위주로 처리하고자 하는 마음 상태로, 하나님의 뜻을 반대하여 하나님을 모독하고 그의 주권에 도전하는 것을 말한다.

"그가 진노하심으로 산을 무너뜨리시며 옮기실지라도 산이 깨닫지 못하며 그가 땅을 그 자리에서 움직이시니 그 기둥들이 흔들리도다."(5, 6절) 아무도 모르는 사이에 산을 옮기시며, 진노하셔서 산을 뒤집어엎기도 하신다. 지진을 일으키시어 땅을 그 밑뿌리에서 흔드시고, 땅을 받치고 있는 기둥들을 흔드신다. 옛날에는 땅이 수많은 기둥으로 지탱된다고 믿었다.

“그가 해를 명령하여 뜨지 못하게 하시며 별들을 가두시도다. 그가 홀로 하늘을 펴시며 바다 물결을 밟으시며 북두성과 삼성과 묘성과 남방의 밀실을 만드셨으며 측량할 수 없는 큰일을, 셀 수 없는 기이한 일을 행하시느니라.” (7-10절)

그가 명령만 하면 해가 뜨지 못하고 별들도 빛을 내지 못한다. 하나님만이 하늘을 펴시고 바다 물결(바다의 괴물)을 밟으신다. ‘물결’은 물마루를 의미하기보다 바다의 신을 이기고 그 몸을 밟는 것을 의미한다.

그는 또 북두칠성과 삼성과 묘성, 그리고 남쪽 하늘의 뭇별들을 만드신 분이시다. 하나님은 측량할 수 없는 신비스러운 일과 이루 헤아릴 수 없는 많은 기적을 행하신다.

‘북두성’ (*as*, the Bear)은 큰 곰 또는 마부좌로 알려진 북두칠성을 말한다. ‘삼성’ (*kesil*, Orion)은 오리온 별자리 중앙에 나란히 있는 세 개의 큰 별들을 가리킨다. 이 별들은 오만함이나 우둔함을 나타낸다. 사냥의 여신을 공격하고 자신의 거만함 때문에 죽은 성질 급한 사냥꾼 오리온에서 유래되었다. ‘묘성’ (*kimah*, the Pleiades)은 ‘더미’, ‘떼’ 라는 뜻이다. 플레이아데스성단(star cluster), 곧 황소자리의 일곱별을 가리킨다. ‘남방의 밀실’ (the chambers of the south)은 정확한 의미가 알려지지 않고 있다. 갈대아인들은 12궁의 성좌를 이렇게 표현했으나 욥은 남쪽 하늘의 보이지 않는 광활한 영역을 묘사한 것이다. ‘남풍의 밀실’, ‘폭풍, 빛, 흑암’ 등이 머물고 있는 곳으로 보기도 한다.

“그가 내 앞을 지나가셔도 내가 보지 못하며 그가 내 앞에서 움직이셔도 내가 깨닫지 못한다. 하나님이 빼앗으면 누가 막을 수 있으며 ‘무엇을 하십니까?’ 하고 물을 수 있는 자가 그 누구이겠는가?” (11, 12절) 하나님이 우리 가까이 오셔도 우리는 그를 직접 눈으로 보거나 느낄 수 없다. 하나님이 우리의 재산과 건강을 빼앗는다 해도 그것은 모두 하나님께 속한 것이니 왜 그러시느냐 물을 수도 없다. 그것은 하나님의 주권이기 때문이다.

"하나님이 진노를 풀지 아니하시면 라합을 돕는 무리도 무릎을 꿇는데, 내가 어찌 감히 그분에게 한 마디라도 대답할 수 있겠으며, 내가 무슨 말로 말대꾸를 할 수 있겠느냐?" (13, 14절) 하나님이 분노를 돌이키지 않으시면 악한 존재들도 그 앞에서 굴복하고 마는데 내가 감히 어떻게 전능하신 하나님과 논쟁하며 무슨 말로 그에게 대답하겠느냐?

'라합' (*rahab*, the proud)은 '자만하다', '무례하다' 는 뜻에서 파생된 말로 '교만한 자' 를 뜻한다. 사단을 상징하는 용의 이름 가운데 하나이다. 바다의 신을 패망시킬 때 하나님이 죽인 바다의 괴물이다. 어근은 '흥분하다', '선동하다' 로 바다와 연관이 있다. 성경에서는 이집트를 상징하기도 한다(사 30:7, 시 87:4).

"가령 내가 의로울지라도 대답하지 못하겠고 나를 심판하실 그에게 간구할 뿐이며 가령 내가 그를 부르므로 그가 내게 대답하셨을지라도 내 음성을 들으셨다고는 내가 믿지 아니하리라." (15. 16절) '의로울지라도' (*im sadaqti*, even I were righteous). 하나님은 그의 천사도 어리석다고(4:18) 하신다. 그렇다면 인간인 나로서는 하나님과 쟁변할 수 없다는 말이다.

"그가 폭풍으로 나를 치시고 까닭 없이 내 상처를 깊게 하시며 나를 숨 쉬지 못하게 하시며 괴로움을 내게 채우시는구나." (17, 18절) 나도 모를 이유로 나에게 많은 상처를 입히시고, 숨 돌릴 틈도 주시지 않고 고통을 안겨 주시는데, 과연 그분께서 내 간구를 들어 주실까. '폭풍' (*bisarah*, tempest)은 강한 회오리바람이다. 이것을 머리카락(besarah)로 보아 '하찮은 일' (머리털 한 오라기만한 하찮은 일, 새번역)로 자신을 치신다고 번역하기도 한다.

"힘으로 말하면 그가 강하시고 심판으로 말하면 누가 그를 소환하겠느냐." (19절) 힘(능력)으로 말하면 하나님보다 강한 자가 없고 심판으로 말하면 하나님보다 공정한 자가 없다. 법으로나 힘으로나 누가 하나님을 불러내어 법정에 세우겠느냐는 말이다. 아무도 그럴 힘도 없다.

"가령 내가 의로울지라도 내 입이 나를 정죄하리니(죄 있는 자로 단정할 것이고) 가령 내가 흠 없이 온전하다 할지라도 하나님께서 나를 정죄하시리라(나의 악함을 입증하실 것이다.)"(20절) 욥은 그의 고난이 죄 때문임을 거부하지만 그렇다고 자신이 온전하다고 주장하는 것은 아니다. 사람이 아무리 의롭다 해도 죄가 있을 수밖에 없음을 선언한다.

"나는 온전하다마는 내가 나를 돌아보지 아니하고 내 생명을 천히 여기는구나."(21절) 비록 내가 흠이 없다고 하더라도 나는 지금 그것에 관심이 없고 다만 산다는 것이 싫을 뿐이다.

"일이 다 같은 것이라 그러므로 나는 말하기를 하나님이 온전한 자나 악한 자나 멸망시키신다 하나니."(22절) 나에게는 모든 것이 한 가지로만 여겨진다. 그러므로 나는 "하나님께서는 흠이 없는 사람이나, 악한 사람이나, 다 한 가지로 심판하신다." 하고 말할 수밖에 없다. 하나님은 죄가 있건 없건 우리 모두를 멸망시키실 것이라는 말이다.

"갑자기 재난이 닥쳐 죽을지라도 무죄한 자의 절망도 그가 비웃으시리라. 세상이 악인의 손에 넘어갔고 재판관의 얼굴도 가려졌나니 그렇게 되게 한 이가 그가 아니시면 누구냐."(23, 24절) 갑작스러운 재앙으로 다들 죽게 되었을 때에도, 하나님은 죄 없는 자마저 재앙을 받는 것을 보시고 비웃으실 것이다. 온 세상이 악인의 손아귀에 들어가 있고 재판관들의 눈은 가리어져 있다. 하나님이 그렇게 하시지 않았다면 누가 그렇게 했겠느냐?

욥은 자신의 고난이 마치 하나님의 태만이나 변덕스러움 때문인 것으로 말한다. 또한 인간 사이에 있는 불의함도 하나님의 탓으로 돌린다. 이 같은 말은 극심한 고통 가운데 나온 것이어서 진심은 아니리라 생각된다. 하지만 그는 이로 인해 엘리후와 하나님으로부터 책망을 받게 된다.

"나의 날이 경주자보다 빨리 사라져 버리니 복을 볼 수 없구나. 그 지나가는 것이 빠른 배 같고 먹이에 날아 내리는 독수리와도 같구나."(25, 26절) 욥은 자기의 날(*yamay*, my days, 세월)이 빨리 지나감으로 인해 시간적으로 볼 때 자신의 처지가 참으로 절망적이라 말한다. '경주자' (*ras*, runner)는 빨리 달리는 자를 뜻한다. 왕과 고관들의 서신이나 물건을 전하는 보발꾼으로 번역되기도 한다.

"가령 내가 말하기를 내 불평을 잊고 얼굴빛을 고쳐 즐거운 모양을 하자 할지라도 내 모든 고통을 두려워하오니 주께서 나를 죄 없다고 여기지 않으실 줄을 아나이다."(27, 28절) 억지로 즐거운 것처럼 해보려 해도 끊임없이 몰려오는 고통 때문에 움츠러든다는 말이다.

"내가 정죄하심을 당할진대 어찌 헛되이 수고하리이까. 내가 눈 녹은 물로 몸을 씻고 잿물로 손을 깨끗하게 할지라도 주께서 나를 개천에 빠지게 하시리니 내 옷이라도 나를 싫어하리이다."(29-31절) 주님께서 나를 정죄하신다면, 내가 무엇 때문에 이렇게 애써서 헛된 수고를 해야 하는가? 비록 내가 비누로 몸을 씻고, 잿물로 손을 깨끗이 닦아도, 하나님께서 나를 다시 시궁창에 처넣으시니, 내 옷인들 나를 좋아하겠는가. 욥 자신이 무엇을 하든지 그 일과 상관없이 하나님은 지금 자신을 죄인처럼 취급하시기 때문에 절망적일 수밖에 없다는 말이다.

팔레스타인에는 거의 눈이 내리지 않지만 레바논 산의 눈은 유명하다. 눈은 청결함과 깨끗함, 회심, 성결을 상징한다. '눈 녹은 물' (snow with water)을 '비누' 로 보아 뒤에 나오는 '잿물' (*bebor*, soaps, 양잿물)과 일치시키기도 한다. '개천' (*sahat*, pit)은 성경에서 지옥을 의미하며, 죽음의 신의 거처와 연관하여 '진흙탕', '악취 나는 더러운 곳' 을 의미하기도 한다.

“하나님은 나처럼 사람이 아니신즉 내가 그에게 대답할 수 없으며 함께 들어가 재판을 할 수도 없고 우리 사이에 손을 얹을 판결자도 없구나.”(32, 33절) 하나님이 나와 같은 사람이기만 하셔도 내가 그분께 말을 할 수 있고, 함께 법정에 서서 이 논쟁을 끝낼 수 있겠지만 우리 둘 사이를 중재할 사람(mediator)이 없고, 하나님과 나 사이를 판결해 줄 이가 없구나. 욥은 자신의 처지를 중재해줄 사람이 없음을 한탄한다. 그러므로 절망적일 수밖에 없다는 말이다.

‘함께 들어가’ (go together)는 대질하는 것으로, 재판할 때 당사자나 또는 증인들 사이에, 혹은 당사자와 증인 사이에 말이 서로 어긋날 때, 이들을 서로 대면시켜서 질문과 응답을 하게 하는 일을 말한다. ‘우리 사이에’ (*benenu*, between us)는 쌍방으로, 원래 원고와 피고 모두를 동시에 지칭하는 법정 용어이다.

“주께서 그의 막대기를 내게서 떠나게 하시고 그의 위엄이 나를 두렵게 하지 아니하시기를 원하노라.”(34절) 내게 소원이 있다면, 내가 더 두려워 떨지 않도록, 하나님이 채찍을 거두시는 것이다. ‘막대기’ (*sibtow*, rod)는 때리고 치는 도구이다. 하나님의 심판과 진노를 상징하기도 하고(시 89:32, 애 3:1), 권위와 보호의 상징으로 나타나기도 한다(시 23:4).

“그리하시면 내가 두려움 없이 말하리라 나는 본래 그렇게 할 수 있는 자가 아니니라.”(35절)난 아무 두려움 없이 내가 본래 그런 자가 아니라고 담대히 말할 수 있다. 그런데 지금 그럴 수 없으니 어쩔 수 없구나.

제10장

하나님께 자신의 고통을 호소하는 욥

산다는 것이 이렇게 괴로우니, 나는 이제 원통함을 참지 않고 다 털어놓고, 내 영혼의 괴로움을 다 말하겠다(1절) 삶에 지친 욥은 마음껏 불평도 해 보고 자신의 괴로움을 털어놓아야겠다고 한다.

내가 하나님께 말하리라. "하나님이시여, 나를 죄인으로 단정하지 마시고 무엇 때문에 나를 죄인 취급하시는지 말씀해 주소서."(2절) 하나님이 자신에게 괴로움을 주시는 이유를 묻는다. "주의 손으로 직접 만드신 나는 학대하시고 멸시하시면서 악인이 세운 계획은 잘만 되게 하시니 그것이 주님께 무슨 유익이라도 됩니까?"(3절) 하나님은 왜 자기를 학대하시면서 악인은 너그럽게 보시는지 그것이 궁금하다. 그것이 과연 옳은 일일까.

"주께서는 육신의 눈을 가지셨습니까? 어째서 사람이 보듯이 보십니까?"(4절) '육신의 눈' (eyes of flesh)은 현상을 피상적으로 파악하는 인간의 판단 능력을 말한다.

"주의 날이 인생의 날처럼 짧습니까? 무엇 때문에 주께서는 내 허물을 찾고 내 죄를 꼬치꼬치 밝혀내시려고 하십니까?"(5, 6절) 욥은 하나님을 죄악을 감찰하는 자로 생각하고 있다. 따라서 그는 벌을 내리기 위해 하나님께서 자기의 죄를 찾고 계신 것으로 생각하고 있다.

"주는 나에게 악하지 않은 줄(죄가 없는 것)도 아시고 주의 손에서 나를 벗어나게 할 자도 없다는 것을 잘 알고 계시지 않습니까?"(7절) "주의 손으로 나를 빚어 만드시고 이제는 오히려 나를 없애 버릴 작정이십니까?"(8절) 죄 없는 나를 왜 없애려 하시는지 안타까운 마음으로 호소한다. "주여, 나를 흙으로 만드신 것을 기억하소서. 주께서는 나를 다시 티끌로 돌려보내시려고 하십니까?"(9절) 주여, 나를 기억하소서.

"주는 나를 우유처럼 쏟아 부으시고 치즈처럼 굳게 하셨습니다."(10절) "주님께서 내 아버지에게 힘을 주셔서 나를 낳게 하시고, 어머니가 나를 품에 안고 젖을 물리게 하셨습니다." 이것은 정자가 모태에 이르러서 난자에 수정되는 과정을 묘사한 것이다.

"그리고서 나를 살과 가죽으로 입히시고 뼈와 힘줄로 얽어 매셨으며 나에게 생명을 주시고 사랑을 베푸셔서 주의 보살핌으로 내 영을 지키셨습니다. 그러나 나는 주께서 나를 지켜보시다가 만일 내가 범죄하면 나를 죄인으로 인정하여 용서하지 않으실 것을 알고 있습니다."(11-14절) 나에게 생명을 주신 주님은 죄악을 싫어하시는 분임을 알고 있다는 말이다.

"내가 만일 악하다면 나에게 화가 미칠 것이지만 죄가 없다고 해도 내가 머리를 들 수 없는 것은 내가 수치감에 빠져 내 고통을 의식하기 때문입니다."(15절) 내가 죄를 짓기만 하면 주님께서는 가차 없이 내게 고통을 주신다. 하지만, 내가 올바른 일을 한다고 해서 주님께서 나를 믿어 주시지는 않으셨다. 그러니 나는 수치를 가득 덮어쓰고서, 고통을 몸으로 겪고 있다. '악하다면' (*rasa*, wicked)은 '극도로 악하다면' 이란 뜻이다. '머리를 숙이는 것(들 수 없는 것)' (can not lift up my head)은 부끄러움, 겸손, 슬픔을 상징한다.

"내가 머리를 높이 들면 주께서 젊은 사자처럼 나를 사냥하시며 내게 주의 놀라움을 다시 나타내시나이다."(16절) 내가 머리를 치켜들면(내 일이 잘 되기라도 하면) 주께서는 사자처럼 나를 덮쳐 무서운 위력을 다시 나타내신다. '내가 머리를 높이 들면' (if I do lift up my head)은 자존심과 확신의 표시이다. 자랑, 교만, 기쁨을 상징한다. 욥이 스스로 순결하다고 주장하는 것을 뜻한다. '주의 놀라움' (Your awesome power)은 창조나 섭리의 능력이 아니라 파괴, 고통, 적대감을 의미한다. 욥은 하나님께서 불쌍한 자신을 사냥감 대하듯 하신다고 말하고 있다.

"주께서 자주자주 증거 하는 자를 바꾸어 나를 치시며 나를 향하여 진노를 더하시니 군대가 번갈아서 치는 것 같으니이다."(17절) 주님께서는 번갈아서 내게 불리한 증인들을 세우시고 내게 노여움을 키우시며 나를 공격할 계획을 세우셨다. 하나님께서 여러 가지 재앙으로 욥을 치신다는 말이다. 고난을 쉬지 않고 잇달아 보내 그를 몰아치신다. 그러니 더 이상 견딜 수 없다.

"주님께서 나를 이렇게 할 것이라면 왜 나를 모태에서 살아 나오게 하셨습니까? 차라리 모태에서 죽어서 사람들의 눈에 띄지나 않았더라면, 좋지 않았겠습니까?"(18절) 욥은 태어난 것을 다시금 원망한다.

"있어도 없던 것 같이 되어서 태에서 바로 무덤으로 옮겨졌으리이다."(19절) 모태에서 죽었더라면 내가 생기지 않은 것과 같이 되어 태에서 바로 무덤으로 갔을 것이고, 그랬으면 좋았을 것이라는 말이다.

"내 날은 적지 아니하니이까 그런즉 그치시고 나를 버려두사 잠시나마 평안하게 하시되 내가 돌아오지 못할 땅 곧 어둡고 죽음의 그늘진 땅으로 가기 전에 그리하옵소서."(20, 21절) 욥은 이제 자신의 남은 생이 얼마 남지 않은 것 같다고 말한다. 다시 돌아올 수 없는 곳으로 가기 전에 잠시라도 평안한 시간을 가질 수 있도록 제발 내버려 달라 한다. 욥은 자신의 죽음이 멀지 않았음을 직감할 정도로 자신의 처지가 심각함을 아뢰고 있다.

"땅은 어두워서 흑암 같고 죽음의 그늘이 져서 아무 구별이 없고 광명도 흑암 같으니이다."(22절) 그 곳(죽음의 땅)은 어둡고 음산하며 죽음의 그늘이 져서 무질서하고 광명도 흑암과 같은 곳이다.

제 11 장

죄를 찾아 회개하라는 소발의 주장

그때 나아마 사람 소발이 이렇게 말했다. "'이렇게 수많은 말을 듣고도 대답하지 않을 사람이 있겠느냐? 말을 많이 한다고 해서 옳다고 인정을 받는 것이겠느냐?" (2절) 네가 하는 헛소리를 듣고서 어느 누가 잠잠할 수 있겠느냐, 말이면 다 말인 줄 아느냐는 것이다.

"네 자랑하는 말이 어떻게 사람으로 잠잠하게 하겠으며 네가 비웃으면 어찌 너를 부끄럽게 할 사람이 없겠느냐." (3절) 네가 자랑할 때(큰 소리로 떠든다고 해서) 나는 잠자코 있어야만 하겠느냐? 네가 비웃으면 너를 부끄럽게 할 자가 없겠느냐? '네 자랑하는 말' (*baddeka*, your empty talk)은 한가로운 대담이나 자만을 가리킨다. '사람' (*metim*, men)은 일반적인 인간이 아니라 특별히 남자를 가리킨다.

"네 말에 의하면 내 도는 정결하고 나는 주께서 보시기에 깨끗하다 하는구나." (4절) 너는 네 생각이 옳다고 주장하고 주님 보시기에 네가 흠이 없다고 우긴다.

"하나님이 입을 열어 너에게 대답하시며 지혜의 비밀을 너에게 알려 주시기 원한다. 지혜에는 인간이 이해하기에 너무 광대하심(심오한 면)이 있기 때문이다. 너는 하나님이 너에게 주신 벌이 네가 마땅히 받아야 할 것에 비해서 오히려 가벼운 것임을 알아야 한다." (5, 6절) '광대하심' (*kiplayim*, double),

하나님은 모든 것의 양면을 다 아시며 숨겨진 것도 다 아신다.

"네가 하나님의 오묘함(deep things, 깊은 뜻)을 어찌 다 알아낼 수 있겠느냐? 전능하신 분의 무한하심을 어찌 다 측량할 수 있겠느냐? 하늘보다 높으시니 네가 어찌 미칠 수 있으며, 스올(Sheol, 지옥)보다 깊으니 네가 어찌 알 수 있겠느냐?"(7, 8절) "그의 크심은 땅보다 길고 바다보다 넓으니라."(9절) 하나님의 위대하심은 땅보다도 넓고 바다보다도 깊다.

"만일 하나님이 두루 다니시며 사람을 잡아 가두시고 재판을 여시면 누가 능히 막을 수 있겠느냐."(10절) '재판을 여시면' (*yaqhil*, gather to judgement)은 법정을 여는 것을 뜻한다.

"하나님은 허망한 사람을 아시나니 악한 일은 상관하지 않으시는 듯하나 다 보시느니라."(11절) 하나님은 거짓된 사람을 아시므로 일일이 살피지 않고서도 악한 자들의 행동을 다 보고 계신다. 여기서 '허망한 사람' (*saw mete*, deceitful men)은 '거짓된 사람' 을 가리킨다.

"허망한 사람은 지각이 없나니 그의 출생함이 들 나귀 새끼 같으니라."(12절) 미련한 사람이 똑똑해지기를 바라느니 차라리 들 나귀가 사람 낳기를 기다려라. 여기서 '허망한 사람' (*nabub ish*, stupid man)은 '어리석은 자' , '미련한 자' 를 가리킨다.

"네가 마음을 바르게 먹고 네 팔을 그분 쪽으로 들고 기도하며 악에서 손을 떼고 네 장막(집안)에 불의가 깃들지 못하게 하면 너도 아무 부끄러움 없이 얼굴을 들 수 있다. 네 마음이 편안해져서 두려움이 없어질 것이다."(13-15절) '장막' (tents)은 유목민들이 사용했던 이동식 가옥으로, 동물의 가죽으로 만들었다.

"그때 너의 모든 괴로움은 빨리 흘러가는 물처럼 네 기억에서 사라질 것이다. 그리고 너의 삶은 대낮보다 더 밝고 어두움도 아침과 같을 것이다."(16,

17절) "그렇게 되면 너는 희망이 있기 때문에 안전할(든든할) 것이며 자신을 보살피면서 안심하고 쉴 수 있을 것이다."(18절)

"네가 누워도 두렵게 할 자가 없겠고 많은 사람이 네게 은혜를 구하리라." (19절) 또 네가 누워도 너를 두렵게 할 자가 없을 것이며 많은 사람이 도와 달라고 너를 찾아올 것이다. '은혜를 구하리라' (seek your favor)는 도움을 구하리라는 말이다. "그러나 악한 사람은 눈이 어두워서(멀어서) 도망 칠 길마저 찾지 못할 것이다. 그의 희망이라고는 다만 마지막 숨을 잘 거두는 것뿐이다."(20절)

제 12 장

친구들에 대한 욥의 답변, 하나님의 주권을 인정하는 욥

1. 친구들에 대한 욥의 답변(1-6절)

그래서 욥이 이렇게 대답했다. "'참으로 너희들만 사람인 체하는데 너희들이 죽으면 지혜도 함께 죽고 말겠구나." (1, 2절) '사람' (*am*, the people)은 부와 학식과 덕망을 고루 갖춘 사람을 말한다. 개역개정에서는 '백성' 으로 번역했다.

"하지만 나에게도 너희 못지않은 지각이 있다. 내가 너희보다 못한 것이 무엇인가? 너희가 말한 그 정도는 누구든지 다 아는 사실이다. 하나님께 부르짖어 응답받은 내가 내 친구들에게 웃음거리가 되고 말았구나. 너희는 의롭고 온전한(흠 없는) 나를 지금 비웃고 있다." (3. 4절) 욥은 자신에 대한 친구들의 몰이해를 비판하고 있다.

"평안한 자의 마음은 재앙을 멸시하나 재앙이 실족하는 자를 기다리는구나." (5절) 평안하게 사는 자는 재앙당한 자를 멸시하고(고통을 당해 보지 않은 너희가 불행한 내 처지를 비웃고 있고), 재앙은 곧 넘어지려는 자를 기다리고 있다(너희는 넘어지려는 사람을 떠밀고 있다).

"강도의 장막은 형통하고 하나님을 진노하게 하는 자는 평안하니 하나님이 그의 손에 후히 주심이니라." (6절) 강도들은 제 집에서 안일하게 지내고, 하나님을 멸시하는 자들도 평안히 산다. 그러므로 그들은, 하나님까지 자기 손에

넣었다고 생각한다. '평안하니' (*battuhowt*, be secure)는 '완전한', '안전한'이란 뜻이다. 자신의 능력을 신격화하여 하나님을 대적하는 절대적인 교만을 가리킨다.

2. 하나님의 주권을 인정하는 욥(7-25절)

"그러나 이제 짐승들에게 물어 보아라. 그것들이 가르쳐 줄 것이다. 공중의 새들에게 물어 보아라. 그것들이 일러줄 것이다. 땅에게 물어 보아라. 땅이 가르쳐 줄 것이다. 바다의 고기들도 일러줄 것이다. 주님께서 손수 이렇게 하신 것을, 이것들 가운데서 그 무엇이 모르겠느냐? 모든 생물의 생명이 하나님의 손 안에 있고, 사람의 목숨 또한 모두 그분의 능력 안에 있지 않느냐?"(7-10절) 모든 것이 하나님의 주권아래 창조되었다. 창조물들이 그것을 모를 리 없다.

"귀가 말을 알아듣지 못하겠느냐? 혀가 음식 맛을 알지 못하겠느냐? 늙은 자에게는 지혜가 있고 장수하는 자에게는 통찰력이 있다."(11, 12절) 창조물들은 창조된 대로 역할을 한다. 나이든 사람도, 오래 사는 사람에게도 나름대로 지혜와 통찰력을 가지고 있다.

7-12절은 전체적으로 소발의 말을 반박하고 있다. 소발은 욥이 들 나귀 새끼처럼 어리석다고 했다. 그러나 욥은 이에 대해 정면으로 공박하면서 짐승, 새, 땅, 물고기가 소발보다 더 지혜롭다고 말한다. 나아가 소발이 나이가 많음에도 불구하고 오히려 지혜는 부족하다 비꼬고 있다.

"그러나 참된 지혜와 능력은 하나님의 것이며 예지와 통찰력도 그의 것이다. 하나님이 헐면 누가 세울 수 있으며 하나님이 가두신 자를 누가 풀어 놓을 수 있겠는가? 하나님이 비를 내리지 않으시면 땅이 곧 메마르고 폭우를 보내시면 땅이 물난리를 겪는다."(13-15절)

그러나 진정한 지혜와 능력, 예지와 통찰력은 하나님으로부터 온다. 하나님이 헐어 버리시면 세울 자가 없고, 하나님이 물길을 막으시면 땅이 곧 마르게 되어 있다. 모든 것은 하나님의 뜻에 달려있다.

"능력과 지혜가 그분의 것이니, 속는 자와 속이는 자도 다 그분의 통치 아래에 있다. 하나님은 모사들(고관들)를 벗은 몸으로 끌려가게 하시는가 하면(지혜로운 자들의 지혜를 빼앗아 가시며), 재판관들을 바보로 만드시기도 하신다. 하나님은 왕들이 결박한 줄을 풀어 주시고, 그들의 허리를 동이시기도 하신다(포승으로 묶으시기도 하신다). 하나님은 제사장들을 맨발로 끌려가게 하시며, 권세 있는 자들을 거꾸러뜨리신다(뒤엎어 버리기도 하신다)." (16-19절)

모든 것은 하나님의 통치아래 있다. 우리의 주권자는 하나님이시라는 말이다. '모사들' (*yowasim*, counselors)은 상담 또는 조언하는 사람으로, 왕들을 섬기던 궁중 관리를 가리키기도 한다. 일반적인 의미에서 부모, 장로, 선지자 등을 이 명칭으로 불린다. '허리를 동이신다' (bind their waist with the a belt)는 것은 종의 신분이 되어 주인을 섬긴다는 상징적인 표현이다.

"충성된 사람들의 말을 물리치시며 늙은 자들(the elders)의 판단을 빼앗으시며." (20절) 하나님은 자신만만하게 말을 하던 사람을 말문이 막히게 하시며, 나이 든 사람들의 분별력도 거두어 가시기도 하신다. '충성된 사람들' (the trusted ones)은 합리적인 사고와 통찰력으로 왕을 보필하는 궁중 고문을 말한다.

"귀인들에게 멸시를 쏟으시며 강한 자의 띠를 푸시며." (21절) 귀족들의 얼굴에 수치를 쏟아 부으시며, 강한 자의 허리띠를 풀어 약하게 하신다. '귀인들' (*nedibim*, princes)은 고위관리 또는 귀족을 뜻한다. '띠' 는 강한 힘을 상징한다. '띠를 푼다' (*rippah*, disarm)는 것은 힘을 약화시키고(무력화시키고) 파멸하게 함을 뜻한다. 동양에서는 활동하기 위해서는 옷의 허리 부분을 묶었다.

"어두운 가운데에서 은밀한 것을 드러내시며 죽음의 그늘을 광명한 데로 나오게 하시며." (22절) 하나님은 어둠 가운데서도 은밀한 것들을 드러내시며, 죽음의 그늘조차도 대낮처럼 밝히신다.

"민족들을 커지게도 하시고 다시 멸하기도 하시며 민족들을 널리 퍼지게도 하시고 다시 끌려가게도 하시며." (23절) 하나님은 나라를 흥하게도 하시고 망하게도 하시며 광대하게도(뻗어나가게도) 하시고 아주 사라지게도 하신다.

"만민의 우두머리들의 총명을 빼앗으시고 그들을 길 없는 거친 들에서 방황하게 하시며." (24절) 하나님은 세상 통치자들의 총명을 빼앗기도 하시고, 그들을 길 없는 거친 들에서 방황하게도 하신다. '만민의 우두머리들' (the chiefs of the people)은 세상의 통치자들을 가리킨다.

"빛 없이 캄캄한 데를 더듬게 하시며 취한 사람 같이 비틀거리게 하시느니라." (25절) 하나님은 그들을 한 가닥 빛도 없는 어둠 속에서 더듬게도 하시며, 술 취한 사람처럼 비틀거리게도 하신다. 그러므로 인간은 하나님의 절대주권 앞에서 겸손하지 않을 수 없다.

제 13 장

욥의 자기변호, 하나님을 향한 욥의 두 가지 청원

1. 욥의 자기변호(1-19절)

"너희가 말한 그 모든 것은 내가 전에 눈과 귀로 다 보고 들었으며 또 깨달아 알고 있다. 너희가 아는 것은 나도 알고 있으며 내가 너희보다 못한 것은 아무것도 없다."(1, 2절)

"참으로 나는 전능자에게 말씀하려 하며 하나님과 변론하려 하노라."(3절) 나는 차라리 전능하신 하나님께 직접 말씀드리고 내 문제를 그분과 의논하고 싶다. '변론하다' (*howkeah*, reason)는 '이치를 따지다', '논쟁하다', '견책하다' 를 뜻하는 법정 용어이다. 소송에서 이기려는 것보다 서로 간의 오해를 풀어서 화해시키는 데 주된 목적이 있다.

"너희는 거짓말을 지어내는 자요 다 쓸모없는 의원이니라."(4절) 너희는 무식을 거짓말로 때우는 사람들이다. 너희는 모두가 돌팔이 의사나 다름없다. '거짓말' (*saqer*, lies)은 '색을 칠하다' 에서 유래된 말이다. 욥의 친구들은 하나님의 정당성을 주장하기 위해 온갖 말을 지어냈다. '쓸모없는 의원' (worthless physicians)은 환자를 위해 취해야 할 조치를 알지 못하는 의사를 말한다.

"너희가 참으로 잠잠하면 그것이 너희의 지혜일 것이니라."(5절) 입이라도 좀 다물고 있으면, 그것이 지혜가 될지 모른다(너희의 무식이 탄로 나지는 않을 것이다.)

"이제 너희는 나의 변론(내 주장)과 내 입술의 변명을 들어 보아라."(6절) 자기 말에 귀를 기울여보라는 말이다.

"너희가 어째서 거짓말을 하느냐? 너희 거짓말이 하나님에게 유익을 주리라고 생각하느냐? 너희가 하나님의 낯을 따르려느냐(하나님을 변호하려고 하느냐?) 그를 위해 논쟁하려고 하느냐? 하나님이 너희를 세밀하게 살피신다면 너희에게서 선한 것을 찾을 수 있겠느냐? 너희는 사람을 속이듯이 하나님을 속일 수 있다고 생각하느냐? 만일 너희가 하나님을 돕기 위해서 거짓말을 한다고 해도 하나님은 너희를 책망하실 것이다."(7-10절)

'하나님의 낯을 따르려느냐.' (*tissaun*, show partiality) 낯(얼굴)은 사람의 희로애락이 가장 잘 나타나는 곳이다. 따라서 이 말은 욥의 친구들이 상대방의 기분을 살펴 아부하는 것, 곧 그릇된 동기로 하나님께 아첨한 것으로 보았음을 말해준다. 진실은 없이 거짓만 행하는 친구들의 위선적인 행동을 욥이 지적한 것이다.

"그의 존귀가 너희를 두렵게 하지 않겠으며 그의 두려움이 너희 위에 임하지 않겠느냐."(11절) 그분의 존엄하심이 너희에게 두려움이 될 것이며, 그분에 대한 두려움이 너희를 사로잡을 것이다. 그런데 너희가 어떻게 감히 이런 짓을 할 수 있느냐는 말이다.

"너희의 격언은 재 같은 속담이요 너희가 방어하는 것은 토성이니라."(12절) 너희 격언은 한낱 재처럼 쓸모없는 잡담일 뿐이고, 너희 변호는 무너지기 쉬운 흙더미에 불과하다. '격언' (*misle*, proverbs)은 '기억하다' 는 뜻을 가지고 있다. 기억하기 쉽게 짧은 형태로 된 경구를 말한다. '재 같은' (*eper*, ashes)은 생명도, 실체도 없다는 뜻이다. '토성' (*leggabe homer*, defenses of clay)은 철과 비교하여 힘도 없고 소용도 없음을 뜻한다.

"너희는 조용히 하고 나에게 말할 기회를 달라. 무슨 일이 일어나든지 그 것은 내가 당하겠다. 나는 그 어떤 위험도 무릅쓸 각오가 되어 있다. 비록 하나님이 나를 죽이실지라도 나는 그를 신뢰할 것이다. 그렇지만 나는 그분 앞에서 내 행위를 변명해야겠다(내 사정만은 그분께 아뢰겠다.)"(13-15절) 사리를 분별하여 똑똑히 밝히고 싶다는 말이다.

"어쩌면 이것이 나의 구원이 될지도 모른다. 경건치 않은 자는 감히 하나님 앞에 나아갈 수 없기 때문이다. 너희는 내가 하는 말에 귀를 기울이고 잘 들어 보아라. 나는 내가 옳다는 것을 알고 있기 때문에 (내가 죄가 없다는 확신이 있기 때문에) 내 사정을 말하려고 한다. 이 문제에 대해서 나와 논쟁할 자가 누구냐? 너희가 만일 내 잘못을 입증할 수 있다면 나는 조용히 입을 다물고 죽고 말겠다(하나님께서 고발하시면 나는 조용히 입을 다물고 죽을 각오를 하고 있겠다.)"(16-19절)

2. 하나님을 향한 욥의 두 가지 청원(20-28절)

"오직 내게 이 두 가지 일을 행하지 마옵소서 그리하시면 내가 주의 얼굴을 피하여 숨지 아니하오리니."(20절) 내가 하나님께 바라는 것은 두 가지밖에 없는데, 그것을 들어주시면 내가 주님의 얼굴을 피하여 숨지 않겠다는 청원이다. 두 가지는, 겁을 주시는 것(21절)과 욥과 대화하지 않는 것(22절)이다.

"곧 주의 손을 내게 대지 마시오며 주의 위엄으로 나를 두렵게 하지 마실 것이니이다."(21절) 나를 치시는 그 손을 거두어 주시고, 제발 내가 이렇게 두려워 떨지 않게 해주소서. 이것은 첫 번 째 청원이다. '손' (*kaph*, hand)은 압박을 의미한다. 주의 손은 욥을 억누르고 고통당하게 하시는 하나님의 손을 가리킨다.

"그런 다음에 나를 부르소서. 내가 대답하겠습니다. 그렇지 않으려면 나에게 먼저 말하게 하시고 주께서 대답해 주소서."(22절) 주님과 대화하고 싶다는 두 번째 청원이다.

"나의 죄악이 얼마나 많으니이까 나의 허물과 죄를 내게 알게 하옵소서."(23절) 내가 지은 죄가 무엇입니까? 내가 무슨 잘못을 저질렀습니까? 내가 어떤 범죄에 연루되어 있습니까? 그것이 알고 싶다는 말이다.

"주께서 어찌하여 얼굴을 가리시고 나를 주의 원수로 여기시나이까."(24절) 주께서는 왜 내게서 얼굴을 돌리시고 나를 원수같이 여기시는 지 그 이유도 알고 싶다는 말이다.

"주께서 어찌하여 날리는 낙엽을 놀라게 하시며 마른 검불을 뒤쫓으시나이까."(25절) 주님께서는 왜 줄곧 나를 위협하십니까? 나는 바람에 날리는 나뭇잎 같을 뿐인데 주님께서는 지금 마른 지푸라기 같은 나를 공격하시나요? 욥은 자신의 연약함을 날리는 낙엽과 마른 검불로 비유했다. '검불'(*qas*, stubble, chaff, straw)은 마른 풀, 낙엽, 짚 부스러기 따위를 가리키는 말이다.

"주께서 나를 대적하사 괴로운 일들을 기록하시며 내가 젊었을 때에 지은 죄를 내가 받게 하시오며 내 발을 차꼬에 채우시며 나의 모든 길을 살피사 내 발자취를 점검하시나이다."(26, 27절) 주님은 신랄하게 나를 비난하시며 내가 어릴 때 지은 죄까지 들추어내시고 내 발에 쇠고랑을 채우시며 나의 모든 걸음을 지켜보시고 나의 발자국까지 살피신다(내 발바닥을 제한하신다).

'차꼬'(*sad*, stocks)는 죄인들에게 형벌을 가하거나 도망하지 못하게 하는 기구로 벌, 복종, 환난을 상징한다. 나무틀에 구멍을 파서 그 구멍 안에 죄인의 두 발목을 넣고 자물쇠로 채울 수 있게 만들었다. '내 발자취를 점검하시나이다.'(set a print upon the heels of my feet, KJB)는 문자적으로 '발바닥에 표시를 하다' 라는 뜻이다. 함무라비 법전에 따르면 노예들의 발바닥에 표시를 하여 그가 노예임을 알도록 하기도 했다.

"나는 썩은 물건의 낡아짐 같으며 좀 먹은 의복 같으니이다." (28절) 그래서 욥 자신이 썩은 물건(썩어 자빠진 나무)과도 같고, 좀먹은 의복과 같이 되었다는 것이다. '낡아짐' (*raqab*, rottenness, decay)은 썩어 문드러짐을 말한다.

제14장

짧은 인생의 허무함과 절망하는 욥

"여인에게서 태어난 사람은 생애가 짧고 걱정이 가득하며 그는 꽃과 같이 자라나서 시들며 그림자 같이 지나가며 머물지 아니하거늘 이와 같은 자를 주께서 눈 여겨 보시나이까 나를 주 앞으로 이끌어서 재판하시나이까." (1-3절) 인간은 수명이 짧고 미미하기 그지없다. 그런데 왜 주님께서는 죽을 수 밖에 없는 존재(mortals)를 눈여겨 살피시는 것일까? 더욱이 나와 같은 것을 왜 심판대로 데리고 가셔서, 심판하시겠다는 것인가. 욥을 심판하기보다 용서하고 은혜를 베푸셔야 한다는 말이다.

"어떻게 더러운 것에서 깨끗한 것이 나올 수 있겠습니까? 그렇게 할 수 있는 자는 아무도 없습니다." (4절) 연약하고 더러운 인간에게서 깨끗한 것(*tahowr*, a clean thing)을 기대할 수 없을 터인데 무엇 때문에 인간을 응징하시느냐는 것이다. 더욱이 흉악한 죄인도 아닌데 이처럼 엄청난 재앙을 당한다는 것은 이해할 수 없다는 뜻이 담겨있다.

"주께서는 인생의 사는 날과 달수를 미리 정하시고 아무도 그 이상은 더 살지 못하도록 수명의 한계(*huqqaw*, his limits)를 정해 놓으셨습니다." (5절) 인간의 수명은 제한적이라는 말이다.

"그에게서 눈을 돌이켜 그가 품꾼 같이 그의 날을 마칠 때까지 그를 홀로 있게 하옵소서." (6절) 사람에게서 눈을 돌리셔서(내버려 두셔서) 그가 숨을 좀 돌리게 하시고, 자기가 살 남은 시간을 품꾼만큼이라도 한 번 마음껏 살게

(잠시라도 품꾼과 같은 고달픈 삶을 쉬게) 해 달라는 것이다. 비록 짧지만 자신의 생을 최선을 다해 살도록 허용해 달라는 말이다. 또한 품꾼이 일을 끝낸 후에 있을 휴식을 기다리는 것처럼 욥 자신도 죽어서 쉬기(영원한 휴식)만을 기다린다는 해석도 있다.

"차라리 나무라면 희망이 있겠습니다. 그것은 찍혀도 다시 움이 트고 싹이 나서 연한 가지를 내며 그 뿌리가 땅 속에서 늙고 줄기가 땅에서 죽을지라도 물기만 있으면 다시 움이 돋고 싹이 나서 새로 심은 묘목처럼 됩니다. 그러나 사람은 아무리 장정(대장부)이라도 소멸되면(죽으면) 그것으로 끝장입니다. 그가 죽으면 어디로 가겠습니까?"(7-10절) 나무는 회생 능력이 있지만 인간은 나무처럼 회생할 수 없다. '소멸되다' (*yehelas*, laid away, fade away)는 문자적으로 '약하게 하다', '패배시키다' 로 죽음을 암시한다.

"바닷물이 증발하여 줄어들고 강물이 말라 없어지듯이 사람이 죽어 누우면 다시 일어나지 못하고 하늘이 없어지기까지 눈을 뜨지 못하며 잠에서 깨어나지 못합니다."(11, 12절) 인간은 죽으면 일어날 수 없다. 이것은 육신의 죽음을 말하는 것이지 영혼의 소멸을 말하는 것이 아니다.

"차라리 나를 스올에(죽은 자들과 함께) 감추어 두실 수는 없으십니까? 주님의 진노가 가실 때까지 만이라도 나를 숨겨 주시고, 기한(*hoq*, a set time)을 정해 두셨다가 뒷날에 다시 기억해 주실 수는 없습니까? 아무리 장정(*geber*, a man, 대장부)이라 하더라도 죽으면 그만입니다. 그러므로 나는 더 좋은 때를 기다리겠습니다. 이 고난의 때가 지나가기까지(고통스러운 시련이 끝날 때까지) 풀려나기를 기다리겠습니다."(13, 14절) 풀려나기(*halipati*, my change)는 변화, 교환, 중재를 의미한다. 욥이 재난 이전의 모습으로 회복되기를 기대하는 것으로 해석된다. 풀려나기를 단순한 죽음이 아니라 새로운 상태로의 변화(부활)의 소망이 담겨있는 것으로 해석되기도 한다.

“주께서는 나를 부르시겠고 나는 대답하겠나이다 주께서는 주의 손으로 지으신 것을 기다리시겠나이다.”(15절) 그 때에 주님께서 나를 불러 주시면, 내가 대답하겠습니다. 주님께서도 손수 지으신 나를 보시고 기뻐하실 것입니다. ‘기다리시다’ (*tiksop*, you shall desire, you will long for)는 하나님이 자신의 피조물을 지극히 아끼는 심정으로 대견스럽게 바라보신다는 뜻이다.

“그러하온데 이제 주께서 나의 걸음을 세시오니 나의 죄를 감찰하지 아니하시나이까

주는 내 허물을 주머니에 봉하시고 내 죄악을 싸매시나이다.”(16, 17절) 그때는 주께서 나의 걸음을 세셔도 내 죄는 들추어 내지 않으시고 그 모든 것을 덮어 주시며 용서해 주실 것이다.

“무너지는 산은 반드시 흩어지고 바위는 그 자리에서 옮겨가고 물은 돌을 닳게 하고 넘치는 물은 땅의 티끌을 씻어버리나이다 이와 같이 주께서는 사람의 희망을 끊으시나이다.”(18, 19절) 산이 침식되어 무너지고 바위가 그 자리에서 옮겨지며 물이 돌을 닳게 하고 급류가 땅의 흙을 씻어 내려가듯이 주께서는 사람의 희망을 꺾어 버리신다. 하나님께서 사람의 계획과 기대를 죽음을 통해 무너뜨리신다는 뜻이다. 그러나 성도는 약속의 말씀 위에 굳게 서 부활과 영생을 바라봐야 한다.

“주께서 사람을 영원히 이기셔서 떠나게 하시며 그의 얼굴빛을 변하게 하시고 쫓아보내시오니 그의 아들들이 존귀하게 되어도 그가 알지 못하며 그들이 비천하게 되어도 그가 깨닫지 못하나이다.”(20, 21절) 주께서 사람을 이기시고 그를 영원히 떠나게 하여(육체적 죽음) 그의 얼굴빛이 변하게 하시므로(살아있을 때는 붉은 혈색을 가지고 있지만 죽게 되면 창백하게 변하게 된다) 그의 아들들이 존귀해도 그가 그것을 알지 못하며(자손이 영광을 누려도 그는 알지 못하며) 그들이 천하게 되어도 그 사실을 깨닫지 못한다(자손이 비천하게 되어도 그

소식 듣지 못한다.) '떠나게'(*halok*, pass on)는 '걷다', '가다'의 의미로, 죽음을 나타낸다.

"다만 그의 살이 아프고 그의 영혼이 애곡할 뿐이니이다."(22절) 그(사람)에게는 오직 고통과 슬픔만이 있을 따름이다.

제 15 장

사람이 어찌 깨끗하겠느냐는 엘리바스의 주장

그러자 데만 사람 엘리바스가 말했다. "지혜로운 자가 어찌 헛된 지식으로 대답하겠느냐 어찌 동풍을 그의 복부에 채우겠느냐?" (2절)

네가 지혜 있는 척하지만 정말 무익하고 쓸데없는 말만 한다는 말이다. '헛된 지식' (*daat ruah*, windy, empty, vain knowledge)은 문자적으로 '바람의 지식', 곧 근거 없는 허황된 지식이라는 뜻이다. '동풍' (the east wind)은 늦봄과 이른 가을에 사막에서 불어오는 뜨거운 바람을 말한다. 이 바람은 농작물을 시들게 해 쓸모없이 다만 해가 되는 것을 의미하기도 한다. '복부에 채우겠느냐' (fill his belly)는 분노의 열기로 가득한 욥의 변론이 하나님 앞에서 쓸모없다는 말이다.

"어찌 도움이 되지 아니하는 이야기, 무익한 말로 변론하겠느냐." (3절) 참으로 지혜로운 사람은 너처럼 어리석은 말을 하지 않으며 아무런 의미도 없는 그와 같은 헛된 말로 자신을 변명하지 않는다는 것이다. 그러니 궤변을 멈추라는 말이다.

"참으로 네가 하나님 경외하는 일을 그만두어 하나님 앞에 묵도하기를 그치게 하는구나." (4절) 너 같은 사람은 하나님을 두려운 마음으로 섬기며 경건한 마음으로 기도하는 데 방해가 된다. '그만 두어' (*tigra*, hinder, restrain)는 '부숴 뜨리다', '무효화시키다', '좌절시키다' 를 뜻한다. '묵도하기' (*hah*, meditation, prayer)는 대체로 묵상이나 명상을 뜻하지만 하나님과 관련이 있을 경우 '경건', '기도' 를 의미한다.

"네 죄악이 네 입을 가르치나니 네가 간사한 자의 혀를 좋아하는구나."(5절) 네 죄가 너의 입에 할 말을 가르치고 있고, 너는 지금 간사한 말로 자신을 속이고 있다(혀로 간사한 말만 골라서 하게 한다.)

"너를 정죄하는 것은 네 입이지, 내가 아니다. 바로 네 입술이 네게 불리하게 증언한다. 네가 맨 처음으로 세상에 태어난 사람이기라도 하며, 산보다 먼저 생겨난 존재라도 되느냐? 네가 하나님의 오묘하심(*sod*, council, counsel, 회의)을 엿듣기라도 하였느냐? 어찌하여 너만 지혜가 있다고 주장하느냐? 우리가 알지 못하는 어떤 것을 너 혼자만 알고 있기라도 하며, 우리가 깨닫지 못하는 그 무엇을 너 혼자만 깨닫기라도 하였다는 말이냐? 우리가 사귀는 사람 가운데는, 나이가 많은 이도 있고, 머리가 센 이도 있다. 네 아버지보다 나이가 더 든 이도 있다."(6-10절)

엘리바스는 욥이 자신을 가장 지혜로운 사람으로 여긴다고 책망한다. 하지만 욥은 자신의 지혜가 친구들보다 뛰어난 것이 아니라 같다(너희만 못하지 않다)고 말했었다(12:3, 13:2).

"하나님의 위로와 은밀하게 하시는 말씀(the gently word, 그의 부드러운 말씀)이 네게 작은 것이냐(*hamat*, too small, 부족하냐)?"(11절) 하나님의 위로는 은혜의 표징으로 환난 중에 있는 자식을 향한 어미의 사랑과 같다. 우리는 이를 통해 더욱 더 주님께 순종하고 그의 인도하심에 따라 살게 된다.

"어찌하여 네 마음에 불만스러워하며 네 눈을 번뜩거리며 네 영이 하나님께 분노를 터뜨리며 네 입을 놀리느냐?"(12, 13절) 네가 무엇 때문에 흥분하여 눈을 부릅뜨고 우리를 노려보며 하나님을 대적하여 화를 내고 그와 같은 말을 내뱉느냐? '눈을 번뜩거리다' (do your eyes flash, wink at)는 '눈을 찡그리다', '화가 나서 눈 꼬리가 올라가다' 는 뜻이다.

"사람이 어찌 깨끗하겠느냐 여인에게서 난 자가 어찌 의롭겠느냐 하나님은 거룩한 자들을(그의 천사들까지도) 믿지 아니하시나니(신뢰하지 않으시며) 하늘이라도 그가 보시기에 부정하거든(깨끗하지 않은데) 하물며 악을 저지르기를 물 마심 같이 하는 가증하고 부패한 사람(abominable and filthy man, detestable and corrupt man, 더럽고 추한 사람, 도덕적으로 타락한 사람)을 용납하시겠느냐." (14-16절) 이 부분은 엘리바스가 이미 한 말(4:17-18)의 반복이다.

"이제 내 말을 들어라. 내가 본 것을 너에게 말해 주겠다. 이것은 지혜로운 자들이 우리 조상들에게서 받은 것을 하나도 숨기지 않고 우리에게 전해 준 것이다. 그 당시에는 우리 조상들에게만 이 땅이 주어졌기 때문에 외국인들은 왕래할 수 없었다." (17-19절) 엘리바스는 자신이 한 말의 근거로 관찰(경험)과 고대의 지혜로운 자들의 말들을 제시하고자 한다.

20-35절은 악인의 운명을 노래하는 시다.

"그 말에 따르면 남을 괴롭히는 악인은 평생 동안 고통을 당할 것이다. 공포의 소리가 그의 귓가에서 떠날 날이 없을 것이며 그가 안전하다고 생각할 때 뜻하지 않은 변을 당하게 될 것이다. 그에게는 어두움에서 벗어날 희망은 없고 칼날만이 그를 죽이려고 기다리고 있다." (20-22절)

"그는 이리 저리 방황하면서 먹을 것을 구걸하며 자기에게 흑암의 날이 가까이 온 것을 안다." (23절) '흑암의 날' (the day of darkness)은 무질서와 혼돈의 상태를 상징하며 성경에서는 고난, 죽음의 땅, 고통, 악한 일의 조짐 등을 뜻한다. 여기서는 악인들의 결국인 멸망의 날을 비유한다.

"고통과 번민이 그를 두렵게 하며 공격 태세를 취한 왕처럼 그에게 덤벼들어 치려고 한다. 이것은 하나님에게 주먹을 휘두르며 전능하신 분을 배반하고 끝까지 고집을 피우며 하나님을 대항하는 인간의 운명이다. 악인은 비대해지고 부유하며 자기가 정복한 성의 주민들을 죽이고 그 곳에 살지마는 그 부유함이 오래 가지 못하고 그의 재산이 멀지 않아 바닥이 나고 말 것이다." (24-

29절) 악인의 부는 오래 가지 못하고 번성하지 못한다.

"그는 어두움에서 떠나지 못할 것이며 불꽃이 그의 가지를 말릴 것이라(그가 가진 모든 것은 불에 타 버리고) 그는 하나님의 입김에 사라질 것이다." (30절) '불꽃' (*salhabet*, the flame)은 심판을 뜻한다.

"그가 스스로 속아 허무한 것을 믿지 아니할 것은 허무한 것이 그의 보응이 될 것임이라." (31절) 그가 허무한 것(*bassaw*, fertile things, 무가치한 것)을 의지할 만큼 어리석다면, 허무한 것(무가치한 것, 악)이 그가 받을 보상(his reward, 대가)이 될 것이다.

"그의 날이 이르기 전에 그 일이 이루어질 것인즉 그의 가지가 푸르지 못하리니 포도 열매가 익기 전에 떨어짐 같고 감람 꽃이 곧 떨어짐 같으리라." (32, 33절) 그런 사람은 때가 되지도 않아, 미리 시들어 버릴 것이며, 마른 나뭇가지처럼 되어, 다시는 움을 틔우지 못할 것이다. 채 익기도 전에 열매가 떨어지는 포도나무와 꽃을 떨어뜨리는 감람나무처럼 될 것이다.

"경건하지 못한 무리는 자식을 낳지 못할 것이며 뇌물을 받는 자의 장막은 불탈 것이라." (34절) 경건치 못한 자들은 자손이 없을 것이며 뇌물을 받는 자의 집은 불에 탈 것이다. '경건하지 못한 무리' (*adat hanep*, the company, the congregation of the hypocrite)는 문자적으로 '회중' 으로, 하나님을 모독하는 사람들을 말한다. '장막' (*ahole*, tents)은 유목민의 이동가옥을 뜻하나 때로는 정착된 거주지나 가정을 뜻하기도 한다. 다윗 궁전도 장막이라 불렸다 (사 16:5).

"그들은 재난을 잉태하고 죄악을 낳으며 그들의 뱃속에 속임을 준비하느니라." (35절) 그들은 악한 생각을 배고 죄를 낳는 자들이며 그들의 뱃속(마음)은 언제나 거짓(속임수)만 가득 차 있을 뿐이다.

제 16 장

친구들의 헛된 위로, 주의 진노가 심함을 한하는 욥, 하나님이 나의 증인이시라는 욥의 주장

1. 친구들의 헛된 위로(1-5절)

욥이 대답했다. "그런 말은 전부터 많이 들었다. 나를 위로한다고 하지만 오히려 너희는 다 재난을 주는 위로자들이다."(1, 2절) 위로한다 하지만 너희는 다 하나같이 나를 괴롭힐 뿐이다.

"헛된 말이 어찌 끝이 있으랴 네가 무엇에 자극을 받아 이같이 대답하는가."(3절) 네가 헛된 말을 끝없이 할 작정이냐. 너희는 무엇에 홀려서, 그렇게 말끝마다 나를 괴롭히느냐.

"너희가 내 처지가 되면, 나도 너희처럼 말할 수 있다(열변을 토할 수 있다.) 나도 너희에게 그럴듯한 말(지어낸 말)을 퍼부으며, 가엾다는 듯이 머리를 흔들(내저을) 것이다."(4절) 머리를 흔드는 것은 비웃음이나 조롱의 뜻을 내포하는 행위이다.

"그래도 입으로 너희를 강하게 하며 입술의 위로로 너희의 근심을 풀었으리라."(5절) 하지만 나 같으면 너희에게 도움이 되는 말을 하여 너희를 위로하고 너희 슬픔을 덜어 주었을 것이다.

2. 주의 진노가 심함을 한하는 욥(6-17절)

"내가 말하여도 내 근심이 풀리지 아니하고 잠잠하여도 내 아픔이 줄어들지 않으리라."(6절) 내가 아무리 말을 해도 이 고통 줄어들지 않고, 입을 다물어도 이 아픔이 떠나가지 않을 것이다.

"이제 주께서 나를 피로하게 하시고 나의 온 집안을 패망하게 하셨나이다."(7절) 주님은 나를 완전히 지치게 하시고 나의 집안을 황폐하게 하셨다. 거느리고 있던 자식들도 모두 죽이셨다.

"주께서 나를 시들게 하셨으니 이는 나를 향하여 증거를 삼으심이라 나의 파리한 모습이 일어나서 대면하여 내 앞에서 증언 하리이다."(8절) 주께서 나를 시들게 하여 뼈와 가죽만 남게 하셨으므로 이것이 내 죄를 증거하고 있다.

"그는 진노하사 나를 찢고 적대시 하시며 나를 향하여 이를 갈고 원수가 되어 날카로운 눈초리로 나를 보시고."(9절) 하나님은 분노로 나를 쳐서 내 살을 찢고 나를 향해 이를 갈며 증오의 눈으로 나를 보신다.

"무리들은 나를 향하여 입을 크게 벌리며 나를 모욕하여 뺨을 치며 함께 모여 나를 대적하는구나."(10절) 사람들은 입을 벌려 나를 조롱(경멸)하고 욕하며 내 뺨을 치고 한 패가 되어 나를 대적한다.

"하나님이 나를 악인에게 넘기시며 행악자의 손에 던지셨구나."(11절) 하나님은 나를 경건치 않은 자들에게 넘겨주시고 악인의 손에 던져 넣으셨다(악한 자의 손아귀에 내맡기셨다).

"내가 평안하더니 그가 나를 꺾으시며 내 목을 잡아 나를 부숴뜨리시며 나를 세워 과녁을 삼으시고."(12절) 내가 편안하게 살고 있을 때 그가 나를 꺾고 내 목을 잡아 던져 부수뜨리시며 나를 그의 표적으로 삼으셨다.

"그의 화살들이 사방에서 날아와 사정없이 나를 쏨으로 그는 내 콩팥들을 꿰뚫고 그는 내 쓸개가 땅에 흘러나오게 하시는구나."(13절) 사방에서 활을 쏘아 사정없이 내 콩팥을 뚫어 땅에 창자가 쏟아지게 하는구나.

"그가 나를 치고 다시 치며 용사 같이 내게 달려드시니 내가 굵은 베를 꿰

매어 내 피부에 덮고 내 뿔을 티끌에 더럽혔구나."(14, 15절) 그가 계속해서 나를 치고 용사처럼 내게 달려드시니 내가 이렇게 삼베옷을 입고 티끌 가운데 앉아 슬퍼하는 신세가 되고 말았다. 여기서 '뿔'은 욥의 힘과 영예를 나타낸다. 그의 영예가 여지없이 무너졌다는 말이다.

"내 얼굴은 울음으로 붉었고 내 눈꺼풀에는 죽음의 그늘이 있구나."(16절) 내 얼굴은 울어서 붉어 있고 내 눈 언저리에는 죽음의 그늘이 맴돌고 있다.

"그러나 내 손에는 포학이 없고 나의 기도는 정결하니라."(17절) 그러나 나는 폭행을 저지른 일이 없으며, 내 기도는 언제나 순수하고 진실하였다.

3. 하나님이 나의 증인이시라는 욥의 주장(18-22절)

"땅아 내 피를 가리지 말라 나의 부르짖음이 쉴 자리를 잡지 못하게 하라." (18절) 땅이여, 내 피를 숨기지 말고 그 피가 나를 위해 계속 부르짖게 해 다오. 땅에 흘려진 피는 복수를 호소한다. 자기의 고난과 죽음이 억울해서 누군가 그것을 복수하기까지 핏자국이 지워지지 않기를 바라는 욥의 심정을 읽을 수 있다. '쉴 자리' (*maqowm*, the resting place)은 무덤을 뜻한다.

"지금 나의 증인이 하늘에 계시고 나의 중보자가 높은 데 계시니라."(19절) 지금 나의 증인이 하늘에 계시고 나의 대변자(advocate, 변호인)가 높은 곳에 계신다.

"나의 친구는 나를 조롱하고 내 눈은 하나님을 향하여 눈물을 흘리니."(20절) 내 친구들이 나를 조롱하니 내 눈이 하나님께 눈물을 쏟는구나. '눈을 흘리니' (*dalepah*, pour out)는 '잠을 이루지 못하고'의 뜻으로, 간절한 심정을 나타낸다.

"사람(*geber*, man)과 하나님 사이에와 인자(*adam*, man)와 그 이웃 사이에 중재하시기를 원하노니." (21절) 사람이 자기 친구를 위해서 변호하듯 누가 나를 위해 하나님께 변호해 주었으면 좋겠다. '인자' 는 '사람의 아들' 로, 에스겔서에서는 하나님이 에스겔을 지칭할 때 사용하신 말이고, 복음서에서는 예수님이 자신을 지칭할 때 사용하신 용어이다. 여기서는 욥 자신을 가리킨다. 원문은 '사람' 이다. '중재하다' (*yakach*, plead, decide, prove)는 것은 '탄원하다', '변호하다', '결정하다', '입증하다' 는 뜻이다.

"수년이 지나면 나는 돌아오지 못할 길로 갈 것임이니라." (22절) 이제 몇 해만 더 살면 나는 돌아오지 못하는 길로 갈 것이다.

제17장

죽음을 갈망하는 욥

"나의 기운이 쇠하였으며 나의 날이 다하였고 무덤이 나를 위하여 준비되었구나."(1절) 기운이 쇠하여 거의 죽게 된 나에게 기다리는 것은 무덤뿐이다.

"나를 조롱하는 자들이 나와 함께 있으므로 내 눈이 그들의 충동함을 항상 보는구나."(2절) 나를 조롱하는 자들이 내 주위에 있으니 내 눈이 항상 그들의 적개심을 보게 되는구나. '충동함' (their provocation)은 적대감을 말한다. 조롱자들의 욥을 향한 비난의 밑바탕에 깔려있는 동기에 적대심이 있다는 말이다.

"청하건대 나에게 담보물을 주소서 나의 손을 잡아 줄 자가 누구리이까."(3절) 자기가 죄가 없음에 대해 주님께서 친히 보증이 되어달라는 것이다. 자기를 보증하실 분은 오직 주님 밖에 없기 때문이다. '나의 손을 잡아 줄 자'는 보증을 서 계약을 확정지어 줄 수 있는 사람을 말한다.

"주께서 그들의 마음을 가리어 깨닫지 못하게 하셨사오니 그들을 높이지 마소서."(4절) 주께서 저들의 마음을 가리어 깨닫지 못하게 하신 것이니 저들이 이겨 뽐내지 못하게 해 달라는 것이다.

"보상을 얻으려고 친구를 비난하는 자는 그의 자손들의 눈이 멀게 되리라."(5절) 돈(뇌물)에 눈이 멀어 친구를 버리면(배반하면), 자식이 눈이 먼다는 속담이다. 사람이 이기적인 목적에서 친구를 공공연하게 비난하면 그 자녀들의 눈이 먼다는 속담을 인용하며 자신을 비난하는 친구들의 동기가 불순하다는 것을 암암리에 지적하고 있다.

"하나님이 나를 백성의 속담거리가 되게 하시니 그들이 내 얼굴에 침을 뱉는구나."(6절) 하나님이 나를 모든 사람들에게 웃음거리가 되게 하시므로(사람들이 이 격언을 가지고 나를 공격하므로) 그들이 내 얼굴에 침을 뱉는구나. 욥이 비난의 대상이 되었다.

"내 눈은 근심 때문에 어두워지고 나의 온 지체는 그림자 같구나."(7절) 근심 때문에 눈이 멀고, 팔과 다리도 그림자처럼 야위어졌다. 욥의 몸이 허약해졌음을 말한다.

"정직한 자는 이로 말미암아 놀라고 죄 없는 자는 경건하지 못한 자 때문에 분을 내나니."(8절) 정직한 자들이 나의 모습을 보고 놀라며, 죄 없는 자들이 경건치 않은 자들에게 분개한다.

"그러므로 의인은 그 길을 꾸준히 가고 손이 깨끗한 자는 점점 힘을 얻느니라."(9절) 그러므로 의롭게 사는 사람은 계속 착실하게 살 것이며 마음이 깨끗한 자는 점점 힘을 얻게 될 것이다.

"너희는 모두 다시 올지니라 내가 너희 중에서 지혜자를 찾을 수 없느니라."(10절) 너희는 제발 내 앞에서 사라져다오. 너희 중에서는 지혜로운 자를 찾을 수가 없다.

"나의 날이 지나갔고 내 계획, 내 마음의 소원이 다 끊어졌구나."(11절) 내가 살 날(좋은 시절)은 이미 다 지나갔다. 나의 계획도 희망도 다 사라졌다. 내 마음의 소원도 좌절되고 말았다.

"그들은 밤으로 낮을 삼고 빛 앞에서 어둠이 가깝다 하는구나."(12절) 내 친구들의 말이 "밤이 대낮이 된다."고 하지만, "밝아온다"고 하지만, 내가 이 어둠 속에서 벗어나지 못한다는 것을 나는 알고 있다.

“내가 스올이 내 집이 되기를 희망하여 내 침상을 흑암에 펴놓으매.”(13절) 내 유일한 희망은 스올, 곧 죽은 자들의 세계로 가는 것이다. 거기 어둠 속에 잠자리를 펴고 눕는 것뿐이다.

“무덤에게 너는 내 아버지라, 구더기에게 너는 내 어머니, 내 자매라 할지라도 나의 희망이 어디 있으며 나의 희망을 누가 보겠느냐.”(14, 15절) 무덤을 보고 내 아버지라 부르며 구더기를 보고 내 어머니요 내 자매라고 부른다면 나의 희망이 어디 있겠으며 누가 내 희망을 보겠느냐?

“우리가 흙 속에서 쉴 때에는 희망이 스올의 문으로 내려갈 뿐이니라.”(16절) 내가 죽으면 내 희망도 죽음의 문까지 내려가 나와 함께 흙 속에 묻혀 버리고 말 것이다.

제 18 장

악인은 망한다는 빌닷의 주장

1. 욥을 질책하는 빌닷(1-4절)

그때 수아 사람 빌닷이 말했다. "네가 언제 입을 다물겠느냐? 좀 더 지각 있는 말을 해라. 그러면 우리가 대답하겠다."(1, 2절) "어찌하여 우리를 짐승으로 여기며 부정하게 보느냐"(3절) 네가 무엇 때문에 우리를 짐승처럼 어리석게 여기느냐는 것으로, 욥에 대한 강한 질책이다.

"울분을 터뜨리며 자기 자신을 찢는 사람아 너 때문에 땅이 버림을 받겠느냐 바위가 그 자리에서 옮겨지겠느냐."(4절) 네가 분이 못 이겨 네 옷을 찢는다고 해서 이 땅이 황무지가 되며, 바위가 제자리에서 밀려나느냐? '자기 자신을 찢는 사람' (you who tear yourself)은 제 몸을 뜯어먹는 짐승이라는 것으로, 욥의 변론 속에 자만이 가득 차 있어, 욥은 변론을 통해 의를 입증하기는커녕 파멸해 갈 것이라는 조롱 섞인 표현이다.

2. 악인은 망한다(5-21절)

"악인의 빛은 꺼지고 그의 불꽃은 빛나지 않을 것이요."(5절) 악한 자의 빛은 꺼지게 마련이고, 그 불꽃도 빛을 잃고 마는 법이다. "그의 장막 안의 빛은 어두워지고 그 위의 등불은 꺼질 것이요."(6절) 그의 집 안을 밝히던 빛은 점점 희미해지고, 환하게 비추어 주던 등불도 꺼질 것이다.

"그의 활기찬 걸음이 피곤하여지고 그가 마련한 꾀에 스스로 빠질 것이니." (7절) 악인의 힘찬 걸음도 맥이 풀리고, 자기가 꾸민 꾀에 자기가 빠질 것이다. "이는 그의 발이 그물에 빠지고 올가미에 걸려들며." (8절) 제 발로 그물에 걸리고, 스스로 함정으로 걸어 들어간다.

"그의 발뒤꿈치는 덫에 치이고 그의 몸은 올무에 얽힐 것이며." (9절) 악인의 발뒤꿈치는 덫에 걸리고, 올가미가 그를 단단히 죌 것이다. '덫' (*pah*, net)은 새덫으로, 둥근 나무판에 두 개의 그물을 쳐 올린 것으로 사냥꾼의 올무(시 91:3)로 번역되기도 한다. '올무' (*sammim*, snare)는 짐승들이 자주 나타나는 숲이나 길목에 쳐놓고 위에서 짐승을 덮치거나 발이 치이도록 하는 올가미이다. "그를 잡을 덫이 땅에 숨겨져 있고 그를 빠뜨릴 함정이 길목에 있으며." (10절) 땅에는 그를 잡아 묶을 올가미가 숨겨져 있고, 그의 길에는 함정이 기다리고 있다(숨겨진 덫이 그를 노린다).

"무서운 것이 사방에서 그를 놀라게 하고 그 뒤를 쫓아갈 것이며." (11절) 무서운 일들(죽음의 공포)이 사방에서 그를 놀라게 하며(시시각각으로 그를 괴롭히며) 그림자처럼 그를 따라다닐 것이다(잠시도 그를 놓아주지 않을 것이다). "그의 힘은 기근으로 말미암아 쇠하고 그 곁에는 재앙이 기다릴 것이며." (12절) 악인은 굶주림에 시달려 그 힘이 빠지고 재앙이 그 곁에서 기다릴 것이다.

"질병이 그의 피부를 삼키리니 곧 사망의 장자가 그의 지체를 먹을 것이며." (13절) 질병이 그의 피부를 좀먹고 그의 팔다리를 삼킬 것이다. '질병' (*badde*, parts, patches, disease)은 '양손' 또는 '질병'을 뜻한다. 온 몸에 종기가 나고 심지어 손, 발이 떨어져 나가기도 한다. '사망의 장자' (the firstborn of death)는 죽음에 이르게 하는 질병을 일컫는 말로, 질병이 얼마나 혹독하고 치명적인가를 보여준다.

"그가 의지하던 것들이 장막에서 뽑히며 그는 공포의 왕에게로 잡혀가고." (14절) 악인은 믿고 의지하며 살던 자기 집에서 쫓겨나 죽음의 세계를 통치하는 왕에게로 끌려갈 것이다. '공포의 왕' (the king of terrors)은 지옥을 다스리는 신화적 존재를 의미하며, 죽음을 의인화한 것이다. '잡혀가고' (parade him, marched away)는 문자적으로 '행진하게 하다' 이다. 지옥의 사자들이 죽은 자들의 영을 난폭하게 끌고 가는 것을 의미한다.

"그에게 속하지 않은 자가 그의 장막에 거하리니 유황이 그의 처소에 뿌려질 것이며." (15절) 그 집은 유황을 뿌려 소독을 한 다음에 다른 사람이 살게 될 것이다. "밑으로 그의 뿌리가 마르고 위로는 그의 가지가 시들 것이며." (16절) 그의 뿌리든, 가지든 남아나는 것이 없게 된다.

"그를 기념함이 땅에서 사라지고 거리에서는 그의 이름이 전해지지 않을 것이며." (17절) 그에 대한 모든 기억은 땅에서 사라지고 그의 이름을 기억하는 자가 아무도 없을 것이다.

"그는 광명으로부터 흑암으로 쫓겨 들어가며 세상에서 쫓겨날 것이며." (18절) 그는 세상에서 추방되어 빛의 세계에서 흑암의 세계로 쫓겨 갈 것이다. "그는 그의 백성 가운데 후손도 없고 후예도 없을 것이며 그가 거하던 곳에는 남은 자가 한 사람도 없을 것이라." (19절) 그에게는 유가족도 없고 후손도 없을 것이다.

"그의 운명에 서쪽에서 오는 자와 동쪽에서 오는 자가 깜짝 놀라리라." (20절) 동쪽 사람들(땅의 이 끝 사람들)이 그의 종말을 듣고 놀라듯이, 서쪽 사람들(땅의 저 끝 사람들)도 그의 말로를 듣고 겁에 질릴 것이다. 동서 사방에서 그의 소식을 듣는 사람들이 다 무서워서 떨며 놀랄 것이다.

"참으로 불의한 자의 집이 이러하고 하나님을 알지 못하는 자의 처소도 이러하니라."(21절) 악한 자의 집안은 반드시 이런 일을 당하며, 하나님을 알지 못하는 자가 사는 곳도 이렇게 되고 말 것이다. '불의한 자'는 진리와 경건을 방해하며 율법을 멀리하고 쾌락을 즐기며 의인과 어울리지 못하는 자를 말한다.

제 19 장

욥의 탄식, 욥의 호소, 욥의 신앙과 소망

1. 욥의 탄식: 하나님이 나를 원수같이 보신다(1-12절)

그래서 욥이 이렇게 대답했다. "너희가 언제까지 내 마음을 괴롭히며 말로 나를 짓부술 생각이냐?"(1, 2절)

"너희가 열 번이나 나를 학대하고도 부끄러워 아니하는구나."(3절) 너희가 나를 모욕한 것이 수십 번인데, 그렇게 나를 학대하고도 부끄럽지도 않느냐. "비록 내게 허물이 있다 할지라도 그 허물이 내게만 있느냐."(4절) 내가 정말 무슨 실수라도 했단 말인가? 그 허물이 아직도 가시지 않았다는 말인가(공동번역). 그것은 내 문제일 뿐이고, 너희를 괴롭히는 것은 아니다(새번역).

"너희가 참으로 나를 향하여 자만하며 내게 수치스러운 행위가 있다고 증언하려면 하려니와."(5절) 너희 생각에는 너희가 나보다 더 낫고(자네들은 참으로 기세등등하여), 내가 당하는 어려움이 내 죄의 대가라고 여기고 나의 잘못을 들춰내고 싶을 것이다.

"하나님이 나를 억울하게 하시고 자기 그물로 나를 에워싸신 줄을 알아야 할지니라."(6절) 그러나 이것만은 알아야 한다. 나를 궁지로 몰아넣으신(억누르신) 분이 하나님이시고, 나를 그물로 덮어씌우신(나를 잡기 위해서 덫을 놓으신) 분도 하나님이시다.

"내가 폭행을 당한다고 부르짖으나 응답이 없고 도움을 간구하였으나 정의가 없구나."(7절) 내가 학대를 받고 있다고 부르짖어도 아무런 응답이 없고(억울하다고 소리쳐도 아무 대답이 없고), 도움을 요청하여도 해결해 주는 자가 없다(호소해 보아도 시비를 가릴 법이 없다). 여기서 '정의'(*mispat*, justice)는 쟁론이나 불의에 대한 심판함을 통해 억울함을 풀어주는 것을 말한다.

"그가 내 길을 막아 지나가지 못하게 하시고 내 앞길에 어둠을 두셨으며."(8절) 넘을 수 없는 담을 쌓아 내 앞을 막는 이도 하나님이시고, 어둠으로 나의 앞길을 가리는 이도 그이시다. '내 앞길'(*netibowtay*, my paths)은 인생의 여정을 가리킨다.

"나의 영광을 거두어가시며 나의 관모를 머리에서 벗기시고."(9절) 나에게서 영광(명예)을 빼앗은 이도 하나님이시요, 면류관을 벗긴 이도 그이시다. '영광'(*kebowd*, glory)은, 구약시대의 경우 물질적인 풍요와 높은 지위에 있다고 보았다. '관모'(*eteret*, crown)는 화환 모양의 관을 가리킨다. 영광이나 관모 모두 고난을 당하기 이전에 욥이 누렸던 영광과 명예를 상징한다. "그가 사방에서 나를 치시므로 내가 죽게 되었다. 그가 나무를 뽑듯이 내 희망을 뿌리째 뽑아 버리셨다."(10절).

하나님은 나를 향해 노하시고 나를 적수로 여기신다(11절). 나나님께서 자기에게 적대감을 품고 계시다는 말이다. 나를 치시려고 군대를 보내시니 그 군대는 나를 치려고 길을 닦고, 내 장막(집)을 포위하였다(12절). 군대가 성을 공격하는 것처럼 하나님께서 욥을 치신다는 것이다.

2. 욥의 호소: 자신을 불쌍히 여겨주옵소서(13-22절)

형제들(동기들)마저 내게서 멀리 떠나가고 친지들마저 나를 외면하고 있다.”(13절). 친척들도 나를 버리고 친구들도 나를 잊었다.”(14절) 내 집에 묵고 있는 손님과 심지어 내 종들까지도 나를 낯선 사람(모르는 사람)으로 대하니 내가 그들에게 외국 사람(뜨내기)같이 되고 말았다(15절). “내가 내 종을 불러도 대답하지 아니하니 내 입으로 그에게 간청하여야 하겠구나.”(16절) 입으로 간청을 해야 한다는 것은 아무도 도움을 받지 못할 정도로 욥의 처지가 비참했음을 말해준다.

“내 아내도 내 숨결을 싫어하며 내 허리의 자식들도 나를 가련하게 여기는구나.”(17절) ‘내 허리의 자식들’ (*bne bitni*, sons of my own body, sons of my mother's womb, YLT)은 문자적으로 ‘내 자궁의 자식들’ 이다. 욥의 친 자녀들보다 형제를 보다 친밀하게 일컫는 말이다.

어린아이들까지 나를 보면 업신여기고 조롱한다. 제일 가까운 친구들도, 내가 사랑하던 사람들도 돌아섰다). 뼈에 가죽만 남아 잇몸으로 겨우 연명하는 신세가 되었다(겨우 목숨만 붙었다)(18-20절) “내 친구들이여, 나를 좀 불쌍히 여겨다오. 하나님의 손이 나를 치셨다.”(21절) 친구들에게 호소한다. “너희가 어찌하여 하나님처럼 나를 박해하느냐 내 살로도 부족하냐.”(22절) 너희가 어째서 하나님처럼 나를 핍박하느냐? 나를 이처럼 비방하고도(괴롭히고도) 아직 마음에 만족함이 없느냐. ‘내 살로도’ 는 ‘내 살을 먹고도’ 이다. 비방과 중상을 의미하는 관용구이다.

3. 욥의 신앙과 소망: 나의 대속자는 살아계신다(23-29절)

“나의 말이 곧 기록되었으면, 책에 씌어졌으면, 철필과 납으로 영원히 돌에 새겨졌으면 좋겠다.”(23, 24절) 누가 내 말을 기억하였다가 책(*sepher*, book)에 기록해 두었으면 좋겠다. 누가 철필(iron pen)로 돌에 영원히 새겼으면 좋겠다. '씌이다' (be inscribed)는 '새기다' 는 뜻으로 자기의 결백을 주장하는 욥의 강한 욕구가 보인다. 욥은 자신의 한 맺힌 사연이 새겨져서 길이 보존되고 전해지기를 갈망하였다. '납' (*oparet*, lead)은 놋으로 만든 정을 말한다.

"내가 알기에는 나의 대속자가 살아 계시니 마침내 그가 땅 위에 서실 것이라."(25절) 내가 알기에는 나를 구하실 분이 살아 계시므로 그가 결국 땅 위에 서실 것이다.

'대속자' (*goal*, Redeemer)는 다른 사람의 처지를 변호하거나 복수하는 사람, 또는 어떤 사람이 가난하여 토지를 팔았거나 종이 된 경우 가난한 자의 토지와 신분 등을 원상태로 회복시킬 법적인 책임이 있는 가까운 친척을 가리키는 말이었다. 좁게는(육적으로는), 자신에 대한 비난과 혐의로부터 벗어나게 해주는 사람을 말한다. 넓게는(영적으로는), 인류의 영원한 구속자이신 메시야를 가리킨다. 중보자와 같이 대적들의 비방을 무너뜨리고 자신의 명예를 회복시켜 주실 자, 곧 고엘에 관한 욥의 소망 속에는 그리스도에 의한 구원과 종말론적 사상을 보여준다.

여기서 '땅위' (on the earth)는 욥의 무덤 또는 지상을 가리킨다. 자신이 죽은 뒤에라도 자신의 결백이 밝혀지기를 바라는 욥의 심정을 담고 있다.

"내 가죽이 벗김을 당한 뒤에도 내가 육체 밖에서 하나님을 보리라."(26절) 내 육체의 가죽이 썩은 후에는 내가 육체 밖에서 하나님을 볼 것이다. '육체 밖에서' (*mibbesari*, in my flesh) 의 원문은 '육체 안에서' 이지만 '육체 밖에서' (without my flesh, AMB, from my flesh, YLT)로 해석되고 있다. 이는 영육의 분리를 암시하고 있으나 본질은 그의 부활 사상을 강하게 나타낸다. 따라서 사후 부활의 신령한 몸으로 하나님을 보겠다는 신앙을 담고 있다.

"그 때는 내 눈이 그를 보아도 낯선 사람처럼 하지 않을 것이니 내 마음이 초조하구나." (27절) '내 마음이 초조하구나' (my heart yearns, be consumed, long for)는 '내 심장이 내 안에서 소진되었다' 는 것으로, 자신의 결백이 입증될 것을 기대하므로 애가 탄다는 말이다.

"너희는 '우리가 어떻게 그를 칠까(괴롭혀 줄까)', '일의 뿌리가 그에게 있다(결국 문제는 그에게 있다) 하고 나를 칠 구실을 찾을 것이다, 하지만 이제 너희를 칼을 두려워해야 한다. 칼은 바로 죄 위에 내리는 하나님의 분노다. 너희는, 심판하시는 분이 계시다는 것을 알아야 한다." (28, 29절) 나를 치는 너희도 결국 심판을 받게 된다는 말이다.

제20장

악인은 결국 망한다는 소발의 주장

그때 나아마 사람 소발이 말했다. "'네 말을 들으니 마음이 답답해서 너에게 대답하지 않을 수 없구나." (1, 2절) 입을 다물고 듣고 있자니 화가 나서 참을 수가 없다.

"내가 나를 부끄럽게 하는 책망을 들었으므로(네가 부끄러운 말로 나를 책망했으니) 나의 슬기로운 마음(깨닫게 하는 영)이 나로 하여금 대답하게 하는구나." (3절) 나를 모욕하는 말을 듣고 있자니 화가 나서 나도 할 말을 해야겠다는 것이다.

"너도 알겠지만 사람이 세상에 처음 나타난 때부터 악인의 승리는 오래 가지 못했고 경건치 못한 자의 즐거움도 다 순간적이었다." (4, 5절) "비록 경건치 못한 자의 교만이 하늘까지 치솟고 그 머리가 구름에까지 닿을지라도 그는 자기 분토(똥)처럼 영원히 망할 것(사라질 것)이다. 그를 본 자(아는 자)가 이르기를 그가 어디 있느냐(왜 안 보이느냐) 할 것이다." (6, 7절)

"그는 꿈 같이 지나가니 다시 찾을 수 없을 것이요 밤에 보이는 환상처럼 사라지리라." (8절) 악인은 꿈같이 잊히고 다시는 흔적을 찾을 수 없게 되며, 밤에 본 환상처럼 사라질 것이다. '환상' (*hezyown*, vision)은 묵시, 이상이다. 여기서는 정신을 차리고 나면 사라지는 몽상을 말한다.

"그를 본 적이 있는 눈(사람)도 다시는 그를 볼 수 없으며 그가 살 곳에서도 다시는 그를 볼 수 없을 것이다." (9절). "그의 아들들은 가난한 자에게 은혜를 구하겠고(seek the favor) 그도 얻은 재물을 자기 손으로 도로 줄 것이며." (10절) 그 자녀들이 가난한 사람에게 용서를 구하고 착취한 재물을 가난한 사람에게 배상하게 될 것이다. 빼앗은 재물을 되돌려 주어야 할 것이라는 말이다.

"그의 기골이 청년 같이 강장하나 그 기세가 그와 함께 흙에 누우리라." (11절) 한때는 그의 몸이 젊고 건장했지만 그 건장함도 그와 함께 먼지 속에 눕게 될 것이다.

"그는 비록 악을 달게 여겨 혀 밑에 감추며 아껴서 버리지 아니하고 입천장에 물고 있을지라도 그의 음식이 창자 속에서 변하며 뱃속에서 독사의 쓸개가 되느니라." (12-14절) 그가 악의 맛이 달아서 혀 밑에 감추어 뱉어 버리지 못하고 입에 물고 있어도 그것이 창자에서 독소로 변해 독사의 독과 같이 될 것이다. '독사의 쓸개' (gall of asps, cobra's venom)는 독사의 독, 또는 쓸개처럼 쓴 것을 말한다. 독사의 독은 독사의 쓸개에서 나온다고 생각한 고대인들의 관념을 나타낸 것으로, 악인의 행적 속에 이미 멸망의 요소가 잠재해 있음을 보여준다.

"그가 재물을 삼켰을지라도 토할 것은 하나님이 그의 배에서 도로 나오게 하심이니 그는 독사의 독을 빨며 뱀의 혀에 죽을 것이라." (15, 16절) 악한 자가 남의 재물을 집어삼켜도 그것을 다시 토해낼 수밖에 없는 것은 하나님이 그것을 악한 자의 배에서 도로 나오게 하시고(입에서 꺼내어서), 빼앗긴 자에게 돌려주시기 때문이다. 악인이 삼키는 것은 독사의 독과 같아서 결국 그를 죽이고 만다.

"그는 강 곧 꿀과 엉긴 젖(cream, curds)이 흐르는 강을 보지 못할 것이요." (17절) 올리브기름이 강물처럼 흐르는 것을 그는 못 볼 것이다. 젖과 꿀이 흐르는 것도 못 볼 것이다. '꿀과 엉긴 젖이 흐르는 강' 은 젖과 꿀이 흐르는 땅으로 묘사되는 가나안 땅처럼 하나님의 축복과 번영을 상징한다.

"수고하여 얻은 것을 삼키지 못하고 돌려주며 매매하여 얻은 재물로 즐거움을 삼지 못하리니 이는 그가 가난한 자를 학대하고 버렸음이요 자기가 세우지 않은 집을 빼앗음이니라."(18, 19절) 그는 수고하여 얻은 것도 먹어 보지 못하고 내어주어야 하고, 장사하여 모은 돈도 쓰지 못할 것이다. 이것은 그가 가난한 자를 돌보지 않고 학대하며 남의 집을 빼앗았기 때문이다. 진정한 의미에서 사악한 행위란 특정한 법이나 규정을 어기는 것이라기보다 무자비한 태도로 약하고 가난한 이들을 유린하는 것이다.

"그는 마음에 평안을 알지 못하니 그가 기뻐하는 것을 하나도 보존하지 못하겠고 남기는 것이 없이 모두 먹으니 그런즉 그 행복이 오래 가지 못할 것이라."(20, 21절) 그는 아무리 가져도 만족할 줄 모르고 언제나 탐욕에서 벗어나지 못한다. 먹을 때에는 남기는 것 없이 모조리 먹어 치우므로 누리던 번영도 끝장이 나고 말 것이다. 악인의 번영은 오래 가지 못한다.

"풍족할 때에도 괴로움이 이르리니 모든 재난을 주는 자의 손이 그에게 임하리라."(22절) 악인은 풍족할 때에도 고통을 당할 것이니 불행이 그에게 밀어닥칠 것이다. 자신이 성공했다 했을 때 오히려 재앙을 만나고, 온갖 불운이 그에게 밀어닥칠 것이다. '괴로움' (distress)은 나쁜 일이 겹쳐 괴로움을 당하는 것을 말한다. '재난을 주는 자의 손' 은 '불행의 손' 이다. 손은 힘, 능력을 의미하는 것으로, 인간을 불행하게 하는 세력을 뜻한다. 악인에게 착취당하고 괴로움을 당한 자들이 악인을 향해 베풀게 될 복수를 나타낸다.

"그가 배를 불리려 할 때에 하나님이 맹렬한 진노를 내리시리니 음식을 먹을 때에 그의 위에 비 같이 쏟으시리라."(23절) 그가 자기 배를 가득 채우려 할 그 때 하나님은 분노의 불을 토해 그에게 비처럼 쏟을 것이다. 악인에 대한 심판의 불이 임한다.

"그가 철 병기(철로 만든 무기)를 피하면 놋 화살이 그를 꿰뚫을 것이며 그가 몸에서 그 화살을 빼내면 번쩍이는 촉이 그의 쓸개에서 나와 그의 마음이 큰 두려움에 사로잡힐 것이다."(24, 25절)

"큰 어둠이 그를 위하여 예비 되어 있고 사람이 피우지 않은 불이 그를 멸하며 그 장막에 남은 것을 해치리라."(26절) 아주 캄캄한 어두움이 그의 재물을 삼킬 듯이 기다리며 사람이 피우지 않은 불(풀무질을 하지 않아도 저절로 타오르는 불길)이 그를 삼키고(사르고) 그 집 안에 남은 것(사람들)까지 삼킬 것이다.

"하늘이 그의 죄악을 드러낼 것이요 땅이 그를 대항하여 일어날 것인즉 그의 가산이 떠나가며 하나님의 진노의 날에 끌려가리라."(27, 28절) 하늘이 그의 죄악을 밝히 드러내며, 땅이 그를 고발할 것이다. 하나님이 진노하시는 날에, 그 집의 모든 재산이 홍수에 쓸려가듯 다 쓸려갈 것이다. 악인의 재산은 하나님의 분노의 홍수에 떠내려가고 만다. '떠나가며' 는 재산이 거덜 나는 것을 말한다. 하나님의 진노의 날은 심판 날을 말한다.

"이것이 악한 사람이 하나님께 받을 분깃(몫)이며, 하나님이 그의 것으로 정해 주신 기업(유산)이 될 것이다."(29절) 이것이 바로 하나님이 정해 놓으신 악인들의 운명이라는 말이다.

제21장

악인이 잘되는 세상이라는 욥의 답변

욥이 대답했다. "너희는 내 말을 자세히(잘) 들어라. 이것이 너희가 나를 위로하는 길이다. 나에게 먼저 말할 기회를 달라. 너희가 조롱하더라도 내 말이 끝난 다음에 하라."(1-3절) 따지기 전에 듣기를 먼저 하라는 말이다.

"나의 원망이 사람을 향하여 하는 것이냐 내 마음이 어찌 조급하지 아니하겠느냐."(4절) 내가 사람에게 원망하는 것이 아니라 하나님께 원망하고 있으니 어찌 내 마음이 초조하지 않겠느냐? '원망'(*siach*, complaint)는 문자적으로 '수심', '근심'을 말한다. 욥이 자신이 당한 환난의 이유를 알 수 없어 근심하는 것을 뜻한다.

"너희가 나를 보면 놀라리라 손으로 입을 가리리라."(5절) 너희들이 내가 당하는 곤경을 보면 놀라지 않을 수 없을 것이다. 기가 막혀 손으로 입을 막고 말 것이다. 욥은 친구들에게 자신이 한 말로 자신을 정죄하지 말고 자신이 당한 험한 처지를 주목하라 요구한다. 손으로 입을 가리는 것은 놀라움, 망연자실, 기가 막혀 말이 나오지 않는 것을 뜻한다. "내가 기억하기만 하여도 불안하고 두려움이 내 몸을 잡는구나."(6절) 내게 일어난 일은 기억에 떠올리기만 해도 떨리고, 몸에 소름이 끼친다.

"어찌하여 악인이 생존하고 장수하며 세력이 강하냐."(7절) 어찌하여 악한 자들이 잘 사는가? 어찌하여 그들이 늙도록 오래 살면서 번영을 누리는가. "그들의 후손이 앞에서 그들과 함께 굳게 서고 자손이 그들의 목전에서 그러하구나."(8절) 어찌하여 악한 자들이 자식을 낳고, 자손을 보며, 그 자손이 성장하는 것까지 본다는 말인가. "그들의 집이 평안하여 두려움이 없고 하나님의 매가 그들 위에 임하지 아니하며 그들의 수소는 새끼를 배고 그들의 암소는 낙태하는 일이 없이 새끼를 낳는구나."(9, 10절) 그들의 집은 평안하며 두려워해야 할 일이 없다. 하나님도 그들을 벌하시지 않으며 그들의 소는 새끼도 잘 낳는다.

"그들은 아이들을 양 떼 같이 내보내고 그들의 자녀들은 춤추는구나. 그들은 소고(tambourine)와 수금(harp)으로 노래하고 피리(flute) 불어 즐기며 그들의 날을 행복하게 지내다가 잠깐 사이에 스올에 내려가느니라.(11-13절) 악인의 자녀들은 양떼처럼 뛰어 놀고 마냥 즐거워 세월을 노래와 춤으로 보내며 아무것도 부족한 것 없이 편안하게 수명대로 살다가 죽을 때도 고통 없이 죽는다. '내려가느니라' (*yehattu*, go down)는 죽음을 말한다.

그런데도 악인들은 하나님을 향해 말한다. "우리를 내버려 두시오. 우리는 당신의 도리를 알고 싶지 않습니다. 전능하신 자가 누군데 우리가 그를 섬기며 우리가 그에게 기도한들 무슨 유익이 있겠는가?"(14, 15절) 그들의 안중에 하나님은 없다.

"그러나 그들의 행복이 그들의 손 안에 있지 아니하니 악인의 계획은 나에게서 멀구나."(16절) 악인의 번영은 그들 노력의 결과나 그들의 능력이 있는 것이 아니다. 사실 하나님의 섭리에 따른 것이다. 그런데도 하나님을 두려워하지 않는다. 그러니 자기의 행운을 수중에 넣은 자들, 그 악한 자들의 생각이 어찌 나의 생각과 같으랴. 욥 자신의 신앙의 관점과는 아주 다르다는 말이다.

"악인의 등불이 꺼짐과 재앙이 그들에게 닥침과 하나님이 진노하사 그들을 곤고하게 하심이 몇 번인가. 그들이 바람 앞에 검불 같이, 폭풍에 날려가는 겨 같이 되었도다."(17, 18절) 악인의 등불이 꺼진 적이 있는가? 과연 그들에게 재앙이 닥친 일이 있는가? 하나님이 노하셔서 악인들을 벌하시며 그들을 바람 앞의 지푸라기나 태풍에 불려가는 겨처럼 되게 하신 적이 있는가? '등불' (*ner*, lamp)은 건강한 삶을 상징한다. '곤고' (*habalim*, sorrows)는 문자적으로 '슬픔', '파괴', '속박' 을 뜻한다.

"하나님은 그의 죄악을 그의 자손들을 위하여 쌓아 두시며 그에게 갚으실 것을 알게 하시기를 원하노라. 자기의 멸망을 자기의 눈으로 보게 하며 전능자의 진노를 마시게 할 것이니라."(19, 20절) 하나님이 악인의 죄악 때문에 그들의 자녀들을 벌하시고, 죄를 짓는 바로 그 사람을 벌하셔서 그에게 자기 잘못을 깨닫게 하시기를 바란다. 그래서 자기 눈으로 직접 자신의 멸망을 보게 하며 전능하신 분의 분노를 느끼게 해야 한다. '멸망' (*kid*, destruction)은 '고난', '재앙' 을 의미한다. 학자에 따라서는 '주전자' (*kd*, kettle)로 보아 이어 나오는 '마시다' 와 연결시키기도 한다.

"그의 달 수(number of his months)가 다하면 자기 집에 대하여 무슨 관계가 있겠느냐."(21절) 사람이 자기 생명이 다할 때 실제로 자기 가족을 돌아볼 수 있겠는가, 제 집에 대해 어찌 할 수 있을까.

"그러나 하나님께서는 높은 자들(*ramim*, those on high)을 심판하시나니 누가 능히 하나님께 지식을 가르치겠느냐."(22절) 하나님은 높은 자리에 있는 사람까지도 심판하시는데 누가 감히 하나님을 가르칠 수 있겠는가.

"어떤 사람은 죽도록 기운이 충실하여 안전하며 평안하고 그의 그릇에는 젖이 가득하며 그의 골수는 윤택하고."(23, 24절) 어떤 사람은 죽는 날까지 건강하고 잘 먹고 잘살며 편안하게 지낸다. '기운이 충실하여' (in his full strength)는 문자적으로 '힘이 넘쳐서' 이다. 죽는 날까지 아주 건강하게(in excellent health) 사는 것을 뜻한다.

"어떤 사람은 마음에 고통을 품고 죽으므로 행복을 맛보지 못하는도다."

(25절) 또 어떤 사람은 죽는 그날까지 마음의 고통에서 헤어나지 못하고 한 번도 제대로 행복하게 살아 보지 못한다. 고통과 비애가운데서 생을 마친다.

"이 둘이 매 한 가지로 흙 속에 눕고 그들 위에 구더기가 덮이는구나."(26절) 그렇지만 죽어서 땅 속에 묻히고 구더기의 밥이 되는 것은 마찬가지다.

"내가 너희의 생각을 알고 너희가 나를 해하려는 속셈도 아노라. 너희의 말이 귀인의 집이 어디 있으며 악인이 살던 장막이 어디 있느냐 하는구나." (27, 28절) 나는 너희가 무슨 생각을 하고 있는지 알고 있다. 나를 해치려는 속셈도 알고 있다. 너희는 귀인(*nadib*, prince, 세도 부리던 자)의 집이 어디 있으며 악인들의 집이 어디 있느냐고 말하고 있다.

"너희가 길 가는 사람들(those who travel the road, 세상을 많이 돌아다닌 견문 넓은 사람들)에게 묻지 아니하였느냐 그들의 증거(their signs, 그 여행자들이 하는 말)를 알지 못하느냐."(29절) 욥은 친구들에게 기존 관념에만 얽매어있지 말고 여러 말을 들어보고 현실을 직시하라 한다.

"악인은 재난의 날을 위하여 남겨둔 바 되었고 진노의 날을 향하여 끌려가느니라."(30절) 그들이 하는 말을 들어 보라. "하나님이 진노하셔서 재앙을 내리셔도, 살아남는 사람은 악한 자다."

"누가 능히 그의 면전에서 그의 길을 알려 주며 누가 그의 소행을 보응하랴."(31절) 악인을 면전에서 비난하거나 그가 행한 대로 갚아 줄 자가 누구인가. 그 악한 자를 꾸짖는 사람도 없고, 그가 저지른 대로 징벌하는 이도 없다.

"그를 무덤으로 메어 가고 사람이 그 무덤을 지키리라. 그는 골짜기의 흙덩이를 달게 여기리니 많은 사람들이 그보다 앞서 갔으며 모든 사람이 그의 뒤에 줄지었느니라."(32, 33절) 그뿐 아니다. 악인이 무덤으로 들어가도 그 무덤을 지키는 자들이 있다. 그의 장례 행렬에는 수많은 조객들이 뒤따르고 심지어 골짜기의 흙덩이까지도 그의 몸을 부드럽게 덮어 준다.

"그런데도 너희는 나를 헛되이 위로하려느냐 너희 대답은 거짓일 뿐이니라."(34절) 악인이 이렇게 대우를 받고 있는데 너희는 빈말로만 나를 위로하려 하느냐? 너희가 하는 말은 온통 거짓뿐이다. 친구들은 악인이 망하리라 하지만 욥은 거꾸로 악인이 잘 되는 세상을 보며 한탄한다.

제22장

욥의 죄를 비난하는 엘리바스, 회개를 촉구하는 엘리바스

1. 욥의 죄(무자비)를 비난하는 엘리바스(1-20절)

그때 데만 사람 엘리바스가 말했다.

"사람이 하나님께 무슨 유익이 되겠느냐? 지혜로운 자도 자기에게만 유익할 따름이다."(1, 2절) 인간의 모든 것이 하나님으로 말미암아 존재하기 때문에 사람에게 주신 것을 하나님께 되돌린다 해도 그것이 하나님께 유익이 되지 않는다는 말이다. 인간이 터득한 지식이 하나님의 지혜에 미치지 못하고 하나님에게는 아무런 유익을 주지 못함을 강조한 것으로 인간 지식의 한계를 나타낸다. 사람의 지혜는 그저 자신만을 유익하게 할 따름이다.

"네가 의롭다고 해도 그것이 전능하신 분(하나님)에게 무슨 기쁨을 줄 수 있겠느냐? 네 행위가 온전한들 그것이 그에게 무슨 유익이 되겠느냐?"(3절) 사람의 선한 행위도 마찬가지다. 하나님은 사람이 의로워야 한다는 것을 당연한 것으로 생각하신다. 따라서 사람의 의로운 행위는 하나님께 어떤 영향도 주지 않는다.

그러나 사람의 죄악에 대해서는 하나님이 민감한 반응을 보이신다. "하나님이 너를 책망하시며 너를 심문하심이 너의 경건함 때문이냐. 네 악이 크지 아니하냐 네 죄악이 끝이 없느니라."(4, 5절) 하나님이 너를 책망하시며 너를 심판하시는 것이 너의 경건 때문이라고 생각하느냐. 결코 그런 것은 아니다. 그것은 네가 크게 범죄하고 악을 행하였기 때문이다.

"까닭 없이 형제를 볼모로 잡으며 헐벗은 자의 의복을 벗기며."(6절) 너는 가난한 형제들이 빚진 것을 갚지 않는다고 해서 터무니없는 담보를 요구하고 그들의 옷까지 벗겨 벌거숭이가 되게 했다. '까닭 없이' (*ki*, for)는 '왜냐하면' 의 접속사이다. 전절의 내용을 부연해서 설명해주는 부사절을 유도하고 있다. 채무자의 물건이나 의복을 빚의 담보로 잡아둔 옷을 저녁까지 돌려주지 않는 것은 율법에 의해 금지된 행위이다(출 22:22-26, 신 24:10-13).

"목마른 자에게 물을 주지 않았고 배고픈 자에게 먹을 것을 주지도 않았다. 그러면서도 너는 권세 있는 자들이나 존귀한 자에게는 네 땅을 주어 그들이 마음대로 거기서 살게 하였다."(5, 6절) 권력 있는 자에게는 아부하고, 가난한 자에게는 자비를 베풀지 않았다.

"너는 과부를 돕지 않고 빈손으로 돌아가게 하였을 뿐만 아니라 고아의 팔을 꺾었다(불쌍한 고아들을 착취하였다). 고아와 과부를 불쌍히 여기지 않았다.

"그래서 네가 지금 올무(*pahim*, snares)에 둘러싸여 있고 뜻하지 않은 두려움 속에 빠져있으며 어두워서 보지 못하고 홍수(공포)가 너를 뒤덮고 있다."(10, 11절) 욥이 고난을 당하는 데는 다 이유가 있다는 말이다.

"하나님은 높은 하늘에(in the height of heaven) 계시지 아니하냐. 보라 우두머리별(the highest stars)이 얼마나 높은가."(12절) 하나님이 하늘 높은 곳에 계시지 않는가? 저 공중에 높이 떠 있는 별들까지도, 하나님이 내려다보고 계시지 않는가? 하나님은 하늘 끝 가장 높은 별도 심판하신다는 것과, 하나님은 땅에서는 보이지 않는 별의 뒷면도 보신다는 것을 의미한다. 하나님은 인간이 알지 못하는 것도 모두 아신다.

"그런데도 너는 말한다. '하나님이 무엇을 아시겠으며, 검은 구름 속에 숨어 계시면서 어떻게 우리를 심판하실 수 있겠는가? 짙은 구름에 그가 둘러싸여 어떻게 보실 수 있겠느냐? 다만 둥근 하늘에서 왔다 갔다 하실 뿐이지!' "

(13, 14절)

"네가 악인이 밟던 옛 길을 걸을 작정이냐?"(15절) 너는 아직도 옛 길을 고집할 셈이냐? 악한 자들이 걷던 그 길을 고집할 셈이냐? '옛적 길'(the old way, the ancient path)은 예부터 있어온 길로, 악인들은 하나님께 도전하며 하나님의 간섭을 거절한다.

"그들(악인들)은 자기 때가 차기 전에 죽음의 사자에게 끌려갔고 그들의 터전은 강물(홍수)에 함몰되었다(휩쓸리고 말았다). 그런데도 그들은 하나님께 말하기를 '우리를 좀 그냥 내버려 두십시오. 전능하신 분이라고 하여 우리에게 무슨 일을 더 하실 수 있겠습니까?' 하였다. 그들의 집에 좋은 것을 가득 채워 주신 분이 바로 하나님이셨다. 그런데도 악한 자들이 그런 생각을 하다니, 악인의 계획은 나에게서 멀다(나는 악인의 생각을 이해할 수 없다)."(16-18절) 엘리바스의 말에 따르면 욥이 바로 그런 태도를 보이는 악인이라는 것이다.

"의인(의로운 자)들은 악인들이 망하는 것을 보고 기뻐할 것이며 죄 없는 자들은 그들을 향해 '보아라. 우리의 원수가 망하였고 불이 그들의 남은 것(재산)을 삼켜 버렸다.' 하고 조롱할 것이다."(19, 20절) 엘리바스에 따르면 욥을 포함한 모든 죄인이 망하는 것, 곧 하나님의 심판을 기뻐한다는 말이다.

2. 회개를 촉구하는 엘리바스(21-30절)

엘리바스는 욥의 회개를 촉구하며, 그러면 모든 것이 달라질 것이라 한다.

"너는 하나님과 화목하고 평안하라 그리하면 복이 네게 임하리라."(21절) 그러므로 너는 하나님과 화해하고, 하나님을 원수로 여기지 말라. 그러면 하나님이 너에게 은총을 베푸실 것이다. 죄를 지은 인간에게 가장 중요한 것은 하나님과의 화목이다. 하나님과 화목하면 평안을 얻을 수 있을 뿐 아니라 복을 받게 된다.

"청하건대 너는 하나님의 입에서 교훈을 받고 하나님의 말씀을 네 마음에 두라."(22절) 너는 그의 교훈을 받아들이고 그의 말씀을 네 마음에 간직하여라. 하나님은 우리에게 말씀하고자 하시고 우리로 하여금 그 말씀을 듣기 원하신다. 그 말씀은 쉐마, 곧 우리에게 들려지는 하나님의 말씀이다. 그 말씀을 통해 우리는 평안과 복을 얻고 힘을 얻는다.

"네가 만일 전능자에게로 돌아가면 네가 지음을 받을 것이며 또 네 장막에서 불의를 멀리 하리라."(23절) 네가 만일 전능하신 하나님에게 돌아가고 또 네 집에서 악을 제거하면 네가 다시 일어설 것이다.

"네 보화를 티끌로 여기고 오빌의 금(황금)을 계곡의 돌로 여기라."(24절) 너는 돈에 대한 욕심을 버리라는 말이다. '네 보화' 나 '오빌의 금' 은 내가 중시하는 것을 말한다. 그것은 세상적인 것이자 물질적인 것이다. 그것을 진토에 버리고, 그것이 오빌의 금, 최상의 보배라 할지라도 강가의 돌처럼 여기라(황금을 돌같이 여기라)고 말한다. 중시할 것이 따로 있다는 말씀이다.

'오빌의 금' 은 가장 좋은 금으로, 종종 '귀중함' 을 상징한다. 오빌(Ophir)의 정확한 위치는 밝혀지지 않았다. 그러나 아라비아 반도 서남쪽 아카바 만에 있는 해안으로 추정된다.

"그리하면 전능자가 네 보화가 되시며 네게 고귀한 은이 되시리니."(25절) 나의 것을 버릴 때 하나님이 나의 보배가 되신다. 우리가 그리스도를 위해 손해를 보면 주님은 우리에게 풍성한 것으로 채워 주신다.

"이에 네가 전능자를 기뻐하여 하나님께로 얼굴을 들 것이라."(26절) 하나님이 우리의 보배가 될 때 우리는 참으로 하나님을 기뻐하며 그 하나님을 향하여 얼굴을 들게 된다. '하나님께로 얼굴을 든다' (lift up your face to God)는 것은 하나님을 향한 충만한 기쁨을 강조하기 위한 표현이다.

“너는 그에게 기도하겠고 그는 들으실 것이며 너의 서원을 네가 갚으리라.”(27절) 하나님을 기뻐하는 사람은 그분께 기도하고 서원한다. 우리의 기도가 하나님을 향하며 그분께 서원한다. 하나님께 서원한 것은 우리가 갚아야 한다. ‘서원’(*neder*, vow)은 하나님께 구두로 자신을 바치는 것이다. 실행을 맹세하고, 제물을 바치고, 어떤 일을 삼가는 것을 의미한다.

“네가 무엇을 결정하면 이루어질 것이요 네 길에 빛이 비치리라.”(28절) 네가 무슨 계획을 세워도 성취될 것이며 빛이 너의 가는 길을 비추어 줄 것이다.

“사람들이 너를 낮추거든 너는 교만했노라고 말하라 하나님은 겸손한 자를 구원하시리라.”(29절) 네가 천한 대우를 받고 굴욕을 당하거든 다시 너를 높여 줄 자가 있음을 기억하라(사람들이 쓰러지거든, 너는 그것이 교만 때문이라고 일러주어라, 새번역). 하나님은 겸손한 자를 구원하실 것이다. 하나님은 자신을 하나님 앞에 낮추는 겸손한 자를 기뻐하신다. 그런 자를 하나님께서는 인정하고 높이신다. ‘교만’(*gevah*, pride, exaltation)은 고귀함, 자존심, 거만함 등에서 파생한 말이다. ‘교만했노라’를 ‘높여주시리라’, ‘자신감 있게 말하라’ 등 여러 가지로 해석하기도 한다.

“죄 없는 자가 아니라도 건지시리니 네 손이 깨끗함으로 말미암아 건지심을 받으리라.”(30절) 죄인들이라도 구해 주실 것이니 너의 깨끗한 손을 통해 그런 자가 구원을 받게 될 것이다. 하나님 앞에서 우리의 손과 발, 그리고 마음 모두가 깨끗하고 거룩해야 한다. 우리도 예수님의 깨끗하심에 힘입어 죄에서 구원함을 받았다. 우리가 깨끗하면 우리 주변이 구원을 받는다. 우리로 인해 주변이 변혁되기 때문이다. 그리스도인은 우리 주변, 우리 사회를 변혁시키는 주체가 되어야 한다.

제23장

하나님 앞에서 변명하기를 원하는 욥, 단련 후 순금같이 나오리라는 욥의 소망

1. 하나님 앞에서 변명하기를 원하는 욥(1-9절)

그러자 욥이 대답했다. "오늘도 내게 반항하는 마음과 근심이 있나니 내가 받는 재앙이 탄식보다 무거움이라."(1, 2절) 내가 오늘은 크게 원망하지 않을 수 없는 것은 내가 받는 벌이 너무 혹독하기 때문이다. '반항하는'(*meri*, bitter)은 '쓴', '거역하는' 이란 뜻이다. 하나님을 거스려 심하게 원망하는 것으로, 하나님에 대한 욥의 원망스런 심경을 나타내고 있다. '받는 재앙'(*yadi*, my hand)은 문자적으로 '내 손', 곧 '내가 받는 손' 이다. 이 때 손은 무자비하고, 그칠 줄 모르는 시련을 상징한다.

"내가 어찌하면 하나님을 발견하고 그의 처소에 나아가랴. 어찌하면 그 앞에서 내가 호소하며 변론할 말을 내 입에 채우고 내게 대답하시는 말씀을 내가 알며 내게 이르시는 것을 내가 깨달으랴."(2-5절) 내가 하나님을 발견할 수 있는 곳을 알고 그 곳으로 갈 수 있다면 그분 앞에서 내 사정을 아뢰고 나의 정당함을 변론하며, 또 나에게 대답하시는 말씀을 듣고 그 말씀을 깨달을 수 있을 터인데, 그럴 수 없어 안타깝다는 말이다.

"그가 큰 권능을 가지시고 나와 더불어 다투시겠느냐 아니로다 도리어 내 말을 들으시리라."(6절) 하나님이 힘으로 나를 억누르실까? 그렇지 않을 것이다. 내가 말씀을 드릴 때에, 귀를 기울여 들어 주실 것이다.

"거기서는 정직한 자가 그와 변론할 수 있은즉 내가 심판자에게서 영원히 벗어나리라."(7절) 거기는 정직한 자가 하나님 앞에 자기 문제를 내어놓고 호소할 수 있는 곳이므로 내가 나의 심판자에게서 영원히 구제될 것이다. 욥은 자신에게 아무런 잘못이 없으니, 하나님께 말씀드리면 무죄를 선언하실 것임을 확신하고 있다.

"그런데 내가 앞으로 가도 그가 아니 계시고 뒤로 가도 보이지 아니하며 그가 왼쪽에서 일하시나 내가 만날 수 없고 그가 오른쪽으로 돌이키시나 뵈올 수 없구나."(8, 9절) 그런데 내가 동쪽으로 가도 그가 계시지 않고 서쪽으로 가도 보이지 않으며, 그가 북쪽에서 일하시나 내가 만날 수 없고 그가 남쪽으로 돌이키셔도 내가 뵈올 수 없구나. 하나님을 만날 수 없어 안타깝다는 말이다.

히브리 식 방향 표시법에 따르면 해 뜨는 쪽을 기준으로 하여 앞은 동쪽, 뒤는 서쪽, 오른 편은 남쪽, 왼편은 북쪽을 의미한다. 고대 근동 문화에서 북쪽은 하나님이 계시는 곳을 상징하며, 남쪽은 하나님의 처소로 표시된다.

욥은 친구를 잃었다. 친구들은 욥에게 숨겨진 죄를 찾아보라고 했다. 죄가 없지 않은데 그런 화를 당하겠느냐는 것이다. 욥에게 있어서 친구는 결국 쓸데없는 의원이 되고 말았다. 그는 결국 홀로 남았다. 홀로 남았다는 것은 그가 영적으로 고독한 가운데 있음을 말한다. 그런 가운데서 그는 하나님의 얼굴을 뵙기 원했다.

2. 단련 후 순금같이 나오리라는 욥의 소망(10-17절)

"그러나 내가 가는 길을 그가 아시나니 그가 나를 단련하신 후에는 내가 순금 같이 되어 나오리라."(10절) 그러나 하나님은 내가 가는 길을 다 알고 계신다. 그가 나를 단련하신 후에는 내가 순금(*zahab*, gold)처럼 깨끗할 것이다. 하나님은 내가 발 한 번 옮기는 것을 다 알고 계실 터이니 나를 시험해 보시면 내게 흠이 없다는 것을 아시리라는 것으로 해석하기도 한다(새번역).

"내 발이 그의 걸음을 바로 따랐으며 내가 그의 길을 지켜 치우치지 아니하였고."(11절) 내 발은 오직 그분의 발자취를 따르며, 하나님이 정하신 길로만 성실하게 걸으며, 길을 벗어나서 방황하지 않았다. 욥은 하나님을 충실히 따랐고 그의 길에서 벗어나지 않았다고 말한다.

"내가 그의 입술의 명령을 어기지 아니하고 정한 음식보다 그의 입의 말씀을 귀히 여겼도다."(12절) 나는 그의 명령(계명)을 어긴 일이 없고, 그 입의 말씀을 매일 먹는 음식보다 더 소중히 여겼다. 하나님의 말씀을 지키고, 그 말씀을 늘 마음 속 깊이 간직하며 살았다는 말이다.

"그는 뜻이 일정하시니 누가 능히 돌이키랴 그의 마음에 하고자 하시는 것이면 그것을 행하시나니."(13절) 그러나 그분이 한번 뜻을 정하시면, 누가 그것을 돌이킬 수 있으랴? 한번 하려고 하신 것은, 반드시 이루고 마신다. 욥은 자신이 늘 하나님을 섬기며 살고 있는데, 욥 자신에 대한 하나님의 태도는 변하지 않고 있다는 것이다. 누가 감히 그의 뜻을 돌이킬 수 있겠는가? 그는 자기가 원하는 일이면 무엇이든지 하고야 마는 분 아니신가.

'뜻이 일정하시니' (*beehad*, one)는 문자적으로 '그는 한 분이시니' 라는 뜻이다. 하나님의 유일성(uniqueness)과 불변성(unchangeable)을 뜻한다. 하나님은 섭리, 죄에 대한 태도, 구원 등에 있어서 불변하시다. 여기서는 욥에 대한 하나님의 뜻을 말한다. 한 번 정하신 뜻을 굽히지 않으시고, 계속 자신을 고통 속에 두셨다는 말이다. '그의 마음에 하고자 하시는 것이면 그것을 행하시나니' 는 하나님의 주권성(sovereignty), 곧 하나님께서 모든 것에 대해 주권자이심을 말하고 있다.

"그런즉 내게 작정하신 것을 이루실 것이라 이런 일이 그에게 많이 있느니라."(14절) 그러므로 그가 나에게 작정하신 일도 반드시(주권적으로) 이루실 것이다. 그에게는 이런 일이 얼마든지 있다. 하나님이 작정하신 것을 다 이루시는 것처럼 욥은 하나님이 자신에게 정하신 모든 것을 이루실 것을 확신했다.

"그러므로 내가 그 앞에서 떨며 지각을 얻어 그를 두려워하리라."(15절) 나는 그분 앞에서 떤다. 이런 것(하나님께서 주권적으로 행하실 일)을 생각할 때마다, 그분이 두렵다. 욥은 이 모든 것을 생각하고 그를 두려워하고 있다.

"하나님이 나의 마음을 약하게 하시며 전능자가 나를 두렵게 하셨나니." (16절) 하나님이 내 용기를 꺾으셨기 때문이고, 전능하신 분께서 나를 떨게 하셨기 때문이다. 하나님이 나를 낙심케 하시고, 전능하신 그가 나를 두렵게 하셨기 때문이라는 것이다.

"이는 내가 두려워하는 것이 어둠 때문이나 흑암이 내 얼굴을 가렸기 때문이 아니로다."(17절) 내가 무서워 떤 것은 어둠 때문도 아니고, 흑암이 나를 덮은 탓도 아니다.

제 24 장

하나님의 심판 때를 고대함, 악인을 위해 감추어진 심판

1. 하나님의 심판 때를 고대함(1-16절)

"어찌하여 전능자는 때를 정해 놓지 아니하셨는고 그를 아는 자들이 그의 날을 보지 못하는고"(1절) 어째서 하나님께서 심판의 때를 정하여 두지 않으셨을까? 어째서 그를 아는 자들(섬기는 사람들)이 그 날을 헛되게 기다리는가(정당하게 판단 받을 날을 정하지 않으셔서 마냥 기다리게 하셨을까.) '그의 날'은 하나님이 심판하시는 날을 말한다. 그 날 하나님의 대적들은 파멸되고, 하나님의 신실한 백성인 남은 자들은 구원을 받는다.

욥은 2-12절에서 자신을 억눌리고 고통 받는 사람들과 동일시하며 말한다.

"사람들은 한 치의 땅이라도 더 차지하겠다고 땅의 경계석을 옮기며 양떼를 훔쳐가 기르고, 고아의 나귀를 끌어가며 빚을 갚지 않는다고 과부의 소를 담보물로 잡아 두고, 가난한 자들을 길거리에서 몰아내니 세상에서 학대받는 자들(가난한 자들)이 다 숨을 곳을 찾는구나(흙에 묻혀 사는 가련한 사람들이 학대를 견디다 못해 도망가서 숨기도 한다.)"(2-4절)

'땅의 경계표'(*gebulowt*, landmarks)는 고대 근동에서 전답이나 행정 구역, 국가들 간의 경계를 표시하기 위해 세워놓은 돌을 말한다. 이것을 옮기거나 없애는 것은 죄악으로 간주되었다. 성경에서도 이 같은 행위를 금지하고 있다. '세상'(*ares*, land)은 땅, 곧 소출과 재산의 근거인 토지를 가리킨다.

“가난한 사람들은 들나귀처럼 메마른 곳으로 가서 일거리를 찾고 먹을 것을 얻으려고 하지만, 그들의 자식들(어린 아이들)에게 먹일 것을 찾을 곳은 빈들뿐이다.”(5절) ‘들나귀’(wild donkeys)는 야생나귀로 사막에서 떼를 지어 다닌다. 가난한 자들이 들나귀 신세가 되어 일거리와 먹거리를 찾지만 광야에서 무엇을 얻을 수 있을까.

“밭에서 남의 꼴을 베며 악인이 남겨 둔 포도를 따며.”(6절) 가을걷이가 끝난 남의 밭에서 이삭이나 줍고, 악한 자의 포도밭에서 남은 것이나 긁어모은다. ‘악인’(*rasa*, the wicked)은 부자를 뜻하는 ‘아쉬르’(*ashr*)로 보기도 한다. 구약에서 부자와 악인은 동의어로 사용된다. 이들은 가난한 사람들을 부당하게 억압하는 사람을 나타낸다.

“입을 것과 덮을 것이 없어서 온 밤을 추위에 떨면서 맨몸으로 보내고 집이 없이 산중에서 소나기를 맞으며 바위 곁에서 웅크리고 있다.”(7, 8절) “악한 사람들이 고아(the fatherless, 아버지가 없는 아이)를 그 어머니 품에서 빼앗아 가며 가난한 자의 아이를 담보로 잡는다.”(9절) “결국 가난한 사람들은 입지도 못한 채로 헐벗고 다녀야 한다. 곡식 단을 지고 나르지만, 굶주림에 허덕여야 한다.”(10절) “그 사람들의 담 사이에서 기름을 짜며 목말라 하면서 술틀을 밟느니라.”(11절) 올리브로 기름을 짜고, 포도로 포도주를 담가도, 그들은 여전히 목말라 한다.

술틀은 포도즙을 짤 때 즙을 짜는 곳에서 관을 통해 포도즙이 고이도록 만든 두 개의 구덩이를 가리킨다. 즙을 빨리 만들기 위해 무거운 돌을 사용하기도 하지만 주로 발로 밟았다. 올리브유를 짜는 데도 술틀을 사용하기도 했다.

“성에서 죽어 가는 자들이 신음하며 부상당한 자들이 살려 달라고 부르짖어도 하나님은 그들의 참상을 보지 아니 하신다(못 보신 척하시는구나.)(12절) 욥은 이런 사회적 불의와 참상에 대해 한탄하면서 하나님은 이런 비참함을 돌아보지 않으실까 생각한다. 욥은 이런 참상에 빗대어 사실상 자신의 고난을 하나님께 호소하고 있다.

13-27절은 어두움을 틈타 죄를 범하는 살인자, 간음하는 자, 도둑 등을 언급한다. 그들은 어두움을 사랑하고 빛을 미워하는 자들이다.

"또 광명(*owr*, the light)을 배반하는 사람들은 이러하니 그들은 그 도리(its ways)를 알지 못하며 그 길에 머물지 아니하는 자라."(13절) 빛을 싫어하는 사람들이 있다. 그들은 빛이 밝혀 주는 것을 알지 못하며, 빛이 밝혀 주는 길로 가지 않는다. '길' (paths)은 도덕적인 길을 비유적으로 나타낸 것이다. "사람을 죽이는 자는 밝을 때에 일어나서 학대 받는 자나 가난한 자를 죽이고 밤에는 도둑 같이 되며."(14절) 살인하는 자는 새벽에 일어나서 가난한 사람과 궁핍한 사람을 죽이고, 밤에는 도둑질을 한다. "간음하는 자의 눈은 저물기를 바라며 아무 눈도 나를 보지 못하리라 하고 얼굴을 가리며."(15절) 간음하는 자는 저물기를 바라며, 사람들이 눈치 채지 못할 것이라고 생각하며, 자기 얼굴을 가린다.

"어둠을 틈타 집을 뚫는 자는 낮에는 잠그고 있으므로 광명을 알지 못하나니."(16절) 도둑은 밤이면 남의 집을 부수고 들어가지만 낮에는 문을 닫고 들어앉아서 빛을 보지 않으려고 한다.

2. 악인을 위해 감추어진 심판(17-25절)

"그들은 아침을 죽음의 그늘 같이 여기니 죽음의 그늘의 두려움을 앎이니라."(17절) 악인들이 그렇게 하는 이유가 있다. 그들에게 있어서 아침(빛)은 죽음의 그늘과 같고, 죽음의 공포가 엄습하기 때문이다. 경건한 자는 죄악의 밤을 두려워하지만 악인들은 빛보다 어두움을 더 사랑한다. 그러나 악인의 날은 영원하지 않다.

"그들은 물 위에 빨리 흘러가고 그들의 소유는 세상(땅, 밭)에서 저주를 받나니 그들이 다시는 포도원 길로 다니지 못할 것이라."(18절) 악한 사람은 홍수에 떠내려간다(물거품처럼 땅에서 사라진다). 그의 밭에는 하나님의 저주가 내리니, 다시는 포도원에 갈 일이 없을 것이다. 악인은 결국 심판을 받는다.

"가뭄과 더위가 눈 녹은 물을 곧 빼앗나니 스올이 범죄자에게도 그와 같이 하느니라."(19절) 날이 가물고 무더워지면 눈 녹은 물이 증발하는 것 같이, 죄인들도 그렇게 스올(*sheol*, grave, underworld), 곧 무덤으로 사라질 것이다.

"모태가 그를 잊어버리고 구더기가 그를 달게 먹을 것이라 그는 다시 기억되지 않을 것이니 불의가 나무처럼 꺾이리라."(20절) 무덤에 묻히면 그를 낳은 어머니도 그를 잊고, 구더기가 그를 달게 먹는다. 아무도 그를 다시 기억하지 않는다. 악은 결국, 잘린 나무처럼 멸망하고 만다.

"그는 임신하지 못하는 여자를 박대하며 과부를 선대하지 아니하는도다."(21절) 임신하지 못해 자식 없는 여인을 학대하고, 과부를 선하게 대하지 않으니(등 쳐 먹으니), 어찌 이런 일이 일어나지 않겠는가.

"그러나 하나님이 그의 능력으로 강포한 자들을 끌어내시나니 일어나는 자는 있어도 살아남을 확신은 없으리라. 하나님은 그에게 평안을 주시며 지탱해 주시나 그들의 길을 살피시도다."(22, 23절) 하나님이 그분의 능력으로 강한 사람들(악한 자들)을 휘어잡으시니, 그가 한번 일어나시면 악인들은 생명을 건질 길이 없다. 하나님이 악한 자들에게 안정을 주셔서 그들을 평안하게 하여 주시는 듯하지만, 하나님은 그들의 행동을 낱낱이 살피신다. "그들은 잠깐 동안 높아졌다가 천대를 받을 것이며 잘려 모아진 곡식 이삭처럼 되리라."(24절) 악인은 잠시 번영하는 것 같지만 풀처럼 시들고, 곡식 이삭이 잘리는 것처럼 곧 멸망하여 순식간에 사라질 것이라는 말이다.

“가령 그렇지 않을지라도 능히 내 말을 거짓되다고 지적하거나 내 말을 헛되게 만들 자 누구랴.”(25절) 내가 한 말을 부인하거나 진실이 아니라고 공격할 자가 누구냐?

제 25 장

하나님 앞에 의로운 자가 없음을 말하는 빌닷

그때 수아 사람 빌닷이 말했다.

"하나님은 주권과 위엄을 가지셨고 높은 곳에서 화평을 베푸시느니라." (2절) 하나님께는 주권(*hamsel*, dominion)과 위엄(*pahad*, fear)이 있으시다. 그분은 하늘나라에서 평화를 이루셨다. '화평' (*shalom*, peace)은 하나님이 자신에게 대항하는 세력들을 평정하여 하늘의 질서를 회복하고, 그들에게 보복과 처벌을 내리는 것을 뜻한다.

"그의 군대를 어찌 계수할 수 있으랴 그가 비추는 광명(*owrehu*, His light)을 받지 않은 자가 누구냐." (3절) 그분이 거느리시는 군대(하늘의 천사들)를 헤아릴 자가 누구냐? 하나님의 빛이 가서 닿지 않는 곳이 어디에 있느냐?

"그런즉 하나님 앞에서 사람이 어찌 의롭다 하며 여자에게서 난 자가 어찌 깨끗하다 하랴." (4절) 어떻게 사람이 하나님 앞에 서서 감히 의롭다고 주장할 수 있으며 여인에게서 난 자가 어떻게 깨끗할 수 있는가? 빌닷은 욥이나 악인만이 아니라 모든 인간이 불완전함을 주장한다.

"보라 그의 눈에는 달이라도 빛을 발하지 못하고 별도 빛나지 못하거든 하물며 구더기 같은 사람, 벌레 같은 인생이랴." (5, 6절) 하나님의 눈에는 달도 밝지 않고 별도 깨끗하지 않은데 하물며 벌레와 구더기에 지나지 않는 사람이야 말할 것이 있겠는가. 빌닷은 밝음과 깨끗함을 상징하는 달과 별도 하나님의 완전하심 앞에서는 무의미하다. 그렇다면 인간의 불완전함은 말할 것도 없다. 사람은 하나님 앞에서 자신의 의로움이나 순결을 내세울 수 없다는 말이다.

제26장

헤아릴 수 없는 하나님의 능력

욥이 이렇게 대답했다.

"너는 힘없는 자를 잘 도왔고 기력 없는 팔을 잘 구하였으며 지혜 없는 자에게 좋은 충고를 해 너의 큰 지식(sound knowledge, advice)을 자랑하는구나." (2, 3절)

"네가 누구를 향하여 말하느냐 누구의 정신(the spirit)이 네게서 나왔느냐." (4절) 그런데 누가, 네가 한 그런 말을 들으리라 생각하느냐? 너는 누구에게 영감을 받아서 그런 말을 하는 것이냐?

"죽은 자의 영들이 물 밑에서 떨며 물에서 사는 것들(생물들)도 그러하도다." (5절) 죽은 자들의 영들이 지하의 물속에서 떤다는 말이다. '죽은 자의 영들' (*harepaim*, the dead)은 '몸이 풀린 자', '죽은 자'를 뜻하는데 이들은 하데스에 거하는 것으로 알려졌다.

"하나님 앞에서는 스올도 벗은 몸으로 드러나며 멸망도 가림이 없음이라." (6절) 스올도 하나님께는 스올도 훤하게 보이고, 멸망의 구덩이도 훤하게 보인다. '스올' (*Sheol*)은 음부로, 헬라어로는 '하데스' (*hades*)이다. 초기 히브리인들은 이곳을 죽은 자의 거처로서 사후에 모든 인간 영혼이 들어가는 곳(지하 또는 대양아래)으로 보았다. '멸망' (*abaddon*, place of destruction, 멸망의 웅덩이, 지옥의 가장 깊은 곳, 무저갱, 파멸이 있는 곳)은 음부와 함께 죽음과 파멸의 세계를 의미한다.

“그는 북쪽을 허공에 펴시며 땅을 아무것도 없는 곳에 매다시며.”(7절) 하나님은 북쪽 하늘을 허공에 펴시며 지구를 공간에 매달아 놓으셨다(hang the earth on nothing). 지구가 허공에 떠 있다는 개념은 당시에는 알려지지 않은 획기적인 것이다. ‘북쪽’(*sapown*, the north)은 우가릿 신화에서 주신인 바알의 거처를 말한다. 여기서는 하나님의 권능이 나타나는 곳을 의미한다.

“물을 빽빽한 구름에 싸시나 그 밑의 구름이 찢어지지 아니하느니라.”(8절) 구름 속에 물을 채우시고, 물이 구름 밑으로 터져 나오지 못하게 막고 계시는 분이 바로 하나님이시다. 구름은 물이 햇빛에 증발되어 생기는 수증기가 먼지 등의 물질과 응결하여 미세한 물방울이 되어 떠있는 것이다. 그 물방울이 비가 되어 내린다. 구름이 비를 머금고 있는 것이다.

“그는 보름달을 가리시고 자기의 구름을 그 위에 펴시며.”(9절) 하나님은 보름달을 구름 뒤에 숨기시고, 자기 보좌의 얼굴(the face of His throne)을 구름으로 가리신다.

“수면에 경계를 그으시니 빛과 어둠이 함께 끝나는 곳이니라.”(10절) 수면에 경계(*hoq*, circular horizon, 둥근 수평선)를 그어 빛과 어두움의 한계를 정하셨다(빛과 어둠을 나누셨다). ‘경계를 그으시니’(hag hoq, drew a circular)는 문자적으로 ‘원을 긋다’, ‘원을 만들다’는 뜻이다. 이것은 지구의 표면이 평탄치 않고 둥글다는 것을 보여준다.

“그가 꾸짖으신즉 하늘 기둥이 흔들리며 놀라느니라.”(11절) 그분께서 꾸짖으시면, 하늘을 떠받치는 기둥이 흔들린다. ‘꾸짖으신즉’(rebuke)은 하나님의 명령으로 만물 속에 하나님의 법칙이 나타나는 것을 말한다. 폭풍이나 천둥으로 나타난다. ‘하늘 기둥’(the pillars of heaven), 고대인들은 하늘이 기둥으로 받쳐져 있다고 생각했다. 기둥의 숫자는 4개인 것으로 생각된다.

“그는 능력(권능)으로 바다를 잔잔하게 하시며 그 지혜로 라합(바다의 용)

을 깨뜨리시며."(12절) '라합'(rahab)은 바벨론 창조 신화에 나타나는 바다의 신(용, Leviathan)을 가리킨다.

"그의 입김으로 하늘을 맑게 하시고 손으로 날렵한 뱀(*nahas*, serpent)을 무찌르시나니."(13절) 그분의 입김에 하늘이 맑게 개며, 그분의 손은 도망치는 바다 괴물(라합인듯)을 찔러 죽인다.

"그러나 이런 것은 그의 능력 중에서 단편(아주 적은 부분)에 불과하며 우리가 그에 대하여 들은 것도 세미한 속삭임에 지나지 않는다. 그렇다면 누가 감히 하나님의 큰 능력의 우렛소리(크신 능력)을 이해할 수 있겠느냐?"(14절) 하나님의 능력은 헤아릴 수 없을 만큼 크고 위대하다.

제 27 장

자신의 결백을 주장하는 욥, 악한 자들의 절망적 상태

1. 자신의 결백을 주장하는 욥(1-6절)

욥은 다시 말을 이었다. 풍자하여 말했다고 했다. 풍자(*mashal*, discourse, parable, proverb)는 우화를 통해 뜻을 강조하기 위한 것으로 일종의 비유이다. 27장은 악인의 운명에 대한 욥의 묘사를 담고 있다.

"나의 정당함을 물리치신 하나님, 나의 영혼을 괴롭게 하신 전능자의 사심을 두고 맹세하노니."(2절) 나의 의로움을 부정하신 살아 계신 하나님, 내 영혼을 괴롭게 하신 전능하신 그분 앞에 내가 맹세한다. 욥은 계속해서 자신에게 부당하게 대하시며 고통을 주시는 하나님을 원망한다.

"(나의 호흡이 아직 내 속에 완전히 있고 하나님의 숨결이 아직도 내 코에 있느니라) 결코 내 입술이 불의를 말하지 아니하며 내 혀가 거짓을 말하지 아니하리라."(3, 4절) 내 안에 아직 생명이 있고 내 코에 하나님의 숨결이 있는 한 절대로 내 입술이 악을 말하지 않을 것이며 내 혀가 거짓말을 하지 않을 것이다.

"나는 결코 너희를 옳다 하지 아니하겠고 내가 죽기 전에는 나의 온전함을 버리지 아니할 것이라."(5절) 나는 결코 너희가 옳다고 말할 수 없고, 나는 죽기까지 내 결백을 주장하겠다. 욥은 계속해서 하나님 앞에 자신의 결백을 주장한다.

“내가 내 공의를 굳게 잡고 놓지 아니하리니 내 마음이 나의 생애를 비웃지 아니하리라.”(6절) 내가 의롭다고 주장하면서 끝까지 굽히지 않아도, 내 평생에 양심에 꺼림칙한 날은 없을 것이다. 나에게는 아무 잘못도 없으며 내 양심은 깨끗하다는 말이다. 욥은 자신의 무죄를 주장하고 있다.

2. 악한 자들의 절망적 상태(7-23절)

욥은 7-23절을 통해 대적들을 저주하며 악인들이 갖게 될 절망과 하나님으로부터 소외된 상태를 말하고 있다.

“나의 원수는 악인 같이 되고 일어나 나를 치는 자는 불의한 자 같이 되기를 원하노라.”(7절) 나를 대적하는 자들과 나를 치는 자들은 악인들과 죄인들처럼 벌 받기를 원한다.

“불경건한 자가 이익을 얻었으나 하나님이 그의 영혼을 거두실 때에는 무슨 희망이 있으랴.”(8절) 하나님이 경건치 않은 자의 생명을 끊어 버릴 때 그에게 무슨 희망이 있겠느냐?

“환난이 그에게 닥칠 때에 하나님이 어찌 그의 부르짖음을 들으시랴.”(9절) 환난(*sarah*, trouble, 어려움)이 그에게 닥칠 때에, 하나님이 그의 부르짖음을 들어주시겠느냐

“그가 어찌 전능자를 기뻐하겠느냐 항상 하나님께 부르짖겠느냐.”(10절) 그는 전능하신 분에게서 기쁨을 찾지도 않고 어려울 때가 아니면 하나님께 기도하지도 않는다. 그들은 하나님께서 주시는 기쁨을 사모했어야 했고 그분께 기도했어야 했다는 말이다.

“하나님의 솜씨를 내가 너희에게 가르칠 것이요 전능자에게 있는 것을 내가 숨기지 아니하리라.”(11절) 내가 너희에게 하나님의 능력에 관해서 가르치

고 전능하신 분의 뜻을 숨기지 않겠다.

"너희가 다 이것을 보았거늘 어찌하여 그토록 무익한 사람이 되었는고." (12절) 너희는 이것을 다 보았으면서도 어째서 그처럼 쓸데없는 말을 지껄이느냐? '무익한' (*hebel*, vapor)은 주로 우상이나 하나님을 따르지 않는 사람을 묘사할 때 사용되었다. 하나님과 떨어져 사는 사람은 허상에 불과하다.

"악인이 하나님께 얻을 분깃, 포악자가 전능자에게서 받을 산업은 이것이라." (13절) 악하고 폭군처럼 무자비한 자가 전능하신 하나님께 받아야 할 형벌은 이렇다. '분깃' (*haleq*, portion)은 '나누다' 를 뜻하는 히브리어에서 파생된 말로, '나누어진 몫' , '영역' 을 뜻한다. 여기서는 '형벌' 로 이해하는 것이 좋다. '산업' (*nahalat*, heritage)은 '기업' , '상속' 의 뜻이다. 여기에서는 악인의 행악에 대한 하나님의 보응으로 그를 기다리고 있는 피할 수 없는 운명을 가리킨다.

"그의 자손은 번성하여도 칼을 위함이요 그의 후손은 음식물로 배부르지 못할 것이며." (14절) 비록 자손이 많다 해도, 모두 전쟁에서 죽고 말 것이다. 그 자손에게는 배불리 먹을 것이 없을 것이다.

"그 남은 자들은 죽음의 병이 돌 때에 묻히리니 그들의 과부들이 울지 못할 것이며." (15절) 살아남은 자들은 병으로 죽을 것이며 과부가 된 그들의 아내들도 그들의 죽음을 슬퍼하지 않을 것이다. '죽음의 병' 은 치명적인 결과를 가져오는 무서운 전염병(plague)을 뜻한다.

"그가 비록 은을 티끌(dust) 같이 쌓고 의복을 진흙(clay) 같이 준비할지라도 그가 준비한 것을 의인이 입을 것이요 그의 은은 죄 없는 자가 차지할 것이며." (16, 17절) 그가 비록 돈을 산더미처럼 쌓고 의복을 그 흔한 진흙처럼 많이 쌓아둔다 해도(벽장을 옷으로 가득 채워 넣을지라도) 의로운 자들이 그 옷을 입을 것이며 죄 없는 자들이 그 돈을 나눠 가질 것이다.

"그가 지은 집은 좀(*ash*, moth)의 집 같고 파수꾼의 초막 같을 것이며." (18절) 악한 자들이 지은 집은 거미집과 같고 밭을 지키는 일꾼의 움막(hut)처럼 엉성할 것이다. 하나님의 재앙으로 악인의 집이 쉽게 무너진다는 말이다. '좀의 집' (moth's cocoon)은 부서지기 쉽고, 부패하며 연약한 것의 상징이다. 무의미하게 집을 짓는다는 뜻이다. 거미집(spider's web, NASB)으로 해석하기도 한다.

"부자로 누우려니와 다시는 그렇지 못할 것이요 눈을 뜬즉 아무것도 없으리라." (19절) 그가 잠자리에 들 때는 부자로 눕지만 눈을 떴을 때는 모든 재산이 없어져 그가 다시는 부자로 잠자리에 드는 일이 없을 것이다.

"두려움이 물 같이 그에게 닥칠 것이요 폭풍이 밤에 그를 앗아갈 것이며." (20절) 두려움이 홍수처럼 그들에게 들이닥치며, 폭풍이 밤중에 그들을 쓸어 갈 것이다.

"동풍이 그를 들어 올리리니 그는 사라질 것이며 그의 처소에서 그를 몰아내리라." (21절) 동풍(*qadim*, the east wind)이 그를 휩쓸어 자기 처소에서 날려 보낼 것이다. 동풍, 곧 사막에서 불어오는 뜨거운 열풍이 그를 쓸어 갈 것이라는 말이다.

"하나님은 그를 아끼지 아니하시고 던져 버릴 것이니 그의 손에서 도망치려고 힘쓰리라." (22절) 도망치려고 안간힘을 써도, 하나님은 동쪽에서 오는 폭풍을 사정없이 불게 하여 그를 날려 버릴 것이다.

"사람들은 그를 바라보며 손뼉치고 그의 처소에서 그를 비웃으리라." (23절) 사람들이 그를 보고 손뼉을 치며(clap) 자기 처소에서 그를 향해 쉬익 소리를 내며 야유(*sharaq*, hiss, whistle) 할 것이다. 악인이 결국 조소(scorn)의 대상이 된다는 말이다.

제28장

보석의 발견, 지혜와 명철이 있는 곳

1. 보석의 발견(1-11절)

28장은 전체적으로 지혜와 명철에 대한 욥의 생각을 담고 있다. 지혜와 명철은 세상의 그 어떤 보석과도 비교가 되지 않을 만큼 가치가 높다. 1-11절은 보석을 얻기가 얼마나 힘든 것인가를 보여준다.

"은은 채굴하는 탄광이 있고 금은 제련하는 제련소가 있으며 철은 땅에서 파내고 구리는 광석을 녹여서 얻는다."(1, 2절)

"사람은 어둠을 뚫고 모든 것을 끝까지 탐지하여 어둠과 죽음의 그늘에 있는 광석도 탐지하되."(3절) 사람들은 광맥을 찾기 위해 땅을 깊이 파고 아주 어두운 곳을 조사한다. '어둠과 죽음의 그늘에 있는 광석' 은 어두컴컴한 지하 갱도에 있는 광석을 말한다.

"그는 사람이 사는 곳에서 멀리 떠나 갱도를 깊이 뚫고 발길이 닿지 않는 곳 사람이 없는 곳에 매달려 흔들리느니라."(4절) 그들은 사람이 사는 곳에서 멀리 떨어진 곳, 인적이 끊어진 곳에 갱도를 깊이 파고. 갱 속에서 밧줄로 몸을 묶어 흔들거리면서 외롭게 일하고 있다. 이것은 귀금속이나 철을 캐던 광산이 사람들의 주거지역에서 멀리 떨어져 있는 것과, 광산의 위험한 상황을 보여준다.

"음식은 땅으로부터 나오나 그 밑은 불처럼 변하였도다."(5절) 지면에서는 먹을 것이 나오지만 지하에서는 땅이 불로 뒤집힌다. 용암으로 들끓고 있다.

"그 돌에는 청옥이 있고 사금도 있으며."(6절) 광석에는 청옥(사파이어)도 있고 사금도 있다. "그런 보화를 캐내는 길은 솔개도 모르고 매의 눈도 그것을 보지 못하며 겁 없는 맹수도 거기에 발을 들여놓은 일이 없고, 무서운 사자도 그 곳을 밟아 본 적이 없다."(7, 8절) 그만큼 은밀한 곳에 있다.

"사람들은 굳은 바위(the flint)에 손을 대고(아주 단단한 바위를 쪼개고) 산을 뿌리까지 뒤엎으며(산을 파서 그 뿌리까지 드러내며) 반석에 수로를 터서(바위를 뚫어 굴을 내고) 각종 진귀한 보석을 찾아낸다."(9, 10절) "누수(trickling streams, flowing rivers)를 막아 스며 나가지 않게 하고(dam up) 감추어져 있던 것을 밝은 데로 끌어내느니라."(11절) 강의 자원을 찾아서 감춰진 온갖 보화를 들춰낸다.

2. 지혜와 명철이 있는 곳(12-28절)

"그러나 지혜(*hokmah*, wisdom)는 어디서 찾을 수 있으며 명철(*binah*, understanding, 깊은 깨달음, 슬기)은 어디서 얻을 수 있는가?"(12절)

"그 길을 사람이 알지 못하나니 사람 사는 땅에서는 찾을 수 없구나."(13절) 지혜는 사람에게서 발견되는 것이 아니다. 사람은 어느 누구도 지혜의 참 가치를 알지 못한다.

"깊은 물(깊은 바다)도 내 속에 있지 않다(나는 지혜를 감추어 놓지 않았다)고 말한다. 넓은 바다도 나와 함께 있지 아니하다고 말한다."(14절) '깊은 물'(*tehowm*, the deep, the deepest ocean)은 죽음의 밀실로 통하는 바다의 가장 아랫부분을 상징한다.

"순금으로도 바꿀 수 없고 은을 달아도 그 값을 당하지 못하리니 오빌의 금이나 귀한 청옥수나 남보석으로도 그 값을 당하지 못하겠고."(15, 16절) 지혜는 금을 주고 살 수 없고, 은으로도 그 값을 치를 수 없다. 지혜는 오빌의 금이나 값진 루비나 사파이어로도 그 값을 치를 수 없다. '청옥수' (onyx)는 아름다운 광택이 나는 석영의 일종으로, 루비 또는 호마노로 번역되기도 한다. 색채가 아름다운 보석이다. '남보석' 은 사파이어를 말한다.

"황금이나 수정이라도 비교할 수 없고 정금 장식품으로도 바꿀 수 없으며 진주(coral)와 벽옥(*quartz*, crystal)으로도 비길 수 없나니 지혜의 값은 산호(rubies)보다 귀하구나." (17, 18절) 지혜는 황금이나 수정(crystal, 값진 유리)와 비교가 안 되고 순금으로 장식한 보석으로도 살 수 없으며, 산호나 수정이나 홍옥도 그 가치에 미치지 못한다. 지혜를 얻는 것은 어떤 보석보다 값지다.

"구스(*kus*, Cush, Ethiopia)의 황옥으로도 비교할 수 없고 순금으로도 그 값을 헤아리지 못하리라." (19절) 에티오피아의 황옥이나 순금도 지혜의 값에 따를 수 없다. 구스는 에티오피아(또는 이집트의 남부지역)로 보석 생산지로 유명했다. '황옥' 은 토파즈(Topaz)로 종류에 따라 여러 색을 가지고 있다.

"그런즉 지혜는 어디서 오며 명철이 머무는 곳은 어디인고." (20절) 그렇다면 지혜는 어디에서 오며, 명철은 있는 곳은 어디인가? 1절의 물음을 반복하고 있다. 이 물음이 매우 중요하기 때문이다.

"모든 생물의 눈에 숨겨졌고 공중의 새에게 가려졌으며." (21절) 모든 생물의 눈에 숨겨져 있고, 공중의 새에게도 감추어져 있다. 모든 생물도 그것을 보지 못했다.

"멸망과 사망도 이르기를 우리가 귀로 그 소문은 들었다 하느니라." (22절) 멸망의 구덩이와 죽음도 지혜를 두고 이르기를 '지혜라는 것이 있다는 말은 다만 소문으로만 들었을 뿐이다.' 하고 말한다. 소문으로만 들었지 자신들은 모른다는 말이다. 멸망(abaddon, Destruction)은 멸망의 구덩이(지옥의 가장 깊은 곳, 무저갱)를 말하며, 사망(*mawet*, Death)은 지하세계의 왕인 죽음의 신을 가리킨다.

"하나님이 그 길을 아시며 있는 곳을 아시나니." (23절) 그러나 하나님(*elohim*, God)은, 지혜가 있는 곳에 이르는 길을 아신다. 그분만이 지혜가 있는 곳을 아신다.

"이는 그가 땅 끝까지 감찰하시며 온 천하를 살피시며 바람의 무게를 정하시며 물의 분량을 정하시며 비 내리는 법칙을 정하시고 비구름의 길과 우레의 법칙을 만드셨음이라." (24-26절) 오직 그분만이 땅 끝까지 살피실 수 있으며, 하늘 아래에 있는 모든 것을 보실 수 있다. 하나님이 바람의 힘을 조절하시고 물의 분량을 달아보시며 비의 법칙과 천둥 번개가 다니는 길을 정하셨기 때문이다.

"그 때에 그가 보시고 선포하시며 굳게 세우시며 탐구하셨고 또 사람에게 말씀하셨도다 보라 주를 경외함이 지혜요 악을 떠남이 명철이니라." (27, 28절) 바로 그 때에 하나님께서, 지혜를 보시고, 지혜를 칭찬하시고, 지혜를 튼튼하게 세우시고, 지혜를 시험해 보셨다. 그런 다음에, 하나님은 사람에게 말씀하셨다. "주님을 경외하는 것이 지혜요, 악을 멀리하는 것이 명철이다." (the fear of the Lord, that is wisdom. And to depart from evil is understanding.)

제 29 장

과거를 회상하는 욥

욥은 다시 비유를 써서 말을 이었다. "하나님이 지난 세월, 하나님이 나를 보호해주시던 지난(옛날의) 생활로 내가 되돌아갈 수 있으면 얼마나 좋을까?" (1, 2절)

"그 때에는 그의 등불이 내 머리에 비치었고 내가 그의 빛을 힘입어 암흑에서도 걸어 다녔느니라." (3절) 그 때는 그의 등불로 내 머리 위를 비추어 주셨고(하나님이 항상 나와 함께 계셨고) 빛으로 인도해 주시는 대로, 내가 어둠 속을 활보하였다(내가 흑암으로 걸어갈 때 나에게 빛을 주셨다). '등불' 과 '빛' 은 하나님의 인도와 보호, 하나님으로부터 오는 축복과 성공을 상징한다.

"내가 원기 왕성하던 날과 같이 지내기를 원하노라 그 때에는 하나님이 내 장막에 기름을 발라 주셨도다." (4절) 내가 그처럼 잘 살던 그 시절로 다시 돌아가서 살 수 있기를 바란다. 내 집에서 하나님과 친밀하게 사귀던 그 시절로 되돌아갈 수 있으면 얼마나 좋을까. '원기 왕성하던 날' (*bime hayiti*, the days of my prime)는 문자적으로 '수확의 날들' 로, 욥은 자신의 부요했던 생활을 가을에 비유하면서 현재 자신의 처지가 얼마나 비참한가를 묘사하고 있다.

"그 때에는 전능자가 아직도 나와 함께 계셨으며 나의 젊은이들이 나를 둘러 있었으며." (5절) 그 때에는 전능하신 하나님이 나와 함께 하셨으며 나는 내 자녀들에게 둘러싸여 있었다. '나의 젊은이들' (*nearay*, my children)은 욥의 아들과 딸뿐 아니라 종들도 포함한다.

"젖으로 내 발자취를 씻으며 바위가 나를 위하여 기름 시내를 쏟아냈으며."(6절) 나의 가축은 젖을 많이 내며 바위산에 있는 감람나무까지 잘 자라 기름을 물 쓰듯이 하였다.

"그 때에는 내가 나가서 성문에 이르기도 하며 내 자리를 거리(광장)에 마련하기도 하였느니라."(7절) 그 때는 내가 성문 광장으로 가서 성의 어른들과 자리를 같이하기도 하였다. '성문' (*saar*, the gate)과 '거리' (*rechob*, open space, plaza)는 상업의 중심이자 재판이나 공무가 집행되는 곳으로, 사회적 질서와 정의가 구현되는 곳을 상징한다.

"나를 보고 젊은이들은 숨으며 노인들은 일어나서 서며 유지들은 말을 삼가고 손으로 입을 가리며 지도자들은 말소리를 낮추었으니 그들의 혀가 입천장에 붙었느니라."(8-10절) 젊은 사람들이 나를 보면 길을 비켜서고 내가 가면 노인들이 일어섰으며 백성의 지도자들도 하던 말을 멈추고 손으로 입을 가리고 귀족들도 조용히 말문을 닫았다. 그만큼 존경을 받았다는 말이다.

"귀가 들은즉 나를 축복하고 눈이 본즉 나를 증언하였나니."(11절) 귀는 내 이야기를 듣고 찬사를 아끼지 않았으며 눈은 내가 하는 일을 보고 즐겨 증언하였다. 나의 관해서 듣거나 나를 보는 자들이 다 나를 칭찬하였다는 말이다.

12-17절은 욥이 존경을 받은 이유에 대해 말하고 있다. 가난한 자를 돕고, 공의를 실천했기 때문이다.

"이는 부르짖는 빈민과 도와 줄 자 없는 고아를 내가 건졌음이라."(12절) 가난한 자들이 부르짖으면 내가 그들을 도와주고 의지할 데 없는 고아들을 볼 때도 나는 그들을 도와주었다.

"망하게 된 자도 나를 위하여 복을 빌었으며 과부의 마음이 나로 말미암아 기뻐 노래하였느니라."(13절) 또 거의 망하게 된 자들도 나를 위해 복을 빌어

주었으며 나 때문에 과부들도 기뻐서 노래를 불렀다. 그들을 도와주었기 때문이다.

"내가 의를 옷으로 삼아 입었으며 나의 정의는 겉옷과 모자 같았느니라." (14절) 의(*sedeq*, righteousness)가 나의 옷이었으며, 정의(*mishpa*, justice)가 나의 두루마기요, 나의 면류관이었다. 나는 의로움을 내 옷으로 삼고 언제나 바르고 정직하게 살았다.

"나는 맹인의 눈도 되고 다리 저는 사람의 발도 되고."(15절) 나는 소경의 눈이 되고 절뚝발이의 발이 되었다.

"빈궁한 자의 아버지도 되며 내가 모르는 사람의 송사를 돌보아 주었으며."(16절) 가난한 자에게는 아버지와 같았고, 낯선 사람이 찾아와 억울함을 호소하면 그의 송사 문제도 나의 일처럼 생각하고 도와주었다.

"불의한 자의 턱뼈를 부수고 노획한 물건을 그 잇새에서 빼내었느니라." (17절) 나는 악인의 턱을 때려 부수고 그가 물고 있는 것을 이빨 사이에서 빼내기도 하였다. 악하고 잔인한 사람들의 세력을 꺾고 그들로부터 희생자들을 구해 냈다는 말이다. 18-20절은 그로 인해 욥은 계속해서 하나님으로부터 축복을 받고 오래 장수하며 살 것이라 생각했음을 보여준다.

"내가 스스로 말하기를 나는 내 보금자리에서 숨을 거두며 나의 날은 모래알 같이 많으리라 하였느니라."(18절) 나는 가끔 혼자 이런 생각을 해본다. "나는 오래오래 잘 살다가 편안하게 죽을 것이다." 미래형으로 장차 장수하다가 편히 죽을 것이라 생각했음을 보여준다.

"내 뿌리는 물로 뻗어나가고 이슬이 내 가지에서 밤을 지내고 갈 것이며." (19절) 뿌리가 물에 뻗어 있고 그 가지는 밤새도록 이슬에 젖어 있는 나무와 같을 것이다. '이슬' (*tal*, dew)은 건조한 기후에 습기를 공급해주는 역할을 해 축복을 상징한다. 욥이 하나님의 보호와 축복 가운데 있었음을 나타낸다.

“내 영광은 내게 새로워지고 내 손에서 내 화살(원문은 활)이 끊이지 않았노라.”(20절) 내 영광은 날로 새로워지고 활 잡은 내 손은 결코 맥이 풀리지 않으리라(내 힘은 점점 더 왕성해질 것이다). ‘활’ (*qeshsth*, bow)은 힘과 활력을 상징한다.

“무리는 내 말을 듣고 희망을 걸었으며 내가 가르칠 때에 잠잠하였노라. 내가 말한 후에는 그들이 말을 거듭하지 못하였나니 나의 말이 그들에게 스며들었음이라.”(21, 22절) 사람들은 내 말을 듣고 내 충고를 소중히 여기며 내가 말할 때까지 조용히 기다렸다가 내가 말한 후에는 더 이상 말을 하지 않았다. 이것은 그들이 내 충고를 만족스럽게 여겼기 때문이다. 사람들이 욥의 말에 귀를 기울였다는 말이다.

“그들은 비를 기다리듯 나를 기다렸으며 봄비를 맞이하듯 입을 벌렸느니라.”(23절) 그들은 가뭄 때 비를 기다리는 심정으로 내가 말하기를 기다렸다. 그만큼 욥의 말은 무게가 있었다.

“그들이 의지 없을 때에 내가 미소하면 그들이 나의 얼굴빛을 무색하게 아니하였느니라.”(24절) 그들이 낙심할 때 내가 웃어 주면 나의 밝은 표정을 보고 그들은 용기를 얻었다. ‘미소하면’ (*chak*, smiled)은 미소를 짓는 것으로, 왕이나 재판관의 웃음은 분에 넘치는 은총이나 자비를 의미한다. 이 말은 30:1에서는 비웃음(mock)을 나타내기도 한다.

“내가 그들의 길을 택하여 주고 으뜸 되는 자리에 앉았나니 왕이 군대 중에 있는 것과도 같았고 애곡하는 자를 위로하는 사람과도 같았느니라.”(25) 나는 그들의 길을 결정해 주고 그들의 지도자로 앉아 그들에게 군대를 거느린 왕처럼 앉아 그들이 어려움을 당할 때마다 초상당한 자를 위로하듯이 내가 그들을 위로해 주었다. ‘으뜸’ (*rosh*, chief)은 머리, 우두머리로, 여기서는 백성의 지도자를 가리킨다.

제 30 장

현재의 고난을 호소하는 욥

"그러나 이제는 나보다 젊은 자들(어린 것들)이 나를 비웃는구나. 그들의 아비들은 내가 보기에 내 양 떼를 지키는 개 중에도 둘 만하지 못한 자들이니라."(1절) 내 양 떼를 지키는 개들 축에도 끼지 못하는 쓸모가 없는 자들의 자식들까지 나를 조롱한다. 비천한 자식들까지 나를 조롱한다는 말이다. 구약에서 '개'는 추잡하고 사악한 동물로, 쓰레기더미나 뒤지는 것으로 이해된다. 사람을 개와 연관하여 말하는 것은 심한 모욕이나 극단적인 비하를 나타낸다.

"그들의 기력이 쇠잔하였으니 그들의 손의 힘이 내게 무슨 소용이 있으랴."(2절) 그들은 젊어서 손에 힘이 있을 듯하지만 사실 기력이 쇠하여서 쓸모가 없는 자들이다.

"그들은 곧 궁핍과 기근으로 인하여 파리하며 캄캄하고 메마른 땅에서 마른 흙을 씹으며 떨기나무 가운데에서 짠 나물을 꺾으며 대싸리 뿌리로 먹을거리를 삼느니라."(3, 4절) '짠 나물' (*malluah*, mallow)은 염분이 많은 바닷가에서 자라는 아욱과 식물로, 잎은 신맛이 나 가난한 사람이나 비상시에 사용되었고, 일반사람들은 몹시 배고프지 않는 한 이 식물을 먹지 않았다. '대싸리' (*retamim*, broom tree)는 '로뎀 나무' 라 불리기도 하는 콩과 식물의 일종으로, 식용으로 쓰는 그 뿌리 또한 써 궁핍하지 않는 한 먹지 않았다. 그럼에도 그것들을 먹이로 삼을 정도라면 그들이 얼마나 비천한가를 보여준다.

"그들은 사람 축에 끼지 못하여 동네에서 쫓겨나고, 사람들이 마치 도둑을 쫓듯이 그들에게 '도둑이야!' 하고 소리를 질러 쫓아 버리곤 하였다. 그들은 급류에 패여 벼랑 진 골짜기에서 지내고, 땅굴이나 동굴에서 살고, 떨기나무 가운데에서 부르짖으며(짐승처럼 덤불 속에서 움츠리고 있거나), 가시나무 밑에 몰려서 웅크리고 있다."(5-7절) '떨기나무 가운데에서 부르짖으며'는 배고픔의 표시이다.

"그들은 어리석은 자의 자식들로서, 이름도 없는 자의 자식들로서, 회초리를 맞고 고토(제 고장)에서 쫓겨난 자들이다. 그런데 그런 자들이 이제는 돌아와서 노래로 나를 조롱하고, 내가 그들의 놀림거리가 되어 버렸다. 그들은 나를 꺼려 멀리하며 마주치기라도 하면 서슴지 않고 침을 뱉는다."(8-10절) 그런데 지금은 욥 자신이 그들로부터도 부정한 인물로 취급되고 있다는 말이다.

"하나님이 내 활시위를 늘어지게 하시고(풀어 버리시고), 나를 이렇게 곤고하게(무기력하게) 하시니, 그들이 굴레 벗은(고삐 풀린) 말처럼 내 앞에서 날뛴다. 이 천한 무리들이 내 오른쪽에서 나와 겨루려고 들고 일어나며, 나를 잡으려고 내가 걷는 길에 덫을 놓고, 나를 파멸시키려고 포위망을 좁히고 있다. 그들이 내 길을 헐고(내가 도망가는 길마저 막아 버렸고), 내 재앙을 재촉하는데도(나를 파멸시키려고 하는데도), 도울 자가 없구나(그들을 막을 사람이 아무도 없다.)(11-13절) '그들'은 욥을 조롱하고 학대하는 무리들을 가리킨다. '천한 무리'(*pirhah*, rabble, brood)는 독수리 새끼, 난폭한 젊은이, 하층민 등을 말한다.

"그들이 성벽을 뚫고, 그 뚫린 틈으로 물밀듯 들어와서, 성난 파도처럼 내게 달려드니, 나는 두려워서 벌벌 떨고, 내 위엄은 간곳없이 사라지고, 구원의 희망은 뜬구름이 사라지듯 없어졌다."(14, 15절) 욥이 오히려 공격적인 그들을 두려워하고 있다.

"이제는 내 생명이 내 속에서 녹으니 환난 날이 나를 사로잡음이라."(16절) 나는 이제 기력이 쇠하여서, 죽을 지경에 이르렀다. 지금까지 나는 괴로운 나날들에 사로잡혀 편히 쉬지도 못했다. '생명' (*nephesh*, soul, life)는 호흡, 생명, 영혼 등 전인을 포함하는 광범위한 의미를 갖는다.

"밤이 내 뼈가 쑤시니 나의 아픔이 쉬지 아니하는구나."(17절) 밤에는 뼈가 쑤시고, 뼈를 깎는 아픔이 그치지 않는다. 밤마다 찾아오는 통증을 생생하게 나타내고 있다.

"그가 큰 능력으로 나의 옷을 떨쳐 버리시며 나의 옷깃처럼 나를 휘어잡으시는구나."(18절) 하나님이 그 거센 힘으로 내 옷을 잡아당기셔서, 나를 옷깃처럼 휘어 감으신다. "하나님이 나를 진흙 가운데 던지셨고 나를 티끌과 재 같게 하셨구나."(19절) '진흙' (*mire*, mud)은 고통과 비천을 상징한다. '티끌과 재' (dust and ashes)는 사람들이 싫어하고 경멸하는 대상이 되었음을 상징한다.

"내가 주님께 부르짖어도 주님께서는 내게 응답하지 않으시고 내가 섰사오나 주께서 나를 돌아보지 아니하시나이다(내가 주님께 기도해도, 주님께서는 들은 체도 않으십니다). 주께서 돌이켜 내게 잔혹하게 하시고 힘 있는 손으로 나를 대적하시나이다."(20, 21절) 주님께서는 내 부르짖음에 응답하지 않으시고 너무 잔인하시다. 힘이 세신 주님께서, 힘이 없는 나를 핍박하신다.

"나를 바람 위에 들어 불려가게 하시며 무서운 힘으로 나를 던져 버리시나이다."(22절) '바람 위에 들어 불려가게 하시며' 는 죽을 운명인 나약한 인간에게 바람과 폭풍은 멸망과 공포의 의미이다.

"내가 아나이다 주께서 나를 죽게 하사 모든 생물을 위하여 정한 집으로 돌려보내시리이다."(23절) 주님께서는 나를 죽음으로 몰아넣고 계신다. 끝내 나를 살아 있는 모든 사람들이 다 함께 만나는 그 죽음의 집으로 돌아가게 하신다.

"그러나 사람이 넘어질 때에 어찌 손을 펴지 아니하며 재앙을 당할 때에 어찌 도움을 부르짖지 아니하리이까."(24절) 사람이 이렇게 넘어질 때 그 누가 살려달라고 손을 내뻗지 않겠으며, 이렇게 재앙을 당할 때 도움을 청하지 않겠는가.

"고생의 날을 보내는 자를 위하여 내가 울지 아니하였는가 빈궁한 자를 위하여 내 마음에 근심하지 아니하였는가."(25절) 고생하는 자들을 위하여 내가 울지 않았던가? 가난한 자들을 위하여 내가 괴로워하지 않았던가? 그런데 주님은 이 연약한 몸을 그토록 세게 치신다.

"내가 복을 바랐더니 화가 왔고 광명을 기다렸더니 흑암이 왔구나."(26절) '복' (*towb*, good)은 의인이 그 행위의 보상으로 받을 상을 말하고, '화' (*ra*, evil, adversity)은 악인이 받을 벌을 말한다. 이는 각각 선하신 하나님과 죽음을 암시한다.

"내 마음이 들끓어 고요함이 없구나 환난 날이 내게 임하였구나."(27절) 근심과 고통으로 마음이 찢어지고, 하루도 고통스럽지 않은 날이 없다는 말이다. "나는 햇볕에 쬐지 않고도 검어진 피부를 가지고 걸으며 회중 가운데 서서 도움을 부르짖고 있느니라."(28절) 햇볕을 쬐지도 않은 몸이 병으로 이렇게 새까맣게 되어(30절 참조) 회중(사람들 모임) 가운데 일어나서 도움을 청하는 신세가 되고 말았다. 성경에서 '회중' (the assembly)은 일반적으로 하나님 백성의 회합을 가리킨다.

"나는 이리의 형제요 타조의 벗이로구나."(29절) 나는 승냥이의 형제요, 타조의 벗이 되고 말았는가. 이리와 타조의 울음소리는 침울함과 음산함을 나타내, 종종 슬픔을 상징한다. 따라서 이 말은 욥이 사회로부터 격리되어 희망과 기쁨을 기대할 수 없는 자신의 처지를 한탄한 것이다.

"나를 덮고 있는 피부는 검어졌고 내 뼈는 열기로 말미암아 탔구나."(30절) 살갗은 검게 타서 벗겨지고, 뼈는 열을 받아서 타 버렸다.

"내 수금은 통곡이 되었고 내 피리는 애곡이 되었구나."(31절) 나의 수금 소리는 통곡으로 바뀌고, 피리 소리는 애곡으로 바뀌었다. 과거와는 달리 온통 슬픔뿐이다.

제 31 장

자신의 순결함을 주장하는 욥

31장은 욥의 세 친구와의 길고 격렬한 논쟁의 끝 부분이다. 욥은 이 장에서 자신의 무죄함과 순전함을 맹세하며 주장한다. 그는 14가지의 죄를 열거하며 만일 자기가 그런 죄를 저질렀다면 저주를 받아 마땅하다 했다. 욥이 열거한 죄 가운데 우상숭배 외에는 모두 사회적 범죄이다.

1) **(음욕, 간음)** "내가 내 눈과 약속하였나니 어찌 처녀에게 주목하랴 그리하면 위에 계신 하나님께서 내리시는 분깃(몫)이 무엇이겠으며 높은 곳의 전능자께서 주시는 기업(유산)이 무엇이겠느냐."(1, 2절) 젊은 여인을 음탕한 눈으로 바라보지 않겠다고 나 스스로 엄격하게 다짐했다. 여자나 유혹하고 다니면 하나님으로부터 받을 몫이 없다.

2) **(불의)** "불의한 자에게는 환난이 아니겠느냐 행악자에게는 불행이 아니겠느냐 그가 내 길을 살피지 아니하시느냐 내 걸음을 다 세지 아니하시느냐."(3, 4절) 의롭지 못하고 악을 행하는 자에게는 하나님이 재앙을 내리신다. 하나님은 내가 행하는 모든 일을 다 보고, 걸음까지 세신다.

3) **(허위, 속임수, 거짓말)** "만일 내가 허위와 함께 동행하고 내 발이 속임수에 빨랐다면 하나님께서 나를 공평한 저울에 달아보시고 그가 나의 온전함을 아시기를 바라노라."(5, 6절) 나는 거짓말을 한 적도 없고 다른 사람을 속인 일도 없다. 하나님이 나를 정직한 저울에 달아 보시면 나의 진실을 아실 것이다. '허위' 는 거짓이 많아서 미덥지 않은 것을 말한다.

4) **(그릇된 길)** “만일 내 걸음이 길에서 떠났거나 내 마음이 내 눈을 따랐거나 내 손에 더러운 것이 묻었다면 내가 심은 것을 타인이 먹으며 나의 소출이 뿌리째 뽑히기를 바라노라.”(7, 8절) 욥의 마음이 세상 것들, 곧 관능적 욕망에 흔들리지 않았음을 뜻한다. 안목의 정욕은 모든 범죄의 시작이다. 걸음, 마음, 눈, 손은 죄로부터 자신을 지킨 욥의 전 인격을 의미한다. ‘길’(*haddarek*, the way)은 하나님께서 인간에게 생명과 평안을 주기 위해 제시하신 길, 곧 율법과 계명을 가리킨다.

5) **(남의 아내를 탐냄)** “만일 내 마음이 여인에게 유혹되어 이웃의 문을 엿보아 문에서 숨어 기다렸다면 내 아내가 타인의 맷돌을 돌리며 타인과 더불어 동침하기를 바라노라.”(9, 10절) 남의 아내를 탐내서, 그 집 문 근처에 숨어 있으면서 그 여인을 범할 기회를 노렸다면 내 아내가 다른 남자의 노예가 되거나, 다른 남자의 품에 안긴다 해도, 나는 할 말이 없다. ‘맷돌을 돌리는 것’(grind)은 여자들이 주로 집안에서 하는 고된 일로, 하녀가 있을 경우 그들에게 맡겼다. 여기서는 만일 자기가 죄를 지었다면 자기 아내가 남의 종이 되어도 좋다는 말이다. 그만큼 자기는 순전하다는 것이다.

“그것은 참으로 음란한 일이니 재판에 회부할 죄악이요 멸망하도록 사르는 불이니 나의 모든 소출을 뿌리째 뽑기를 바라노라.”(11, 12절) 남의 아내를 범하는 것은, 사형선고를 받아야 마땅한 범죄다. 그것은 사람을 파멸시키는 불, 사람이 애써서 모은 재산을 다 태우는 불이다. 욥은 이런 행위가 불가함을 강조하고 있다.

6) **(불공평한 처리)** “만일 남종이나 여종이 나와 더불어 쟁론할 때에 내가 그의 권리를 저버렸다면 하나님이 일어나실 때에 내가 어떻게 하겠느냐 하나님이 심판하실 때에 내가 무엇이라 대답하겠느냐.”(13, 14절) 내 종들 내게 탄원을 하여 올 때(불만을 표할 때) 나는 그들의 말에 귀를 기울이고, 공평하

게 처리하였다. 그렇게 하지 않았다면 내가 어떻게 하나님을 뵈며, 하나님이 나를 심판하실 때 내가 무슨 말로 변명하겠는가. '쟁론할 때' (*beribam*, complained, contended)는 불만사항을 말하거나(made the complaint) 고소하는 것(filed the complaint)을 말한다. 이것은 욥이 남종이든 여종이든 종에게 주인에게 불만을 표시하고, 고소할 권리를 인정했음을 보여준다.

"나를 태속에 만드신 이가 그도 만들지 아니하셨느냐 우리를 뱃속에 지으신 이가 한 분이 아니시냐."(15절) 나를 창조하신 바로 그 하나님이 내 종들도 창조하셨다. 종도 나와 동일한 피조물이라는 것이다. 주인이든 종이든 모두 하나님의 피조물이요, 하나님만이 우리의 참 주인이시다.

7) **(가난한 자를 불쌍히 여기지 않음)** "내가 언제 가난한 자의 소원을 막았거나 과부의 눈으로 하여금 실망하게 하였던가 나만 혼자 내 떡덩이를 먹고 고아에게 그 조각을 먹이지 아니하였던가실상은 내가 젊었을 때부터 고아 기르기를 그의 아비처럼 하였으며 내가 어렸을 때부터 과부를 인도하였노라." (16-18절) 나는 가난한 자의 소원을 거절하거나 과부를 실망시킨 적이 없다. 나는 배불리 먹으면서 불쌍한 고아를 굶겨 본 적도 없다. 나는 젊었을 때부터 고아들을 친자식처럼 돌보아 주었고 과부들을 보살펴 주었다.

"만일 내가 사람이 의복이 없이 죽어가는 것이나 가난한 자가 덮을 것이 없는 것을 못 본 체 했다면 만일 나의 양털로 그의 몸을 따뜻하게 입혀서 그의 허리가 나를 위하여 복을 빌게 하지 아니하였다면."(19, 20절) 너무나 가난하여 옷도 걸치지 못하고 죽어 가는 사람이나, 덮고 잘 것이 없는 가난한 사람을 볼 때마다 나는 내가 기른 양 털을 깎아서, 그것으로 옷을 만들어 그들에게 입혔다. 시린 허리를 따뜻하게 해주었다. 그러자 그들이 나를 진심으로 축복하곤 했다.

8) **(악용, 편취)** "만일 나를 도와주는 자가 성문에 있음을 보고 내가 주먹

을 들어 고아를 향해 휘둘렀다면 내 팔이 어깨뼈에서 떨어지고 내 팔 뼈가 그 자리에서 부스러지기를 바라노라 나는 하나님의 재앙을 심히 두려워하고 그의 위엄으로 말미암아 그런 일을 할 수 없느니라."(21-23절) 내가 재판에서 이길 것이라고 생각하고 고아를 등쳐먹었다면 내 팔이 부러져도 할 말이 없다. 내 팔이 어깻죽지에서 빠져 나와도 할 말이 없다. 하나님이 내리시는 심판이 얼마나 무서운지를 잘 알고 있었으므로, 나는 차마 그런 파렴치한 짓은 할 수 없다.

'성문' (the gate)은 재판이 열리고 그 지방 행정이 집행되는 중심지이다. 그러므로 본문은 욥의 친구 가운데 유력한 인사가 꽤 있었음을 보여준다. 그런 인물을 이용해 자신의 유익을 취하지 않았다는 말이다.

9) **(재물을 신뢰함)** "만일 내가 내 소망을 금에다 두고 순금에게 너는 내 의뢰하는 바라 하였다면 만일 재물의 풍부함과 손으로 얻은 것이 많음으로 기뻐하였다면."(24, 25절) 나는 돈을 신뢰하거나 재산이 많다고 기뻐한 적이 없다.

10) **(우상 섬김)** "만일 해가 빛남과 달이 밝게 뜬 것을 보고 내 마음이 슬며시 유혹되어 내 손에 입맞추었다면 그것도 재판에 회부할 죄악이니 내가 그리하였으면 위에 계신 하나님을 속이는 것이리라."(26-28절) 하늘에 빛나는 태양이나 은빛 길을 걷는 달을 보고 은근히 마음이 끌려 손을 모아 그것들을 숭배해 본 적도 없다. 내가 만일 그런 짓을 했다면 하나님을 배반한 것이다.

'해' (*owr*, the sun)는 직역하면 '빛' 이다. 태양의 힘찬 빛은 세상을 다스리는 것으로, 달의 차고 기우는 것이나 달빛은 자연의 질서와 신비로 받아들여졌다. 고대 근동에서 해, 달, 별은 신앙의 대상이었지만 이스라엘 사람에게는 엄격히 금지되었다. '입맞춤' (*nashaq*, kiss)은 호의와 복종의 상징으로, 여기서는 우상숭배자들이 우상이나 천체 등 잡다한 대상들을 숭배한다는 표현이다.

11) **(원수의 파멸을 기뻐하고 저주함)** "내가 언제 나를 미워하는 자의 멸망을 기뻐하고 그가 재난을 당함으로 즐거워하였던가 실상은 나는 그가 죽기를 구하는 말로 그의 생명을 저주하여 내 입이 범죄하게 하지 아니하였노라." (29, 30절) 내 원수가 고통 받거나 재난을 당할 때 기뻐하지 않았다. 나는 결코 원수들이 죽기를 바라는 기도를 하여 죄를 범한 적이 없다.

12) **(나그네를 대접하지 아니함)** "내 장막 사람들은 주인의 고기에 배부르지 않은 자가 어디 있느뇨 하지 아니하였는가 실상은 나그네가 거리에서 자지 아니하도록 나는 행인에게 내 문을 열어 주었노라."(31, 32절) 내 집에서 일하는 사람은 모두 내가 언제나 나그네를 기꺼이 영접한다는 것을 잘 알고 있다. 나는 나그네가 길거리에서 잠자도록 내버려 둔 적이 없다. 길손에게 내 집 문을 기꺼이 열어 주지 않은 적도 없다.

13) **(죄를 숨김)** "내가 언제 다른 사람처럼 내 악행을 숨긴 일이 있거나 나의 죄악을 나의 품에 감추었으며 내가 언제 큰 무리와 여러 종족의 수모가 두려워서 대문 밖으로 나가지 못하고 잠잠하였던가."(33, 34절) 욥은 자신이 죄를 짓고 그 사실을 숨긴 적이 없다고 말한다.

"누구든지 나의 변명을 들어다오 나의 서명이 여기 있으니 전능자가 내게 대답하시기를 바라노라 나를 고발하는 자가 있다면 그에게 고소장을 쓰게 하라. 내가 그것을 어깨에 메기도 하고 왕관처럼 머리에 쓰기도 하리라. 내 걸음의 수효를 그에게 알리고 왕족처럼 그를 가까이 하였으리라."(35-37절) 욥은 지금까지 언급한 모든 죄로부터 결백함을 주장하며 자기에 대해 어떤 기소장이라도 들어오면 그것을 기꺼이 받을 것이며, 그것을 모두 공개해서 보게 하겠다고 말한다. 그만큼 자신이 결백하다는 것이다.

'어깨' (*shekem*, shoulder)는 짐을 메는 곳으로, 왕이나 통치자의 통치권,

권력 등을 소유하고 있다는 것을 나타낼 때 사용된다. '왕관' (*atarah*, crown, wreath, 면류관)은 명예, 부귀, 축복 등을 상징한다. 욥은 자신을 고발하는 소송장이 거짓으로 드러나 자신의 결백이 공공연하게 밝혀지기를 원한다. 이것은 자신의 '의의 옷, 공의 도포와 면류관' (욥 29:14)이 회복되는 것을 의미한다. '내 걸음' (*seaday*, my steps)은 지금까지 인생을 살아오면서 행했던 모든 일을 비유하는 말이다.

14) **(부당한 토지 점유)** "만일 내 밭이 나를 향하여 부르짖고 밭이랑이 함께 울었다면 만일 내가 값을 내지 않고 그 소출을 먹고 그 소유주가 생명을 잃게 하였다면 밀 대신에 가시나무가 나고 보리 대신에 독보리가 나는 것이 마땅하니라 하고 욥의 말이 그치니라."(38-40절) 내가 가꾼 땅이 훔친 것이라면, 땅 주인에게서 부당하게 빼앗은 것이라면, 땅에서 나는 소산을 공짜로 먹으면서 곡식을 기른 농부를 굶겨 죽였다면, 내 밭에서 밀 대신 찔레가 나거나 보리 대신 잡초가 돋아나더라도, 나는 기꺼이 받겠다.

성경에서 땅은 소유자의 영적, 도덕적 태도와 밀접하게 연관되어 있다. 땅은 불의를 규탄하고 복수를 호소하며 언약의 증인이 되기도 한다. 욥은 땅도 자신의 순전을 증언할 것이라 한다.

제32장

엘리후의 등장과 욥의 세 친구들에 대한 엘리후의 충고

1. 엘리후의 등장(1-5절)

"욥이 자신을 의인으로 여기므로 그 세 사람이 말을 그치니."(1절) 욥이 죄가 없음을 한 결 같이 주장하자 그의 친구 세 사람은 더 이상 대답을 하고 싶지 않아 말문을 닫았다.

"그러자 람 종족의 부스 사람 바라겔의 아들인 엘리후가 참다못해 화를 내고 나섰다. 이것은 욥이 하나님보다 자기를 더 의롭게 여기고 있기 때문이었다."(2절)

람(Ram) 종족(family, 집안)은 성경에서 유다 사람과 관련되어 나타난다. 룻기에는 다윗의 조상으로 소개되고 있다(룻 4:19). '람'을 '아람'으로 보아 시리아인과 동일시하기도 하지만 확실치 않다. '부스 사람'(the Buzite)은 아브라함의 조카 부스의 후예로 보인다(창 22:20-21). 부스는 아브라함의 형제인 나홀의 아들로 우스의 동생이다. 우스 땅의 이름은 부스의 형 우스의 이름을 따온 것 같다. '엘리후'(Elihu)는 '그는 나의 하나님이시다'라는 뜻으로, 그의 부친의 이름 '바라겔'(Barachel, 하나님이 축복하신다)과 함께 셈의 후예들이 가졌던 여호와 신앙의 뿌리를 엿볼 수 있게 한다.

엘리후가 화를 내는 것은, 욥의 세 친구가 욥에게 화를 냈고, 욥은 친구들과 하나님으로 인해 화를 낸 데 따른 것이다. 또한 욥은 하나님이 자신에게 진노하신다고 생각했다. 그러자 함께 있던 엘리후도 격분한다.

"또 세 친구에게 화를 냄은 그들이 능히 대답하지 못하면서도 욥을 정죄함이라."(3절) 엘리후는 욥의 세 친구들에게도 화를 냈는데, 이유는 그들이 욥의 말에 대답도 못하면서 욥을 죄인으로 단정했기 때문이다. 엘리후는 그들이 자기보다 나이가 많기 때문에 그들의 말이 끝날 때까지 기다렸었다(4절). 그러나 그는 그 세 사람이 더 이상 대답하지 못하는 것을 보고 화를 냈다(5절)

2. 욥의 세 친구들에 대한 엘리후의 충고(6-22절)

엘리후가 말했다. "나는 젊고 당신들은 나이가 많기 때문에 사실 내가 참고 지금까지 내 의견을 말하지 않았소. 나는 나이 많은 자가 말을 하고 지식을 가르쳐야 할 것이라고 생각했으나 사실 사람을 지혜롭게 하는 것(give him understanding, 사람에게 슬기를 주는 것)은 나이가 아니라 사람 안에 있는 영(*ruah*, a spirit) 곧 전능자의 숨결(*neshamah*, breath, 입김, 하나님의 성령)인 것 같소."(6-9절) 세월이 지남에 따라 풍부한 경험과 통찰력을 얻을 수 있기 때문에 연령의 노소가 지혜의 척도로 간주되었다. 그러나 엘리후는 지혜는 나이가 아니라 하나님에게서 오는 것이며 젊은 사람이라고 해서 반드시 지혜가 없는 것은 아니라고 주장한다.

"이제 내 말을 들어 보시오. 나도 내 의견을 말해 보겠소. 내가 지금까지 기다리면서 당신들이 하는 말에 귀를 기울여 보았으나 당신들 가운데는 욥의 말을 반박할 사람이 아무도 없소. 당신들은 '우리가 지혜를 깨달았다. 그를 이길 자는 사람이 아니라 하나님이시다!' 하고 말하지 마시오."(10-13절) 욥의 세 친구는 지혜를 발견했다고 주장할 수 없고, 욥과의 논쟁에서 실패했다는 말이다.

"욥 어른이 나에게 직접 말을 걸어온 것이 아니므로, 나는 세 분께서 말씀하신 것과는 다른 방식으로 욥 어른께 대답하겠습니다. 욥 어른께서는 들으십시오. 세 분 친구가 놀라서 말을 하지 못합니다. 그분들은 어른께 아무런 대답도 하지 못합니다."(14, 15절) 엘리후 자신은 욥의 세 친구와는 다른 방법으로 말씀드리겠다는 말이다.

"당신들이 말없이 가만히 서서 다시 대답하지 아니한즉 내가 어찌 더 기다리랴 나는 내 본분대로 대답하고 나도 내 의견을 보이리라."(16, 17절) 더 이상 보고만 있을 수 없어 나도 내 생각을 한번 말해 봐야겠다는 것이다.

"내 속에는 말이 가득하니 내 영이 나를 압박함이니라."(18절) 내게도 할 말이 많은데 더 이상 참을 수 없다. 더 이상 기다릴 수 없고, 말을 참을 수도 없는 지경에 이르렀다는 말이다.

"보라 내 배는 봉한 포도주통(unvented wine) 같고 터지게 된 새 가죽 부대(new wineskin) 같구나."(19절) 말할 기회를 얻지 못하면 엘리후의 가슴은 마치 새 술 부대가 금방이라도 터질 것처럼 잔뜩 부풀어 있다는 말이다.

'가죽 부대' (wineskin)는 대체로 포도주를 담는 부대로, 염소나 양의 가죽으로 만든다. 포도주가 발효될 때 발생하는 가스를 배출하기 위해 이 부대의 주둥이를 열어둔다. 새 포도주는 반드시 새 가죽 부대에 넣어야 한다. 오래된 가죽 부대는 탄력성이 적어 가스의 압력에 견디지 못하기 때문이다. 예수님도 '새 포도주는 새 부대에 넣어야 한다.' 고 하셨다(마 9:17).

"내가 말을 하여야 시원할 것이라 내 입을 열어 대답하리라."(20절) 더 이상 참을 수 없어 말을 해야겠다는 말이다.

"나는 결코 사람의 낯을 보지 아니하며 사람에게 영광을 돌리지 아니하리니 이는 아첨할 줄을 알지 못함이라 만일 그리하면 나를 지으신 이가 속히 나를 데려가시리로다."(21, 22절) 이 논쟁에서 자기는 어느 편을 들 생각은 없고, 누구에게 듣기 좋은 말로 아첨할 생각도 전혀 없음을 밝히고 있다. 자신은 본래 아첨할 줄 모르는 사람이지만 만일 그렇게 할 경우 하나님이 즉시 자신을 데려가실까 두려워 그리 할 수도 없다고 한다. 사람을 두려워하지는 않지만 하나님은 두려워한다는 말이다.

제33장

욥에 대한 엘리후의 책망, 하나님의 징계에는 뜻이 있음

1. 욥에 대한 엘리후의 책망(1-12절)

"그런즉 욥이여 내 말을 들으며 내 모든 말에 귀를 기울이기를 원하노라."(1절) 자기의 말에 경청해주기를 촉구하고 있다. "내가 입을 여니 내 혀가 입에서 말하는구나."(2절) '말하다' (*dibberah*, speak)는 '정돈되다' 는 뜻으로, 엘리후가 입을 열자 잘 정돈되어 조리 있는 말이 거침없이 나온다는 말이다.

"내 마음의 정직함이 곧 내 말이며 내 입술이 아는 바가 진실을 말하느니라."(3절) 내가 아는 것을 정직하고 진실하게 말하겠다. "하나님의 영이 나를 지으셨고 전능자의 기운이 나를 살리시느니라."(4절) 하나님의 영이 나를 만드시고, 전능하신 분의 입김이 내게 생명을 주셨다.

"그대가 할 수 있거든 일어서서 내게 대답하고 내 앞에 진술하라."(5절) 내 말에 대답할 수 있으면 준비했다가 나에게 대답하고 반박하기 바란다.

"나와 그대가 하나님 앞에서 동일하니 나도 흙으로 지으심을 입었은즉 내 위엄으로는 그대를 두렵게 하지 못하고 내 손으로는 그대를 누르지 못하느니라."(6, 7절) 하나님 앞에서는 너와 내가 마찬가지이다. 우리는 모두 흙으로 창조된 똑같은 인간이라는 말이다. 그러므로 너는 나를 두려워할 이유가 없고, 나는 너를 억누르지 않을 것이다.

"나는 네가 계속 이렇게 말하는 것을 들었다. '나는 깨끗하며 죄가 없고 허물도 없으며 잘못한 것이 아무것도 없다. 그런데도 하나님은 나를 칠 구실을 찾고 나를 원수처럼 대하시며 내 발에 쇠고랑을 채우시고 나의 모든 행동을 일일이 감시하신다.' 는 것이다."(8-11절)

"내가 그대에게 대답하리라 이 말에 그대가 의롭지 못하니 하나님은 사람보다 크심이니라."(12절) 그러나 내가 너에게 말하고 싶은 것은 네가 그런 식으로 하나님께 말하는 그 자체가 잘못되었다는 것이다. 하나님은 사람보다 더 위대하신 분이시다. 욥의 접근방식이 잘못되었다는 말이다.

2. 하나님의 징계에는 뜻이 있다(13-33절)

"하나님이 사람의 말에 대답하지 않는다고 어찌 하나님과 논쟁(불평)하겠느냐."(13절) 욥이 하는 모든 불평에 대해 하나님이 일일이 대답을 하지 않으신다고 해서 어찌 하나님께 원망을 할 수 있느냐는 말이다.

"하나님은 한 번 말씀하시고 다시 말씀하시되 사람은 관심이 없도다."(14절) 하나님이 여러 가지 방법으로 계속 말씀하셔도, 사람은 그 말씀에 주의를 기울이지 못할 뿐이다.

"하나님은 사람이 침상에서 졸며 깊이 잠들 때에도 꿈과 환상 가운데서 말씀하시며 그들의 귀를 열어 그 말씀을 듣게 하시고 경고하여 그들을 두렵게(놀라게) 하신다."(15, 16절)

"이는 사람에게 그의 행실을 버리게 하려 하심이며 사람의 교만을 막으려 하심이라."(17절) 하나님이 이렇게 하시는 것은 사람을 잘못 된데서 돌이키시고 그들이 교만하지 않게 하기 위해서이다. '행실' (*maaseh*, deed)은 마음의 의도뿐 아니라 그것이 실제로 옮겨진 것까지를 포함한다. 즉 하나님으로부터 떠나게 하고, 사람으로 하여금 범죄와 악을 행하게 하는 악한 도모를 말한다.

“그는 사람의 혼을 구덩이에 빠지지 않게 하시며 그 생명을 칼에 맞아 멸망하지 않게 하시느니라.” (18절) 하나님은 사람이 멸망하도록 버려두지 않으시고 그 생명을 죽음에서 구해 내신다.

“혹은 사람이 병상의 고통과 뼈가 늘 쑤심의 징계를 받나니.” (19절) 또 하나님은 사람을 깨우치기 위해서 그에게 질병과 고통을 주시는 때도 있다. “그의 생명은 음식을 싫어하고 그의 마음은 별미를 싫어하며” (20절) 이럴 경우 사람은 입맛을 잃어 아무리 맛있는 음식이라도 쳐다보기가 싫어진다, “그의 살은 파리하여 보이지 아니하고 보이지 않던 뼈가 드러나서 그의 마음은 구덩이에, 그의 생명은 멸하는 자에게 가까워지느니라.” (21, 22절) 그의 몸은 점점 쇠약해져서 뼈와 가죽만 남게 되고 결국 그는 죽음 직전에 이르게 된다.

‘구덩이’ (*shachat*, pit)는 ‘멸망하다’ 에서 유래하여 ‘무덤’, ‘음부’ 를 의미한다. 상징적으로 지하의 죽음의 세계 또는 죽음 자체를 가리키기도 한다. ‘멸하는 자’ (*lammitim*, executioners)는 직역하면 ‘사형집행자들’ 이다. 고통받는 사람들을 혹독한 방법으로 파멸시키는 세력을 의미한다.

“만일 일천 천사 가운데 하나가 그 사람의 중보자로 함께 있어서 그의 정당함을 보일진대.” (23절) 만일 이때 하나님의 수많은 천사 중 하나가 그를 돕기 위해 그 사람의 중재자(변호인)로 나타나서 그에게 옳은 길(사람이 마땅히 해야 할 일)을 보여 준다면(상기시킨다면) “하나님이 그 사람을 불쌍히 여기사 그를 건져서 구덩이에 내려가지 않게 하라 내가 대속물을 얻었다 하시리라.” (24절) 하나님이 그를 불쌍히 여겨 천사에게 “그를 살려 주어라. 그를 죽게 해서는 안 된다. 내가 그의 몸값을 찾았다.” 하고 말씀하실 것이다.

‘대속물’ (*koper*, ransom)은 속죄하기 위해 바치는 돈(속전, 몸값)이나 물건(희생제물), 어떤 사람을 위험에서 건지기 위해 쓰이는 것들을 의미한다. 그리스도의 희생에는 대속의 의미가 담겨있다. 본문에서는 고난 받는 사람이 과

거에 행한 의로운 행동, 고난 받는 사람이 회개하는 것, 고난 받는 사람을 위한 변호인의 변론 등을 의미하는 것으로 보인다.

"그런즉 그의 살이 청년보다 부드러워지며 젊음을 회복하리라."(25절) 그러면 그의 몸이 젊은 시절과 마찬가지로 다시 회복될 것이다. "그는 하나님께 기도하므로 하나님이 은혜를 베푸사 그로 말미암아 기뻐 외치며 하나님의 얼굴을 보게 하시고 사람에게 그의 공의를 회복시키시느니라."(26절) 그가 하나님에 기도하면 하나님은 그의 기도를 듣고 그를 기쁘게 받아들일 것이며 그는 또 기쁨으로 하나님을 뵈올 수 있고 하나님도 그와의 의로운 관계를 회복시킬 것이다. 하나님의 얼굴은 예배하는 이에게는 빛과 생명을 의미한다. 하나님의 얼굴을 보는 것은 하나님 앞에 나아가 그분의 호의를 경험하는 것을 의미한다. 그러나 죄인이 하나님의 얼굴을 보는 것은 위험하며, 심지어는 죽음을 당하게 된다.

"그가 사람 앞에서 노래하여 이르기를 내가 범죄하여 옳은 것을 그르쳤으나(옳고 그름을 서로 바꾸려 하였으나) 내게 무익하였구나(하나님이 나를 용서하여 주셔서 아무 소용이 없다.) 하나님이 내 영혼을 건지사 구덩이(무덤)에 내려가지 않게 하셨으니 내 생명이 빛을 보겠구나 하리라."(27, 28절) 그러면 그는 사람들에게 말하게 될 것이다. "내가 범죄하였으나 하나님은 나를 살려 주셨다. 그가 나를 죽지 않게 하셨으므로 내가 다시 살아 빛을 보게 되었구나."

"실로 하나님이 사람에게 이 모든 일을 재삼 행하심은 그들의 영혼을 구덩이에서 이끌어 생명의 빛을 그들에게 비추려 하심이니라."(29, 30절) 하나님이 사람에게 이런 일을 두 번 세 번 거듭 되풀이하시는 이유는 그 영혼을 구원하여 그를 생명의 빛 가운데서 살게 하기 위해서이다. '재삼'은 거듭 되풀이하는 것을 말한다. 여기서는 하나님의 계시를 전달하는 세 가지 수단, 곧 꿈, 질병, 천사를 가리키는 것으로 보인다(13-24절). 빛은 생명의 원천이다. 빛을 본다는 것은 '살아있다', '태어나다'와 같은 말이다. 그러므로 '생명의 빛'은 삶의 즐거움을 가리킨다.

"욥이여 내 말을 귀담아 들으라 잠잠하라 내가 말하리라. 만일 할 말이 있거든 대답하라 내가 기쁜 마음으로 그대를 의롭다 하리니(나는 너의 의로운 점을 인정해 주고 싶다) 그대는 말하라. 만일 없으면 내 말을 들으라 잠잠하라 내가 지혜로 그대를 가르치리라."(31-33절)

제 34 장

욥이 깨닫지 못함을 책망함, 하나님의 공의는 틀림없음, 징계는 달게 받아야 함

1. 욥이 깨닫지 못함을 책망함(1-9절)

엘리후는 다시 말을 이었다. "지혜 있는 자들아, 내 말을 들으시오. 지식 있는 자들이여, 내 말에 귀를 기울이시오."(1, 2절)

"입이 음식물의 맛을 분별함 같이 귀가 말을 분별하나니."(3절) 좋은 음식은 맛을 보면 알듯이 지혜 있는 말도 들어 보면 안다. '분별하다' (*tibhan*, test)는 '검사하다', '시험하다' 이다. 자세히 검토한 후에 말의 진위 여부를 가려 판별하는 것을 말한다. "우리가 정의를 가려내고 무엇이 선한가 우리끼리 알아보자."(4절) '정의' (*mispat*, justice)는 법적으로 정당한 것을 말한다. '선한 것' (*towb*, good)은 도덕적으로 건전한 것을 말한다.

"욥이 이런 말을 했다. '내가 의로우나 하나님이 내 의를 부인하셨고(나는 죄가 없으나 하나님은 그것을 인정하지 않으신다) 내가 정당함에도 거짓말쟁이라 하였고(내가 잘못이 없는데도 거짓말쟁이처럼 되었고) 나는 허물이 없으나 화살로 상처를 입었노라(내가 죄도 짓지 않았는데 내 상처는 낫지 않는구나)"(5, 6절) '거짓말' (*kazab*, lie, be liar)은 인간의 참된 본성, 이웃과의 교제, 하나님과의 교제 등을 거스르는 영적 왜곡을 뜻한다. 하지만 보다 중요한 의미는 하나님의 구원의 진리를 대적하는 말이라는 데 있다.

"어떤 사람이 욥과 같으랴 욥이 비방하기를 물마시듯 하며 악한 일을 하는 자들과 한패가 되어 악인과 함께 다니면서 이르기를 사람이 하나님을 기뻐하나 무익하다 하는구나."(7-9절) 여러분은 이 욥과 같은 자를 본 일이 있는가? 욥은 비웃는 일을 물마시듯 하고 있다. 그는 악한 자들과 사귀며 그들과 함께 다니고 있을 뿐만 아니라 사람이 하나님을 기쁘게 해드린다 해도, 아무 소용이 없다(덕 볼 것은 하나도 없다)고 말한다.

2. 하나님의 공의는 틀림없다(10-30절)

"그러므로 너희 총명한 자들아 내 말을 들으라 하나님은 악을 행하지 아니하시며 전능자는 결코 불의를 행하지 아니하시고"(10절) "사람의 행위를 따라 갚으사 각각 그의 행위대로 받게 하시나니."(11절) 하나님은 사람이 행한 대로 갚아 주시는 분이시다. "진실로 하나님은 악을 행하지 아니하시며 전능자는 공의를 굽히지 아니하시느니라."(12절) 하나님은 악한 일이나 정의를 그르치는 일은 하지 않으신다.

"누가 땅을 그에게 맡겼느냐 누가 온 세상을 그에게 맡겼느냐."(13절) 누가 하나님에게 땅을 다스리는 권세를 주기라도 했고, 온 세계를 그에게 맡기기라도 했는가. 그는 천지의 주재시라는 말이다. "그가 만일 뜻을 정하시고 그의 영과 목숨을 거두실진대 모든 육체가 다 함께 죽으며 사람은 흙으로 돌아가리라."(14, 15절) 만일 하나님이 그의 영과 숨을 거두어 가신다면 모든 생명체는 사라질 것이며 사람은 다시 흙으로 돌아갈 것이다. '영' (*ruah*, spirit)과 '목숨' (*neshamah*, breath)은 '영과 호흡' 이다. 하나님께서 사람을 만드실 때 불어넣어주신 당신의 영과 생명력(호흡)을 가리킨다. 인간 안에 있는 하나님의 호흡은 인간의 정신과 마음을 나타낸다. 그것을 거두는 것은 인간의 파멸을 의미한다.

“만일 네가 총명이 있거든 이것을 들으며 내 말소리에 귀를 기울이라. 정의를 미워하시는 이시라면 어찌 그대를 다스리시겠느냐 의롭고 전능하신 이를 그대가 정죄하겠느냐.”(16, 17절) 지혜 있는 사람들이라면 이제 내 말을 들으시오. 만일 하나님이 정의를 미워하는 분이시라면 어떻게 다스릴 수 있겠는가? 의롭고 전능하신 분을 어떻게 죄인으로 단정할 수 있겠는가? ‘다스리다’(*chabash*, govern)는 ‘안장을 지우다’, ‘치료하다’, ‘붕대를 감다’ 등을 의미한다. 이것은, 하나님의 통치는 군림이 아니라 구원과 치유를 가져다주는 것임을 보여준다.

“그는 왕에게라도 무용지물이라(무가치하다) 하시며 지도자들에게라도 악하다 하시며.”(18절) 하나님은 왕과 귀족들이라도 악하고 무가치하다고 말씀하시는 분이시다. ‘무용지물’(*beliyaal*, worthless)은 무가치한 사람이나 행위를 의미한다. 여러 천한 행위, 곧 탐심, 위증죄 등의 악행을 가리킨다. “고관을 외모로 대하지 아니하시며 가난한 자들 앞에서 부자의 낯을 세워주지 아니하시나니 이는 그들이 다 그의 손으로 지으신 바가 됨이라.”(19절) 하나님은 왕족이라고 해서 더 많은 관심을 가지시거나 부자라고 해서 가난한 자보다 더 낫게 여기시지 않는다. 그들은 다 그의 손으로 만든 피조물이기 때문이다. 하나님은 외면보다 내면을 중시하시며, 겉으로 드러난 제사보다 내적으로 순종하는 마음을 귀하게 보신다. 따라서 사람을 외모로 판단하고 대우하는 것은 죄로 간주된다(약 2:9).

“그들은 한밤중에 순식간에 죽나니 백성은 떨며 사라지고 세력 있는 자도 사람의 손을 빌리지 않고 제거함을 당하느니라.”(20절) 사람은 밤중에 갑자기 죽을 수도 있다. 사람의 손 하나 대지 않아도 권세 있는 자가 순식간에 죽어 사라진다. ‘사람의 손을 빌리지 않고’는 인간적인 수단을 동원하지 않는 것을 말한다.

"그는 사람의 길을 주목하시며 사람의 모든 걸음을 감찰하시나니."(21절) 하나님은 모든 사람의 행동을 세심히 지켜보고 계신다. '감찰하다' (*raah*, see)는 '가까이 있다', '주의를 기울이다' 는 뜻이다. "행악자는 숨을 만한 흑암이나 사망의 그늘이 없느니라."(22절) 악을 행하는 자가 숨을 곳은 없다.

"하나님은 사람을 심판하시는 데 오래 생각하실 필요가 없는 분이시다. 그는 조사할 것도 없이 세력 있는 자를 꺾고 그 자리에 다른 사람을 앉히기도 한다. 그러므로 하나님은 사람들이 행하는 것을 다 아시기 때문에 그들을 하룻밤 사이에 뒤엎어 흩으신다(파멸시킨다)."(23-25절) '밤사이에' (*laylah*, in the night)는 '그 밤에' 라는 뜻이다. 하나님의 심판이 단 하루 만에 이루어지는 것을 말한다.

"그들을 악한 자로 여겨 사람의 눈앞에서 치심은."(26절) 하나님은 사람들이 보는 곳에서 악인들을 처벌하신다. '치심' (*sepaq*, strike)은 문자적으로 '분노하여 손뼉을 치다', '슬픔의 표시로 신체 일부분을 치다' 등을 의미한다. "그들이 그를 떠나고 그의 모든 길을 깨달아 알지 못함이라."(27절) 그들이 하나님이 지시하시는 어느 길로도 가지 않기 때문이다. 하나님을 떠나고 그의 모든 명령을 무시하였기 때문이다.

"그들이 이와 같이 하여 가난한 자의 부르짖음이 그에게 상달하게 하며 빈궁한 사람의 부르짖음이 그에게 들리게 하느니라."(28절) 그들이 가난한 자들을 억울하게 하여 하나님께 부르짖지 않을 수 없도록 하였기 때문에 하나님은 그 고통당하는 자들의 부르짖음을 들으셨다. '상달' 은 윗사람에게 말이나 글로 여쭈어 알려드리는 것을 말한다.

"주께서 침묵하신다고 누가 그를 정죄하며 그가 얼굴을 가리신다면 누가 그를 뵈올 수 있으랴 그는 민족에게나 인류에게나 동일하시니 이는 경건하지 못한 자가 권세를 잡아 백성을 옭아매지 못하게 하려 하심이니라."(29, 30절)

하나님이 침묵을 지키신다고 해서 누가 감히 그를 비난할 수 있겠는가? 또 하나님이 그의 얼굴을 가리시면 누가 그를 볼 수 있겠는가? 그가 사람이나 나라를 다 같이 살피시는 것은 권력자가 정권을 잡아 백성을 괴롭히지 못하게 하기 위해서이다.

3. 징계는 달게 받아야 한다(31-37절)

"그대가 하나님께 아뢰기를 내가 죄를 지었사오니 다시는 범죄하지 아니하겠나이다 내가 깨닫지 못하는 것을 내게 가르치소서 내가 악을 행하였으나 다시는 아니하겠나이다 하였는가."(31, 32절) 욥, 너는 하나님께 이런 말을 하였다. "내가 징계를 받았으니 다시는 죄를 짖지 않겠습니다. 내가 깨닫지 못하는 것을 가르쳐 주소서. 만일 내가 잘못한 것이 있으면 다시는 그렇게 하지 않겠습니다."

"하나님께서 그대가 거절한다고 하여 그대의 뜻대로 속전을 치르시겠느냐 그러면 그대가 스스로 택할 것이요 내가 할 것이 아니니 그대는 아는 대로 말하라."(33절) 네가 하나님의 형벌을 거절한다고 해서 하나님이 네 조건대로 하시겠느냐? (너는 하나님이 하시는 것을 반대하면서도, 네가 원하는 것을 하나님이 해주실 것이라고 기대하는가?) 이것은 어디까지나 네가 대답할 문제이다. 내가 할 일이 아니다. 하지만 지금 생각하고 있는 것을 나에게 말해주기 바란다.

"슬기로운 자와 내 말을 듣는 지혜 있는 사람은 반드시 내게 말하기를 욥이 무식하게 말하니 그의 말이 지혜롭지 못하도다 하리라."(34, 35절) 조금이라도 식별력이 있고 지혜가 있는 사람이라면 네가 하는 말을 듣고 '욥의 말은 무식하고 지혜가 없다.' 할 것이다.

"나는 욥이 끝까지 시험 받기를 원하노니 이는 그 대답이 악인과 같음이라."(36절) 네가 하나님께 말하는 태도가 악한 자와 같으므로(네가 말하는 것이 악한 자와 같다) 끝까지 시련을 겪어야 하겠다.

"그가 그의 죄에 반역을 더하며 우리와 어울려 손뼉을 치며 하나님을 거역하는 말을 많이 하는구나."(37절) 이것은 네가 이미 지은 죄에 거역하는 죄까지 더하여 우리 앞에서 손뼉을 치며 하나님을 비웃고 있기 때문이다. '손뼉을 치는' (*saphaq*, clap, slap) 행위는 때로 기쁨의 표현으로 사용되기도 하지만 여기서는 조롱하는 태도를 가리킨다.

제 35 장

하나님은 헛된 부르짖음을 듣지 아니하신다

엘리후가 말을 계속하였다.

"그대(욥)는 '하나님께서도 나를 옳다고 하실 것이다' 말하고, 또 하나님께 '내가 죄를 짓는다고 하여, 그것이 하나님께 무슨 영향이라도 미칩니까? 또 제가 죄를 짓지 않는다고 하여, 내가 얻는 이익이 무엇입니까?' 하고 묻는데, 그것도 옳지 못하다. 내가 너와 네 친구들에게 대답해 주겠다." (1-4절)

'대답하다' (*shub*, answer, return)는 문자적으로 '상기하다', '돌이키다' 는 뜻이다. 대화를 통해 설득할 뿐 아니라 잘못된 길에서 돌이키게 하겠다는 말이다.

"그대는 하늘을 우러러보라 그대보다 높이 뜬 구름을 바라보라." (5절) 너는 하늘(*shamayim*, heaven, sky)을 우러러보고 네 위에 높이 걸려 있는 구름을 바라보아라.

"그대가 범죄한다고 하나님께 무슨 영향이 있겠으며(하나님이 무슨 해를 입겠는가?) 그대의 악행이 가득한들(네 죄가 많다한들) 하나님께 무슨 상관이 있겠으며(그것이 하나님께 무슨 영향을 미치겠는가?) 네가 의롭다고 해서 그것이 하나님께 무슨 유익을 줄 수 있겠는가? 그가 그대의 손에서 무엇을 받으시겠는가. (하나님이 너에게서 필요로 하는 것은 아무것도 없다.)" (6, 7절)

"그대의 악은 그대와 같은 사람에게나 있는 것이요 그대의 공의는 어떤 인생에게도 있느니라." (8절) 네가 죄를 지었다 해도 해를 입을 자는 너와 같은 사람뿐이며, 네가 의로운 일을 했다 해도 그것으로 유익을 얻을 자도 사람뿐이다. 인간의 선하고 악함이 인간사를 초월해 계시는 하나님께는 아무런 이익이나 해악이 될 수 없다.

"사람은 학대가 많으므로 부르짖으며 군주들의 힘에 눌려 소리치나." (9절) 사람들은 학대를 받으면 부르짖고 누가 와서 도와주기를 호소한다. '학대'는 심한 해를 끼치거나 압제하는 것을 말한다. 주로 사회경제적인 측면에서의 압박을 가리킨다.

"그러나 밤중에도 노래를 주시며 땅의 짐승보다 우리에게 더 많은 것을 가르치시고 공중의 새보다 우리를 더 지혜롭게 하시는 나의 창조주 하나님이 어디 계신가?' 하고 말하는 자는 하나도 없구나." (10, 11절) 엘리후는 하나님을 '밤에 노래를 주시는 자' (My maker who gives songs in the night), '우리를 가르치시고 더 지혜롭게 하시는 이' (who teaches and makes us wiser)라 하였다. 하나님은 우리로 하여금 근심과 걱정으로 밤을 지새우는 것이 아니라 찬송으로 고난을 극복하며 하나님의 구원을 기대하게 하신다. 또한 하나님은 인간에게 지혜를 주시기 위해 땅의 짐승이나 하늘의 새에게 하시는 것과는 비교가 되지 않을 정도로 열정을 보이신다. 그러나 인간은 하나님이 이런 분이심을 깨닫지 못할 뿐 아니라 그 하나님께 돌아가지도 않는다. 인간은 그만큼 우둔하며 감사할 줄 모른다.

"사람들이 부르짖을 때 하나님이 듣지 않으시는 것은 그들이 교만하고 악하기 때문이다. 전능하신 하나님은 그들의 헛된 부르짖음이 귀를 기울이시지도 않고 듣지도 않으신다." (12, 13절) 기도가 응답되지 않는 데는 죄악, 정욕, 불순종, 무자비함, 교만 등 다 원인이 있다.

"그런데 하나님은 볼 수 없고 일의 판단하심(네 문제)는 그분 앞에 있으니 기다릴 수밖에 없다고 말하는 너에게 하나님이 어떻게 응답하시겠느냐? 너는 하나님이 진노하심으로 벌을 주시지 않으며 악행(죄)에 대해서도 끝까지 살피지 않으신다(별로 관심을 갖지 않으신다)고 생각하고 있다."(14, 15절) '진노' (*appow*, anger)는 문자적으로 '코' 다. 고대 히브리인들은 코를 분노의 자리로 생각했기 때문에 생겨난 표현이다. 분노의 격렬함을 나타낼 때 사용된다.

"욥이 헛되이 입을 열어 지식 없는 말을 많이 하는구나."(16절) 그래서 네가 입을 열어 헛된 말을 많이 지껄이지만 너는 네가 하는 말도 깨닫지 못하고 있다.

제36장

곤고한 자를 돌아보시는 하나님, 하나님이 하신 일을 찬양하라

1. 곤고한 자를 돌아보시는 하나님(1-21절)

엘리후는 다시 말을 이었다. "그대는 좀 더 참고 내 말을 들어라. 내가 말하는 참뜻을 보여 주겠다. 나는 아직도 하나님을 위해서(대신하여) 할 말이 있다." (1, 2절)

"내가 먼 데서 지식을 얻고 나를 지으신 이에게 의를 돌려보내리라." (3절) 나는 내가 가진 지혜를 모두 다 짜내서라도 나를 지으신 하나님이 것을 밝히겠다. '먼 데서(from afar) 지식을 얻고' 는 광범위하게 습득한 내 지식을 총동원하겠다는 말이다.

"진실로 내 말은 거짓이 아니라 온전한 지식을 가진 이가 그대와 함께 있느니라." (4절) 내가 하는 말에는 하나도 거짓이 없다. 참으로 지혜 있는 사람(건전한 지식을 가진 사람)이 너와 더불어 말하고 있다(네 눈앞에 있다). '온전한 지식을 가진 이' (one who is perfect in knowledge)는 문자적으로 '지식에 있어서 완전한 자' 이다. 엘리후 자신을 가리키는 것으로, 그의 교만함을 보여준다.

"하나님은 능하시나 아무도 멸시하지 아니하시며 그의 지혜가 무궁하사." (5절) 하나님은 전능하시지만 아무도 멸시하지 않으신다. 그분은 모르는 것이 아무것도 없다 '멸시하다' (*yimas*, despise)는 '내쫓다', '거절하다' 라는 뜻이다.

“그는 악인이 살려두지 아니하시며(그대로 살아가도록 내버려 두지 않으시고) 가난한 자를 언제나 정당하게 대우하시며 그의 눈을 의인에게서 떼지 아니하시고(의롭게 사는 자들을 보호하시고) 그들을 왕들과 함께 왕좌에 앉히사(왕과 같이 높여) 영원히 존귀하게 하신다.”(6, 7절)

“사람들이 족쇄(고통의 사슬)과 환난의 줄에 매이면 하나님은 그들이 교만하게 행한 일과 그들의 잘못을 알게 하시고(보여 주시고) 그들에게 경고의 말씀을 듣게 하여 죄악에서 돌아서게 하신다.”(8-10절)

“만일 그들이 하나님께 순종하고 그를 섬기면 형통한 날을 보내며 즐거운 해를 지낼 것(그들의 여생을 행복하고 즐겁게 보낼 수 있을 것)이며 만일 그들이 순종하지 않으면 그들은 칼날에 망하고 지식 없이(무지 가운데서) 죽을 것이다.”(11, 12절)

“경건치 않은 자들은 하나님께 벌을 받아도 마음에 분노를 품고 하나님께 도와 달라고 부르짖지 않는다. 그들은 남창처럼 방탕하게 살다가 젊은 나이에 죽고 만다.”(13, 14절) ‘남창’(*qedesim*, male cult prostitutes)은 문자적으로는 ‘거룩한 구별’, ‘헌신된 사람들’이다. 고대 메소포타미아에서, 이들은 우상숭배에 바쳐진 남자들로, 신전에서 동성애(남색)를 가졌다. 종교적 매음행위를 예배행위로 삼은 것이다. 하나님은 이 죄를 가장 가증스럽게 여기셨다. 율법에서는 사형에 해당하는 범죄이다.

“그러나 하나님은 곤고한 자(고통당하는 자)를 구하시고 그가 학대당할 즈음에(고통 중에 있을 때) 그의 귀를 여신다(그 사람의 귀를 열어서 경고를 듣게 하신다.)”(15절)

“그러므로 하나님이 그대를 환난에서 이끌어 내사 좁지 않고 넉넉한 곳으로 옮기려 하셨은즉 무릇 그대의 상에는 기름진 것이 놓이리라.”(16절) 개역개정은 미래형으로 해석했으나 원문은 과거형으로 되어 있다. 하나님이 너를 위험한 가운데서 이끌어내어 안전하게 살게 하셨으므로 네 상에는 언제나 기름진 음식이 떨어지지 않았다. 하나님은 욥을 보호하셔서 고통을 받지 않게 하셨다. 평안을 누리면서 살게 하시고, 식탁에는 언제나 기름진 것으로 가득 차려 주셨다. '좁지 않고 넉넉한 곳' (a broad place no restraint/no straitness)은 문자적으로 '굽지 않고 넓은 장소' 이다. 풍성한 재산과 희망찬 미래를 상징한다. '기름진 것' (*dasen*, richness)은 가축 중에서 가장 탐스럽고 깨끗한 것을 뜻한다. 하나님께 드리는 제물로 주로 사용된다.

"이제는 악인의 받을 벌이 그대에게 가득하였고 심판과 정의가 그대를 잡았나니."(17절) 그러나 이제는 네가 마땅히 받아야 할 벌을 받고 있다. 심판과 벌을 면할 길이 없게 되었다.

엘리후는 하나님이 욥에게 정당하게 행하셔서 욥의 숨겨진 불의가 드러날 것으로 보았다. 그는 욥이 하나님과의 논쟁에서 얻을 유익이 전혀 없고, 하나님의 공의만 드러나리라 생각한 것이다.

"그대는 분노하지 않도록 조심하며 많은 뇌물이 그대를 그릇된 길로 가게 할까 조심하라."(18절) 너는 다른 사람에게 화를 내다가 하나님을 조소하는 일이 없도록 조심하라. 네가 고통을 당한다고 해서 너를 구원하실 분을 대적하지 말라는 말이다. 또한 뇌물을 바쳐서 용서받을 생각은 아예 하지 말라. 그렇다고 용서받는 것은 아니기 때문이다.

"그대의 부르짖음이나 그대의 능력(돈과 권력)이 어찌 능히 그대가 곤고한 가운데에서 그대를 유익하게 하겠느냐."(19절) 너의 부나 세력이 고통당하는 너에게 유익을 줄 수 있다고 생각하느냐? 재산이 많다고 하여 속죄 받을 수 없고, 돈과 권력으로도 속죄를 받지 못한다.

"그대는 밤을 사모하지 말라 인생들이 밤에 그들이 있는 곳에서 끌려가리라."(20절) 너는 사람을 그 있던 곳에서 끌어가는 밤을 사모하지 말라. 고난을 벗어나기 위한 방편으로 죽음을 바라지 말라는 것이다. 죽는다고 해서 이 형벌에서 벗어나는 것이 아니기 때문이다. 또한 밤에 나가 죄를 저지르는 것으로 해석하기도 하는데, 이 경우 죄를 저지르는 밤을 갈망하지 말라는 것으로 해석한다.

"삼가 악으로 치우치지 말라 그대가 환난보다 이것을 택하였느니라."(21절) 너는 악한 마음을 품지 않도록 조심하라. 네가 환난(고난)보다 악을 더 좋아하고 있다. 욥이 겪는 환난은 그가 악을 행하도록 하려는 것이 아니라 악으로부터 떠나게 하려는 것이다. 그러므로 악한 마음을 품지 말고 마음을 굳게 잡아 교만함과 성급함 때문에 하나님을 비난하는 죄를 짓지 말라는 것이다.

2. 하나님이 하신 일을 찬양하라(22-33절)

"하나님은 그의 권능으로 높이 계시나니 누가 그같이 교훈을 베풀겠느냐." (22절) 하나님의 능력이 얼마나 위대한지 보아라. 누가 그분처럼 가르칠 수 있겠는가. "누가 그를 위하여 그의 길을 정하였느냐 누가 말하기를 주께서 불의를 행하셨나이다 할 수 있으랴."(23절) 그의 길을 결정해 줄 자(하나님께 이래라 저래라 할 사람)가 어디 있으며 그가 행하시는 일이 잘못되었다고 꾸짖을 자가 누구인가?

"그대는 하나님께서 하신 일을 기억하고 높이라 잊지 말지니라 인생이 그의 일을 찬송하였느니라."(24절) 하나님이 하시는 일은 언제나 찬양을 받았다. 그러므로 너도 하나님이 하신 일을 찬양하라. "그의 일을 모든 사람이 우러러 보나니 먼 데서도 보느니라."(25절) 모든 사람은 하나님이 하시는 일을 보지만 다 멀리서 바라볼 뿐이다.

"하나님은 너무 위대하시기 때문에 우리 지식으로는 그를 알 수 없고 그의 연수가 얼마인지 헤아릴 수도 없다."(26절) "그가 물방울을 가늘게 하시며 빗방울이 증발하여 안개가 되게 하시도다 그것이 구름에서 내려 많은 사람에게 쏟아지느니라."(27, 28절) 하나님은 물을 증발시켜서 끌어올리시어 빗방울을 만들고, 그것을 구름 속에 싸 두었다가 사람들에게 비로 내려 주신다.

"겹겹이 쌓인 구름과 그의 장막의 우렛소리를 누가 능히 깨달으랴."(29절) 하나님이 어떻게 구름을 펼치시며 천둥소리가 나게 하시는지 누가 알겠느냐. '겹겹이 쌓인 구름' (the spreading of the clouds, NASB, cloud patterns, ISV)은 비가 내리기 전 비구름이 일어난 기상상태를 말한다. "보라 그가 번갯불을 자기의 사면에 펼치시며(온 하늘에 보내시며) 바다 밑까지 비치신다."(30절) 바다 밑까지 '비치신다' (*kissah*, cover)를 하나님께서 바다 밑까지 '가리신다' 로 번역하기도 하며, 바다의 깊음을 '덮으신다' (NASB, HCSB)로 번역하기도 한다. "하나님은 이런 것들(자연의 신비로운 힘)로 사람들을 심판하시며 음식을 풍성하게 공급하시기도 하신다."(31절)

"그가 번갯불을 손바닥 안에 넣으시고 그가 번갯불을 명령하사 과녁을 치시도다."(32절) 그는 번갯불을 손으로 싸서 목표물에 던져 그것을 맞추신다. "그가 우레(천둥)으로 풍우(폭풍)이 다가옴을 알리시면 가축들(짐승)까지도 그것이 접근해 오는 것을 알게 된다."(33절)

제37장

하나님의 역사와 권능은 측량할 수 없다

엘리후의 말이 37장에서도 계속된다.

"이것 때문에 내 마음이 떨리고, 그 자리에 흔들렸다." (1절). 폭풍이 나의 마음을 거세게 쳤다는 말이다. "하나님의 음성 곧 그의 입에서 나오는 소리를 똑똑히 들으라." (2절) '하나님의 음성' (*berogez qolow*, the thunder of His voice)은 천둥소리와 그 때문에 생기는 무서움을 모두 의미한다.

"그 소리를 천하에 펼치시며 번갯불을 땅 끝까지 이르게 하시고." (3절) 하나님은 먼저 번개를 쳐서 그 빛이 땅 끝까지 이르게 하신다. "그 후에 음성을 발하시며 그의 위엄 찬 소리로 천둥을 치시며 그 음성이 들릴 때에 번개를 멈추게 아니하시느니라." (4절) 그 후에 그의 위엄 있는 음성으로 계속 우레 소리를 발하신다.

"하나님은 놀라운 음성을 내시며 우리가 헤아릴 수 없는 큰일을 행하시느니라." (5절) 하나님은 신기한 방법으로 음성을 발하시고 우리가 이해할 수 없는 놀라운 일을 행하신다.

"눈(snow)을 명하여 땅에 내리라 하시며 적은 비(gentle rain)와 큰 비(heavy rain)도 내리게 명하시느니라." (6절) 그는 명령 한 마디로 땅에 눈이 내리게 하시며 소나기와 폭우도 쏟아지게 하신다. '적은 비와 큰 비도 내리게 명하시느니라.' 를 '소나기에 명하여 힘찬 폭우가 되라 하신다.' 로 해석하기도 한다. 이것은 근동 지방에서 겨울철에 내리는 장마 비(폭우)를 뜻한다.

“그가 모든 사람의 손에 표를 주시어 모든 사람이 그가 지으신 것을 알게 하려 하심이라.”(7절) 눈이나 비가 내리면, 사람들은 하던 일을 멈추고 하나님이 하시는 일을 본다. ‘손에 표를 주시어’ (seal the hand)는 문자적으로 ‘손을 묶어’ 로, 추운 겨울 날씨로 인해 사람들이 일손을 놓은 것을 말한다. 하나님께서 사람들의 일손을 멈추게 하는 이유는 그가 지으신 모든 사람들이 그가 하시는 일을 깨달아 알도록 하기 위해서이다.

“그러나 짐승들은 땅 속에 들어가 그 처소에 머무느니라.”(8절) 이때 짐승들은 숨을 곳을 찾아 거기서 머물게 된다. “폭풍우는 그 밀실에서 나오고 추위는 북풍을 타고 오느니라.”(9절) 남풍은 폭풍을 몰고 오고, 북풍은 찬바람을 몰고 온다. 폭풍은 남쪽에서 북쪽으로 몰려온다. ‘그 밀실’ (the chamber of the south)은 하나님이 폭풍우를 가두어 놓는 곳을 가리킨다. “하나님의 입김이 얼음을 얼게 하고 물의 너비를 줄어들게 하느니라.”(10절) 하나님의 입 기운에 물이 얼고, 넓은 바다까지도 꽁꽁 얼어 버린다. 이것은 물이 얼음으로 변하는 것을 말한다. ‘줄어들게 한다’ (*bemusaq*, be frozen)는 ‘단단히 굳어진다’ 는 뜻으로, 얼어버리는 현상을 나타낸다.

“또한 그는 구름에 습기를 실으시고 그의 번개로 구름을 흩어지게 하시느니라.”(11절) 그가 구름에 습기를 잔뜩 실어 그것을 사방 흩으신다. 그 때 구름 속에서 번갯불이 번쩍이게 하신다. “그는 감싸고도시며 그들의 할 일을 조종하시느니라 그는 땅과 육지 표면에 있는 모든 자들에게 명령하시느니라.”(12절) 그 구름은 하나님이 인도하는 대로 온 세상을 떠돌아다니면서 그가 명령하시는 것을 이 땅에 이행한다. “혹은 징계를 위하여 혹은 땅을 위하여 혹은 긍휼을 위하여 그가 이런 일을 생기게 하시느니라.”(13절) 하나님은 그 구름으로 사람을 벌하기도 하시고 땅에 비를 내려 그의 사랑을 보여 주기도 하신다.

“욥이여 이것을 듣고 가만히 서서 하나님의 오묘한 일을 깨달으라.”(14절) 너는 하나님이 행하시는 신기한 일을 한번 생각해 보라. “너는 하나님이 어떻게 명령을 내려 구름에서 번개가 번쩍번쩍하게 하시는지 알고 있느냐.”(15절) “그대는 겹겹이 쌓인 구름(균형을 잃지 않고 떠다니는 것)과 완전한 지식의 경이로움(완전한 지식을 가지신 분이 행하시는 놀라운 일)을 아느냐.”(16절) 구름이 어떻게 하늘에 떠 있는지를 아는가? 하나님의 이 놀라운 솜씨를 아는가. ‘완전한 지식’(*temim deim*, perfect in knowledge)는 ‘완전한 마음, 이해’로, 하나님께서는 완전한 지식을 가지고 계시며 그를 통해 놀라운 일을 행하신다는 것을 뜻한다.

“땅이 고요할 때에 남풍으로 말미암아 그대의 의복이 따뜻한 까닭을 그대가 아느냐.”(17절) 남풍이 불어 땅이 고요할 때에 네가 더운 이유를 아느냐. 뜨거운 남풍이 땅을 말릴 때 너는 그 더위 때문에 고통스러워한 것이 고작일 것이다.

“그대는 그를 도와 구름장들을 두들겨 넓게 만들어 녹여 부어 만든 거울같이 단단하게 할 수 있겠느냐.”(18절) 너 같으면 하나님을 도와서 하늘을 펼 수 있겠는가? 하늘을 하나의 거대한 놋 거울(metal mirror, molten mirror, 구리 거울)처럼 단단하게 할 수 있겠는가?(하늘을 번쩍이는 놋 거울처럼 만들 수 있겠는가?) 고대에서는 하늘을 유리처럼 단단한 것으로 생각했다. 놋 거울을 두드려 펴듯이 하늘을 그렇게 할 수 있겠느냐는 말이다. 하나님은 할 수 있지만 인간은 할 수 없다는 말이다.

“우리가 그에게 할 말을 그대는 우리에게 가르치라 우리는 아둔하여 아뢰지 못하겠노라.”(19절) 너는 우리가 하나님께 할 말(하나님께 뭐라고 말씀드려야 할지)을 가르쳐달라. 우리는 마음이 어두워서(무지몽매하여) 무슨 말을 해야 할지 모르겠다.

"내가 말하고 싶은 것을 어찌 그에게 고할 수 있으랴 삼켜지기를 바랄 자가 어디 있으랴."(20절) 내가 하고 싶은 말이라고 하여, 어찌 다 할 수 있겠는가? 어찌하여 하나님께 나를 삼켜버릴(멸하실) 기회를 드린단 말인가?

"그런즉 바람이 불어 하늘이 말끔하게 되었을 때 그 밝은 빛을 아무도 볼 수 없느니라."(21절) 바람이 하늘의 구름을 말끔히 씻어 가면(바람이 불어서 하늘이 맑아지면) 우리는 광채(하늘에서 빛나는 빛) 때문에 눈이 부셔 태양을 제대로 볼 수가 없다.

"북쪽에서는 황금 같은 빛(golden splendor)이 나오고 하나님께는 두려운 위엄(awesome majesty)이 있느니라."(22절) 마찬가지로 하나님이 금빛 찬란한 광채로 북쪽에서 나타나시면 우리는 그의 두려운 위엄 때문에 감히 그를 바라볼 수가 없다. 북쪽에는 금빛 찬란한 빛이 보이고, 하나님의 위엄찬 영광이 우리를 두렵게 한다. 북쪽 하늘이 맑게 개이고 거기서 금빛 같은 태양이 나타나 어둡던 온 대지에 비추이는 광경을 묘사한 것이다. 북방에서 좋은 날씨가 나온다는 뜻이다. '북쪽'은 하나님의 거처를 상징한다. 하박국은 하나님이 나타나실 때에는 순금의 광채와 같은 것이 빛난다고 했다(합 3:3, 4).

"전능자를 우리가 찾을 수 없나니 그는 권능이 지극히 크사 정의(*mispat*, judgment)나 무한한 공의(*sedaqah*, justice)를 굽히지 아니하심이니라."(23절) 하나님의 권능이 가장 크시니, 우리가 전능하신 그분께 가까이 나아갈 수 없다. 하지만 사람을 대하실 때에, 의롭게 대하시고, 정의롭게 대하여 주신다. 우리는 전능하신 하나님을 측량할 수가 없다. 하지만 그는 능력이 크고 모든 일에 의롭고 공정하신 분이다.

"그러므로 사람들은 그를 경외하고 그는 스스로 지혜롭다 하는 모든 자를 무시하시느니라."(24절) 그러므로 사람이 하나님을 경외해야 하는 것은 당연하다. 하나님은 스스로 지혜롭다고 생각하는 자를 무시하신다(존중하지 않으신다.)

제38장

욥에게 물으시는 하나님(1): 천지 창조, 천지의 조화, 들짐승의 생활

1. 욥에게 말씀하시는 하나님(1-3절)

그때 하나님께서 폭풍 가운데서 욥에게 말씀하셨다(1절). "무지한 말로 생각을 어둡게 하는 자가 누구냐."(2절) 무식한 말로 내 뜻을 흐리게 하는 자가 누구냐. 네가 누구이기에 무지하고 헛된 말로 내 지혜를 의심하느냐는 말씀이다.

"너는 대장부처럼 허리를 묶고 내가 네게 묻는 것을 대답할지니라."(3절) 이제 허리를 동이고 대장부답게 일어서서, 묻는 말에 대답해 보아라.

'대장부'(*geber*, man)는 나약한 남자가 아니라 투사처럼 당당한 남자를 말한다. 단지 강한 힘의 소유자라기보다는 지혜, 지식, 통찰력을 가진 사람을 말한다. '허리를 묶고'는 전쟁, 여행 등을 준비하는 것을 나타낸다. '대장부처럼 허리를 묶고'는 부질없이 불평만 하지 말고 대장부답게 허리를 묶고 맞서라는 말씀이다. 이것은 이어지는 하나님의 질문에 대답하는 것이 매우 어려울 것임을 보여준다.

'너는 대장부처럼 허리를 묶고'를 '네가 자주 용감한 영웅인 체 했던 것처럼'으로 해석하기도 한다. 욥이 전에 하나님과 만날 준비가 다 되었다고 공언한 것과, 하나님께서 자신을 원수처럼 대적한다고 불평한 것을 염두에 둔 표현이다.

2. 천지창조에 대한 물음(4-18절)

"내가 땅의 기초를 놓을 때에 네가 어디 있었느냐 네가 깨달아 알았거든 말할지니라."(4절) 하나님께서 천지를 창조하실 때 너는 어디에 있었는가. 네가 그처럼 많이 알면 대답해보아라.

"누가 그것의 도량 법을 정하였는지, 누가 그 줄을 그것의 위에 띄웠는지 네가 아느냐."(5절) 누가 이 땅을 설계하였는지(크기를 정했는지), 누가 그 위에 측량줄을 띄웠는지, 너는 아느냐. '줄'은 평면의 경사를 헤아리기 위해 치는 먹줄, 또는 길이를 측량하는 줄자를 말한다.

"그것의 주추(땅의 기초를 받치고 있는 것)는 무엇 위에 세웠으며 그 모퉁잇돌을 누가 놓았느냐."(6절) 무엇이 땅을 버티는 기둥을 잡고 있느냐? 누가 땅의 주춧돌을 놓았느냐? "그 때에 새벽 별들이 기뻐 노래하며 하나님의 아들들이 다 기뻐 소리를 질렀느니라."(7절) 그 때 새벽 별들이 함께 노래하며 하늘의 천사들이 기뻐 외쳤다. 하나님을 향한 찬양의 소리가 몹시 우렁찬 것을 말한다.

"바다가 그 모태에서 터져 나올 때에 문으로 그것을 가둔 자가 누구냐."(8절) 바닷물이 그 모태(땅 속 깊은 곳)에서 터져 나올 때에, 누가 문을 닫아 바다를 가두었느냐(그 물을 막아 바다의 한계를 정하였느냐).

"그 때에 내가 구름으로 그 옷을 만들고 흑암으로 그 강보를 만들고."(9절) 구름으로 바다를 덮고, 흑암으로 바다를 감싼 것은 바로 나다. '강보'는 포대기를 말한다. "한계를 정하여 문빗장을 지르고."(10절) 바다가 넘지 못하게 금을 그어 놓고, 바다를 가두고 문빗장을 지른 것은 바로 나다. 적군과 같이 밀려오는 물결이 더 이상 육지로 들어오지 못하게 막으셨음을 말한다. "이르기를 네가 여기까지 오고 더 넘어가지 못하리니 네 높은 파도가 여기서 그칠지니라 하였노라."(11절) "여기까지는 와도 된다. 그러나 더 넘어서지는 말라. 도도한 물결을 여기에서 멈추어라." 하고 바다에게 명한 것이 바로 나다.

"네가 너의 날에 아침에게 명령하였느냐 새벽에게 그 자리를 일러 주었느냐."(12절) 네가 지금까지 한 번이라도 아침이 되라고 명령하여 동이 트게 한 적이 있느냐. "그것으로 땅 끝을 붙잡고 악한 자들을 그 땅에서 떨쳐 버린 일이 있었느냐."(13절) 네가 땅 끝까지 새벽빛이 비치게 하여 악인들이 악을 멈추게 한 일이 있느냐. "땅이 변하여 진흙에 인친 것 같이 되었고 그들은 옷 같이 나타나되."(14절) 동이 트자 땅이 진흙이 도장을 친 것처럼 나타나고 그 모양은 주름 잡힌 옷과 같다. '진흙에 인친 것 같이'는 새벽이 오면 땅이 붉은 진흙으로 물들인 것처럼 선명하게 변하는 것을 말한다. "악인에게는 그 빛이 차단되고 그들의 높이 든 팔이 꺾이느니라."(15절) 그 빛은 악인들에게 너무 밝아 그들의 폭행을 훤히 밝히고 저지한다.

"네가 바다의 샘에 들어갔었느냐 깊은 물 밑으로 걸어 다녀 보았느냐."(16절) 바다 속 깊은 곳에 있는 물 근원에까지 들어가 보았느냐? 그 밑바닥 깊은 곳을 거닐어 본 일이 있느냐. "사망의 문이 네게 나타났느냐 사망의 그늘진 문을 네가 보았느냐."(17절) 죽은 자가 들어가는 문이 너에게 나타난 적이 있느냐? 그 죽음의 그늘이 드리운 문을 본 일이 있느냐? "땅의 너비를 네가 측량할 수 있느냐 네가 그 모든 것들을 다 알거든 말할지니라."(18절) 땅이 얼마나 넓은지, 세상이 얼마나 큰지 네가 이해할 수 있겠느냐? 말해보라.

3. 천지의 조화에 대한 물음(19-38절)

"어느 것이 광명이 있는 곳으로 가는 길이냐 어느 것이 흑암이 있는 곳으로 가는 길이냐."(19절) 빛이 어디에서 오는지 아느냐? 어둠의 근원이 어디에 있는지 아느냐? "너는 그의 지경으로 그를 데려갈 수 있느냐 그의 집으로 가는 길을 알고 있느냐."(20절) 빛과 어두움의 범위가 얼마나 되는지, 빛과 어둠이 있는 그 곳이 얼마나 먼 곳에 있는지 알고 있느냐? 빛과 어둠이 있는 그 곳에 이르는 길을 알고 있느냐?

"네가 아마도 알리라 네가 그 때에 태어났으리니 너의 햇수가 많음이니라."(21절) 네가 나이를 많이 먹었으니 알고 있을지도 모르겠다. "네가 눈 곳간에 들어갔었느냐 우박 창고를 보았느냐."(22절) 눈을 쌓아 둔 창고에 들어간 일이 있느냐? 우박 창고를 들여다본 일이 있느냐? "내가 환난 때와 교전과 전쟁의 날을 위하여 이것을 남겨 두었노라."(23절) 내가 이것들을 환난이 생겼을 때나 전쟁할 때 쓰려고 남겨두었다.

"광명이 어느 길로 뻗치며 동풍이 어느 길로 땅에 흩어지느냐."(24절) 해가 뜨는 곳(빛이 확산되는 지점)에 가 본 적이 있느냐? 동풍이 불어오는 그 시발점(동풍이 땅으로 흩어지는 지점)에 가 본 적이 있느냐? "누가 홍수를 위하여 물길을 터 주었으며 우레와 번개 길을 내어 주었느냐."(25절) 폭우가 흘러 내려가는 골짜기 길(폭우가 시내가 되어 흐르도록 한 개울)을 누가 만들었느냐? 천둥과 번개가 다니는 길을 낸 이가 누구냐?

"누가 사람 없는 땅에, 사람 없는 광야에 비를 내리며 황무하고 황폐한 토지를 흡족하게 하여 연한 풀이 돋아나게 하였느냐."(26, 27절) 누가 사람이 살지 않는 곳에 비를 내리며 메마른 땅을 적셔 풀이 나게 하는가? "비에게 아비가 있느냐 이슬방울은 누가 낳았느냐 얼음은 누구의 태에서 났느냐 공중의 서리는 누가 낳았느냐."(28, 29절) 비에게도 아비가 있느냐? 이슬방울은 누가 낳았느냐? 얼음과 서리의 어미는 누구냐? "물은 돌 같이 굳어지고 깊은 바다의 수면은 얼어붙느니라."(30절) 이것 때문에 물이 돌같이 굳어지고 해면이 얼게 된다. 물을 돌같이 굳게 얼리는 이, 바다의 수면도 얼게 하는 이가 과연 누구냐.

"네가 묘성을 매어 묶을 수 있으며 삼성의 띠를 풀 수 있겠느냐."(31절)

네가 묘성(the Pleiades, 북두칠성의 별 떼)을 한데 묶어 놓을 수 있으며 삼성의 띠(오리온 별자리의 띠)를 풀어 놓을 수 있겠느냐. '묘성' 은 가을부터 겨울에 걸쳐 남쪽 하늘에 보이는 황소 별자를 포함한 별 떼(the cluster, 성단)을 말한다. '삼성의 띠' (the belt of Orion)에서, '삼성' 은 오리온 별자리 중앙에 있는 세 개의 큰 별을, 띠는 이 별들을 이으면 사각형을 이루는 띠가 되는 것을 말한다. "너는 별자리들(*Mazzaroth*, the constellation)을 각각 제 때에 이끌어 낼 수 있으며 북두성을 다른 별들에게로 이끌어 갈 수 있겠느냐." (32절) 네가 계절마다 제때에 별을 이끌어낼 수 있으며 곰 자리(the Great Bear, 큰곰자리와 그 별 떼)를 인도하여 낼 수 있겠느냐? '별자리들' 은 천구(天球)의 밝은 별을 중심으로 지구에서 보이는 모습에 따라 이어서 어떤 사물을 연상하도록 이름을 붙인 것이다. 별자리는 문화권별로 다르며 시대마다 달라지기도 하지만, 현재는 1930년 국제 천문 연맹(IAU)에서 정한 88개의 별자리가 공통으로 쓰이고 있다.

"네가 하늘의 궤도를 아느냐 하늘로 하여금 그 법칙을 땅에 베풀게 하겠느냐." (33절) 네가 하늘의 법칙(ordinances, 하늘을 다스리는 질서)을 알고 그 법칙이 땅에 적용될 수 있도록 하겠느냐? "네가 목소리를 구름에까지 높여 넘치는 물이 네게 덮이게 하겠느냐." (34절) 너는 구름에게 큰 소리로 명령하여 그것이 비가 되어 네 위에 내리게 할 수 있겠느냐? "네가 번개를 보내어 가게 하되 번개가 네게 우리가 여기 있나이다 하게 하겠느냐." (35절) 네가 번개를 보내 그것으로 네가 가리키는 곳을 치게 할 수 있느냐?

"가슴 속의 지혜는 누가 준 것이냐 수탉에게 슬기를 준 자가 누구냐." (36절) 강물이 범람할 것이라고 알리는 따오기에게 나일 강이 넘칠 것이라고 말해 주는 이가 누구냐? 비가 오기 전에 우는 수탉에게 비가 온다고 말해 주는 이가 누구냐? '가슴 속의 지혜' 에서 '가슴' (*tuhowt*, the mind)은 지혜나 통찰력이 인간의 장기, 곧 신장과 심장에서 나오는 것을 상징한다. '수탉의 슬기' (understanding of the rooster)는 수탉이 아침이나 폭풍우의 다가옴을 알리는 것을 말한다.

"누가 지혜로 구름의 수를 세겠느냐 누가 하늘의 물주머니를 기울이겠느냐. 티끌이 덩어리를 이루며 흙덩이가 서로 붙게 하겠느냐." (37, 38절) 누가 구름을 셀 만큼 지혜로우냐? 누가 하늘의 물주머니(the bottles, the jars of heaven)를 기울여서 비를 내리고, 누가 지혜로워서 티끌을 진흙덩이로 만들고, 그 진흙덩이들을 서로 달라붙게 할 수 있느냐. '하늘의 물주머니' 는 구름을 물이 담겨 있는 주머니로 묘사한 시적인 표현이다.

4. 들짐승의 생활에 대한 물음(39-41절)

(사자) "네가 사자를 위하여 먹이를 사냥하겠느냐 젊은 사자의 식욕을 채우겠느냐." (39절) 네가 사자의 먹이를 계속하여 댈 수 있느냐? 굶주린 사자 새끼들의 식욕을 채워 줄 수 있느냐? '식욕' (*hayyat*, appetite)은 문자적으로 '생명' , '식욕' , '배고픔' 을 나타낸다. "그것들이 굴에 엎드리며 숲에 앉아 숨어 기다리느니라." (40절) 그것들은 언제나 굴속에 웅크리고 있거나, 드러나지 않는 곳에 숨어 있다가 덮친다.

(까마귀) "까마귀 새끼가 하나님을 향하여 부르짖으며 먹을 것이 없어서 허우적거릴 때에 그것을 위하여 먹이를 마련하는 이가 누구냐." (41절) 까마귀 떼가 먹이가 없어서 헤맬 때에, 그 새끼들이 나에게 먹이를 달라고 조를 때에, 그 까마귀 떼에게 먹이를 마련하여 주는 이가 누구냐. 하나님은 배고픈 새에게도 먹이를 주시는 분이시다.

제 39 장

욥에게 물으시는 하나님(2): 들짐승의 생활에 대한 물음 계속

(산 염소, 암사슴) "산에 사는 염소(mountain goats)가 새끼 치는 때(언제 새끼를 낳는지)를 네가 아느냐 암사슴(deer, 들 사슴)이 새끼 낳는 것을 네가 본 적이 있느냐."(1절) "그것이 몇 달 만에 만삭되는지 아느냐 그 낳을 때를 아느냐."(2절) "그것들은 몸을 구푸리고 새끼를 낳으니 그 괴로움이 지나가고(일단 새끼를 낳으면 그 고통은 끝나 버리고) 그 새끼는 강하여져서 빈들에서 크다가 나간 후에는 다시(어미 곁을 떠나 다시는) 돌아오지 아니하느니라."(3, 4절)

(들 나귀) "누가 들 나귀(wild donkey)를 놓아 자유롭게 하였느냐(자유를 주었는가) 누가 빠른 나귀의 매인 것을 풀었느냐(마음대로 뛰놀게 하였는가) 내가 들을 그것의 집으로(들판을 집으로 삼게 하고), 소금 땅을 그것이 사는 처소로 삼았느니라(소금기 있는 땅을 살 곳으로 삼게 했다.)"(5. 6절) 하나님께서 하셨다는 말씀이다. '소금 땅' 은 사해 근처와 같이 염분이 있는 땅을 가리킨다.

"들 나귀는 성읍에서 지껄이는 소리를 비웃나니(도시의 떠들썩한 소리를 싫어하며) 나귀 치는 사람이 지르는 소리(몰이꾼들이 외쳐대는 소리)는 그것에게 들리지 아니하며(들으려 하지 않으며) 초장 언덕으로 두루 다니며 여러 가지 푸른 풀을 찾느니라."(7, 8절)

(들소) "들소(wild ox)가 어찌 기꺼이 너를 위하여(너에게 순종하며) 일하겠으며 네 외양간에 머물겠느냐 네가 능히 줄(ropes)로 매어 들소가 이랑을 갈게 하겠느냐(들소에게 쟁기를 매어, 밭을 갈게 할 수 있겠느냐) 그것이 어찌

골짜기에서 너를 따라 써레를 끌겠느냐(들소들이 네 말을 따라서 밭을 갈겠느냐.)" (9, 10절) '너를 따라' (behind you)는 '너의 명령에 따라' 또는 '네 뒤를 따라' 이다. 후자의 경우 고대 근동의 농사법에 따르면 사람이 앞서 가고 멍에를 맨 짐승이 그 뒤를 따랐다. '써레' 는 갈아놓은 논바닥을 판판하게 고르거나 흙덩이를 깨뜨리는 데 쓰이는 농기구의 일종이다. 양쪽에 밧줄을 달아 소가 끌게 되어있다.

"그것이 힘이 세다고 네가 그것을 의지하겠느냐 네 수고를 그것에게 맡기겠느냐(네가 하기 힘든 일을 들소에게 떠맡길 수 있겠느냐) 그것이 네 곡식을 집으로 실어 오며 네 타작마당에 곡식 모으기를 그것에게 의탁하겠느냐(들소로 하여금 곡식을 집으로 실어 오게 하고 곡식단을 타작마당으로 모으게 할 수 있겠느냐.)(11, 12절)

(타조) "타조(ostrich)는 즐거이 날개를 치나 학의 깃털과 날개 같겠느냐." (13절) 타조가 날개를 재빠르게 치기는 하지만, 학처럼 날지는 못한다. "그것이 알을 땅에 버려두어(타조가 땅바닥에다가 알을 낳는 것은) 흙에서 더워지게 하고(흙이 그 알을 따스하게 해주기를 바라기 때문이다) 발에 깨어질 것이나 들짐승에게 밟힐 것을 생각하지 아니하고." (14, 15절) 타조가 모래 속에 알을 낳은 후 그냥 버려두고 떠나버리면 그 알은 태양열로 자연 부화된다. 누가 발로 밟아 그것을 깨뜨리거나 들짐승이 해칠 것을 생각지 않는다.

"그 새끼(her young ones)에게 모질게(거칠게) 대함이 제 새끼가 아닌 것처럼 하며, 그 고생한 것이 헛되게 될지라도 두려워하지 아니하나니(수고하고 애쓴 보람이 없어져도 그것에 별로 관심이 없다.)" (16절) '고생한 것' (her labor)은 어미가 자식을 낳는 고통을 가리킨다. '두려워하지 않는다.' 는 것은 '걱정하지 않는다.' 는 말이다. "이는 하나님이 지혜를 베풀지(주지) 아니하셨고 총명을 주지 아니함이라." (17절) 그것은 하나님이 타조를 어리석게 하고 지혜를 주지 않았기 때문이다. "그러나 그것이 몸을 떨쳐 뛰어갈 때에는(타조가 한 번 날개를 치면서 달리기만 하면) 말과 그 위에 탄자를 우습게 여기느니라."(18절)

(말) "말(horse)의 힘을 네가 주었느냐(네가 말에게 힘을 주고) 그 목에 흩날리는 갈기를 네가 입혔느냐."(19절) '힘' (*geburah*, strength)은 단순히 육체적 능력만이 아니라 용기와 탁월한 기량까지 포함된다. "네가 그것으로(말을) 메뚜기처럼 뛰게 하였느냐 그 위엄스러운 콧소리가 두려우니라(그 위엄 있는 콧소리는 두려움마저 느끼게 한다.)"(20절) "그것이 골짜기에서 발굽질하고 힘 있음을 기뻐하며(말은 앞발로 땅을 힘 있게 차며) 앞으로 나아가서 군사들을 맞되 두려움을 모르고 겁내지 아니하며 칼을 대할지라도 물러나지 아니하니(전쟁터로 달려가면서도 두려움을 모르고 칼과 맞서도 피하지 않는다.)"(21, 22절) '골짜기'는 군대가 전투 대형으로 정렬하는 곳이다.

"그의 머리 위에서는 화살통과 빛나는 창과 투창이 번쩍이며(그 위에서는 말을 탄 용사의 화살통이 덜커덕 소리를 내며 긴 창과 작은 창이 햇빛에 번쩍거린다), 땅을 삼킬 듯이 맹렬히 성내며 나팔 소리에 머물러 서지 아니하고(나팔 소리만 들으면 머물러 서 있지 않고 흥분하여 성난 모습으로 땅을 박차면서 내달린다.)"(23, 24절) '투창' (*kidown*, javelin)은 긴 자루 끝에 폭이 넓고 굽은 모양의 칼을 붙인 무기를 말한다. '나팔소리'는 전쟁의 신호를 알리는 소리를 말한다. "나팔 소리가 날 때마다 힝힝 울며('힝힝' 하고 콧김을 뿜으며) 멀리서 싸움 냄새를 맡고(멀리서도 전쟁 기미를 알아차리며) 지휘관들의 호령과 외치는 소리(고함소리)를 듣느니라."(25절) '힝힝 울며'는 말이 콧김을 내뿜는다는 말이다. 기쁨, 즐거움, 만족감 등을 나타낸다.

(매, 독수리) "매(hawk)가 떠올라서 날개를 펼쳐 남쪽으로 향하는 것이(매가 하늘 높이 솟아올라 남쪽을 향해 날개를 펴고 나는 것이) 어찌 네 지혜로 말미암음이냐(네게서 배운 지혜 때문이냐.)"(26절)

"독수리(eagle)가 공중에 하늘 높이 떠서 높은 곳에 보금자리를 만드는 것이 어찌 네 명령을 따름이냐(네 명령을 따른 것이냐.)" (27절) 30절에 따르면 이 '독수리'는 시체를 먹고 피를 빠는 독수리이다.

"그것이 낭떠러지(높은 절벽)에 집을 지으며 뾰족한 바위 끝이나 험준한 데 살며(험한 바위산이 그의 요새이다) 거기서 먹이를 살피나니 그 눈이 멀리 봄이며(독수리는 거기서 먹을 것을 찾아 멀리까지 살핀다.)" (28, 29절) "그 새끼들도 피를 빠나니(빨아먹는다) 시체가 있는 곳에는 독수리가 있느니라(모인다)." (30절)

제 40 장

하나님 앞에 겸손해지는 욥, 베헤못을 지으신 하나님

1. 하나님 앞에 겸손해지는 욥(1-14절)

하나님께서 계속해서 욥에게 말씀하셨다. "트집 잡는 자가 전능자와 다투겠느냐 하나님을 탓하는 자는 대답할지니라."(1, 2절) 네가 아직도 전능한 자와 다투겠느냐? 감히 하나님을 책망하다니(비난하다니.) 어디 대답해보아라. '다투다'(*yissowr*, correct, contend)는 문자적으로 '다스리다', '훈련시키다', '바로 잡다'는 뜻을 가지고 있다.

그러자 욥이 대답했다. "나는 비천하오니(저는 보잘 것 없는 자입니다.) 주께 무엇이라고 대답하겠습니까? 다만 손으로 내 입을 가릴 뿐입니다."(3, 4절) '비천하오니'(*qalal*, vile, slight)는 '가볍다', '멸시 당하다'는 뜻이다. "내가 한 번 말하였사온즉(이미 너무 많은 말을 하였사오니) 다시는 더 대답하지 아니하겠나이다."(5절) 자신은 더 이상 말을 하지 않고 입을 다물겠다는 말이다.

그때 하나님께서 다시 폭풍 가운데서 욥에게 말씀하셨다. "너는 대장부처럼 허리를 묶고(남자답게 일어나서) 내가 묻는 말에 대답하라."(6, 7절) "네가 내 공의를 부인하려느냐 네 의를 세우려고 나를 악하다 하겠느냐."(8절) 아직도 너는 내 판결을 비난하려느냐? 네가 자신을 옳다고 하려고, 내게 잘못을 덮어씌우려느냐?

"네가 하나님처럼 능력이 있느냐(네가 나 같은 권능 있는 팔을 가졌느냐)

하나님처럼 천둥소리를 내겠느냐(천둥소리 같은 우렁찬 소리를 낼 수 있느냐.)"(9절) 하나님을 의뢰하는 자에게는 구원의 능력이지만 거부하는 자에게는 심판의 권능으로 작용한다.

"너는 위엄과 존귀로 단장하며 영광과 영화를 입을지니라."(10절) 어디 한 번 위엄과 존귀를 갖추고, 영광과 영화를 갖추어보라. '영화' (*hadar*, beauty, majesty)는 문자적으로 '번쩍 거리는 장식' 으로, 왕이 자신의 권위를 나타내기 위해 장식하는 것을 말한다.

"너의 넘치는 노를 비우고 교만한 자를 발견하여 모두 낮추되"(11절) 너는 교만한 자들을 찾아 분노를 그들에게 쏟아 내고, 그들의 기백을 꺾어 보아라. "모든 교만한 자를 발견하여 낮아지게 하며 악인을 그들의 처소에서 짓밟을지니라. 그들을 함께 진토에 묻고 그들의 얼굴을 싸서 은밀한 곳에 둘지니라."(12, 13절) 다시 말하지만 교만한 자들을 모조리 찾아서 낮추고 악인들을 그들이 있는 곳에서 짓밟아 모두 땅 속에 묻고 그 얼굴을 싸서 무덤에 두어라. '그 얼굴을 싸서' (bind their faces, imprison them, HCSB)는 '머리를 묶다', '투옥하다' 를 의미한다. 은밀한 곳에 둔다는 것은 죽은 자들이 어두운 지하세계로 내려가는 것을 말한다.

"그리하면 네 오른손(힘)이 너를 구원할 수 있다고 내가 인정하리라."(14절) 그렇게 할 수 있다면 너를 인정해 주겠다는 말씀이다. 어떤 인간도 하나님의 능력과 견줄 수 없다.

2. 베헤못을 지으신 하나님(15-24절)

"이제 소 같이 풀을 먹는 베헤못을 볼지어다 내가 너를 지은 것 같이 그것도 지었느니라."(15절) 너는 하마처럼 생긴 괴물을 보아라. 내가 너를 창조했

듯이 그것도 창조하였다. 그 괴물은 소처럼 풀을 먹고 산다. '베헤못'(*behemoth*)은 위엄 있게 생긴 짐승을 뜻하는 단어의 복수형이다. 여기서는 한 동물에 대한 언급이기 때문에 복수형은 이 동물의 몸집이 크다는 것을 나타내는 것으로 생각된다. 따라서 학자들은 이 동물을 코끼리, 하마, 코뿔소, 물소, 초식공룡, 용 등으로 보기도 한다.

"그것의 힘은 허리에 있고 그 뚝심은 배의 힘줄에 있고."(16절) 그 허리와 배의 힘줄에는 강한 힘이 있다. 허리에서 나오는 저 억센 힘과, 배에서 뻗쳐 나오는 저 놀라운 기운을 보아라.

"그것이 꼬리 치는 것은 백향목이 흔들리는 것 같고 그 넓적다리 힘줄은 서로 얽혀 있으며."(17절) 꼬리는 백향목처럼 뻗고, 넓적다리는 힘줄로 단단하게 감쌌다. '백향목' (cedar)은 거대한 상록수로, 좋은 향기를 발한다. "그 뼈는 놋관 같고 그 뼈대는 쇠막대기 같으니."(18절) 그 뼈는 놋쇠처럼 단단하고 다리는 쇠막대기와 같다.

"그것은 하나님이 만드신 것 중에 으뜸이라 그것을 지으신 이가 자기의 칼을 가져 오기를 바라노라."(19절) 이것은 내가 창조한 것 중에서 가장 무서운 놈이다. 그것을 창조한 나도 칼을 들어야만 접근할 수 있다.

"모든 들짐승들이 뛰노는 산은 그것을 위하여 먹이를 내느니라."(20절) 모든 들짐승이 즐겁게 뛰노는 푸른 산에서 자라는 푸른 풀은 그것의 먹이다. "그것이 연 잎 아래에나 갈대 그늘에서나 늪 속에 엎드리니 연 잎 그늘이 덮으며 시내 버들이 그를 감싸는도다."(21, 22절) 그것이 연꽃 아래나 습지의 갈대밭에 엎드리면 연꽃잎 그늘이 그것을 가리고, 냇가의 버드나무들이 그것을 둘러싼다(연이나 수양버들이 그것을 그늘에 숨겨 준다). '연' (*seelim*, lotus tree)은 습하고 더운 곳에서 자라는 관목이다.

"강물이 소용돌이칠지라도 그것이 놀라지 않고 요단 강 물이 쏟아져 그 입으로 들어가도 태연하니."(23절) 그 괴물은 홍수가 밀어닥쳐도 놀라지 않으며 요단 강물이 넘쳐 그 입에까지 와 닿아도 태연하다.

"그것이 눈을 뜨고 있을 때 누가 능히 잡을 수 있겠으며 갈고리로 그것의 코를 꿸 수 있겠느냐."(24절) 누가 그것의 눈을 감겨서 잡을 수 있으며, 누가 그 코에 갈고리를 꿸 수 있겠는가. 누가 덫을 놓아 베헤못을 잡을 수 있겠느냐는 말이다. 본문에서 '갈고리'(*moqesh*, snare)는 고리, 굴레, 덫 등을 의미한다.

제 41 장

리워야단을 통해 나타난 하나님의 능력

"네가 낚시로 리워야단을 끌어낼(잡을) 수 있겠느냐 노끈으로 그 혀를 맬 수 있겠느냐."(1절) '리워야단' (*liwyatan*, Leviathan)은 고래, 악어, 돌고래, 신화에 나오는 머리가 일곱 달린 괴물, 로탄(Lotan) 등 다양하게 본다. "너는 밧줄로 그 코를 꿸 수 있겠느냐 갈고리로 그 아가미를 꿸 수 있겠느냐."(2절) 줄(cord)로 그 코를 꿰고, 갈고리(hook)로 그 턱을 꿸 수 없다. 그 괴물을 잡을 수 없다.

"그것이 어찌 네게 계속하여 간청하겠느냐 부드럽게 네게 말하겠느냐."(3절) 그것이 너에게 놓아 달라고 간청하거나 부드러운 말로 아첨하겠느냐. 어림도 없다는 말이다. '간청' (*tahanunim*, supplications)은 문자적으로 '몸을 굽히는 것' 을 말한다. 은총을 받기 위해 자신을 낮추고 간절히 매달리는 것이다. "어찌 그것이 너와 계약을 맺고 너는 그를 영원히 종으로 삼겠느냐."(4절) 너와 언약을 맺어 영원히 네 종이 되겠다고 약속이라도 할 것 같으냐. 어림도 없다.

"네가 어찌 그것을 새를 가지고 놀 듯 하겠으며 네 여종들을 위하여 그것을 매어두겠느냐."(5절) 그것을 새처럼 길들여서 데리고 놀 수도 없고, 그것을 끈으로 매어서 여종들의 노리개로 삼을 수도 없다.

"어찌 장사꾼들이 그것을 놓고 거래하겠으며 상인들이 그것을 나누어 가지겠느냐."(6절) 어부들이 그것을 가지고 흥정하거나 그것을 토막 내어 상인들에게 팔 수 없다. 크고 흉물스런 리워야단을 누가 팔거나 사겠느냐는 말이다.

"네가 능히 많은 창으로 그 가죽을 찌르거나 작살을 그 머리에 꽂을 수 있겠느냐."(7절) 네가 창으로 그 가죽을 찌르거나 작살로 그 머리를 찌를 수도 없다. 두렵기 때문이다. "네 손을 그것에게 얹어 보라 다시는 싸울 생각을 못 하리라."(8절) 손으로 한 번 만져만 보아도, 그것과 싸울 생각은 못할 것이다. 다시는 싸울 생각이 나지 않는다는 말이다.

"참으로 잡으려는 그의 희망은 헛된 것이니라 그것의 모습을 보기만 해도 그는 기가 꺾이리라."(9절) 그것을 잡겠다는 생각은 잘못된 것이다. 그것을 보기만 해도 기가 꺾일 것이다. "아무도 그것을 격동시킬 만큼 담대하지 못하거든 누가 내게 감히 대항할 수 있겠느냐."(10절) 그 괴물을 건드릴 만큼 용맹 있는 자가 없다. 그런데 누가 감히 그것을 창조하신 하나님과 변론하며 하나님과 맞설 수 있겠는가(그의 잘못을 지적하겠는가).

"누가 먼저 내게 주고 나로 하여금 갚게 하겠느냐 온 천하에 있는 것이 다 내 것이니라."(11절) 나에게 준 것이 있다고 갚으라(repay) 할 자가 누구인가? 하늘 아래 있는 모든 것이 다 내 것이다. 하나님께 갚으라 말할 수 있다면(맞설 수 있다고 생각한다면) 그것은 교만이다. 하나님은 아무에게도 빚진 일이 없기 때문이다. 오히려 인간에게 모든 것을 주셨다. 리워야단에게 덤벼들지도 못하는 연약한 사람이 우리에게 모든 것을 내어주신 하나님께 맞설 수 있는 사람은 없다.

"내가 그것의 지체와 그것의 큰 용맹과 늠름한 체구에 대하여 잠잠하지 아니하리라."(12절) 내가 그 바다 괴물의 다리와 그 힘과 거대한 체격에 대해서 말하지 않을 수 없다. "누가 그것의 겉가죽을 벗기겠으며 그것에게 겹재갈을 물릴 수 있겠느냐."(13절) 누가 그것의 가죽을 벗길 수 있겠느냐? 누가 겹재갈(double bridle, 고삐)을 가지고 그것에게 접근하겠느냐. "누가 그것의 턱을 벌릴 수 있겠느냐 그의 둥근 이틀은 심히 두렵구나."(14절) 무서운 이빨(terrifying teeth)이 빙 둘러 있는 그 턱을 누가 벌릴 수 있겠는가. 그 이빨은 보기만 해도 소름이 끼친다.

"그의 즐비한 비늘은 그의 자랑이로다 튼튼하게 봉인하듯이 닫혀 있구나."(15절) 그 등은 방패처럼 생긴 비늘이 서로 봉할 것처럼 밀착되어 있다. 등비늘은 빽빽하게 짜여 있어서 돌처럼 단단하다. "그것들이 서로 달라붙어 있어 바람이 그 사이로 지나가지 못하는구나."(16절) 서로 한데 붙어 있어 바람도 그 사이를 통할 수 없다. "서로 이어져 붙었으니 능히 나눌 수도 없구나."(17절) 그 비늘들이 서로 꽉 달라붙어 있어 아무도 그것을 떼어 놓을 수 없다.

"그것이 재채기를 한즉 빛을 발하고 그것의 눈은 새벽의 눈꺼풀 빛 같으며."(18절) 그것이 재채기를 하면 불빛이 번쩍한다. 그리고 그의 눈은 타오르는 불길 같다. 여기서 '빛' (*owr*, light)은 리워야단이 입에서 뿜는 불을 말한다. "그것의 입에서는 횃불이 나오고 불꽃이 튀어 나오며."(19절) 그 입에서는 횃불이 나오며 불똥이 튀어나온다. "그것의 콧구멍에서는 연기가 나오니 마치 갈대를 태울 때에 솥이 끓는 것과 같구나."(20절) 그 콧구멍에서는 연기가 나오는데 마치 끓는 가마 밑에서 타는 갈대 연기와 같다. "그의 입김은 숯불을 지피며 그의 입은 불길을 뿜는구나."(21절) 그 숨결은 숯불을 피울 만하고, 입에서는 불꽃이 나온다.

"그것의 힘은 그의 목덜미에 있으니 그 앞에서는 절망만 감돌뿐이구나."(22절) 그 괴물의 목은 무서운 힘을 가지고 있어 그것이 가는 곳마다 공포심을 불러일으킨다. "그것의 살 껍질은 서로 밀착되어 탄탄하며 움직이지 않는구나."(23절) 살 조각은 아주 단단하고 굳게 결합되어 있어 움직이지 않는다. 살갗은 쇠로 입힌 듯이 약한 곳이 전혀 없다. "그것의 가슴은 돌처럼 튼튼하며 맷돌 아래짝 같이 튼튼하구나."(24절) 그의 가슴(*libbow*, heart, 심장)은 돌처럼 단단하여 맷돌 아래짝과도 같다. "그것이 일어나면 용사라도 두려워하며 달아나리라." (25절) 그것이 일어나면 그 몸부림치는 소리에 기가 꺾여 제 아무리 강한 자라도 두려워 떨며 줄행랑을 칠 것이다.

"칼이 그에게 꽂혀도 소용이 없고 창이나 투창이나 화살촉도 꽂히지 못하는구나." (26절) 칼로 쳐도 소용이 없고 창이나 작살도 아무 소용이 없다. "그것이 쇠를 지푸라기 같이, 놋을 썩은 나무 같이 여기니." (27절) 그 괴물은 쇠도 힘없는 지푸라기로 여기고, 놋은 썩은 나무 정도로 생각한다. "화살이라도 그것을 물리치지 못하겠고 물맷돌도 그것에게는 겨 같이 되는구나." (28절) 그것을 쏘아서 도망치게 할 화살도 없고, 물맷돌도 아예 바람에 날리는 겨와 같다. '물맷돌' (sling stone)은 가죽조각이나 천을 엮어 만든 일종의 무기이다. 가운데 부분은 돌이나 자갈을 끼워 넣을 수 있게 되어 있다. 물매 줄의 한쪽 끝은 손이나 손목에 매고, 다른 한 끝은 물매를 던질 때 풀려나갈 수 있도록 손에 쥔다.

"그것은 몽둥이도 지푸라기 같이 여기고 창이 날아오는 소리를 우습게 여기며." (29절) 그 괴물은 몽둥이도 마른 풀처럼 보고 창을 던져도 우습게 여긴다. "그것의 아래쪽에는 날카로운 토기 조각 같은 것이 달려 있고 그것이 지나갈 때는 진흙 바닥에 도리깨로 친 자국을 남기는구나." (30절) 뱃가죽은 날카로운 질그릇 조각과 같아서, 타작기가 할퀸 진흙 바닥처럼, 지나간 흔적을 남긴다.

"깊은 물을 솥의 물이 끓음 같게 하며 바다를 기름병 같이 다루는도다." (31절) 그 괴물이 물에 뛰어들면, 솥의 물이 끓는 것처럼 바다를 휘저어 기름이 끓을 때처럼 거품을 일으킨다. "그것의 뒤에서 빛나는 물줄기가 나오니 그는 깊은 바다를 백발로 만드는구나." (32절) 한 번 지나가면 그 자취가 번쩍번쩍 빛을 내니, 깊은 바다가 백발을 휘날리는 것처럼 보인다.

"세상에는 그것과 비할 것이 없으니 그것은 두려움이 없는 것으로 지음 받았구나."(33절) 땅 위에는 그것과 겨룰 만한 것이 없다. 그것은 처음부터 겁이 없는 것으로 지음을 받았다. 이것을 지으신 이는 하나님이시다. "그것은 모든 높은 자를 내려다보며 모든 교만한 자들에게 군림하는 왕이니라."(34절) 이 바다 괴물은 가장 거만한 동물도 얕잡아 보며 모든 교만한 짐승의 왕으로 군림한다. 이 괴물에게도 찍소리 못하면서 네 어찌 감히 하나님께 맞서려 하느냐.

제 42 장

욥의 회개, 욥이 세 친구를 용서함, 갑절의 축복을 받은 욥

1. 욥의 회개(1-6절)

욥이 하나님께 대답했다. "주께서는 못 하실 일이 없사오며 무슨 계획이든지 못 이루실 것이 없는 줄 아오니."(2절) 하나님은 전능하시고, 계획하시는 일은 어김없이 이루신다.

"무지한 말로 이치를 가리는 자가 누구니이까 나는 깨닫지도 못한 일을 말하였고 스스로 알 수도 없고 헤아리기도 어려운 일을 말하였나이다."(3절) 그런데 나는 무식한 말로 주의 뜻을 흐리게 했다. 심지어 자신이 스스로 깨달을 수 없는 말, 내가 이해할 수 없는 말, 내가 알 수도 없는 말(헤아리기 어려운 말)도 했다고 고백했다.

"내가 말하겠사오니 주는 들으시고 내가 주께 묻겠사오니 주여 내게 알게 하옵소서."(4절) 원문은 "주께서 저에게 말씀하십니다. '이제 너는 들어라. 내가 말하겠다. 내가 너에게 물을 테니 너는 나에게 대답하라.'"로 되어 있다.

"내가 주께 대하여 귀로 듣기만 하였사오나 이제는 눈으로 주를 뵈옵나이다."(5절) 하나님의 음성을 통해 영안이 열려 하나님을 참되게 지각하게 되었다는 말이다. 그는 이 시련의 과정을 통해 귀로 듣기만 하던 신앙에서 하나님을 직접 보는 신앙으로 전환되었다. 간접신앙에서 직접신앙으로 바뀌진 것이다. 과거에는 들어 그저 알기만 했지만(단면적 신앙) 이제는 직접 체험함으로써 스스로 확실히 깨닫게 되었다(입체적 신앙).

"그러므로 내가 스스로 거두어들이고 티끌과 재 가운데에서 회개하나이다."(6절) 자신이 말한 모든 것을 부끄럽게 여기며 티끌과 재 가운데서 회개한다는 말이다. 이것은 자신을 티끌과 재와 같이 천한 자로 자처한다는 뜻이다. 내부로부터의 뉘우침을 극적으로 표현한 것이다. 욥은 진정 눈물로 참회하는 신앙을 가지게 되었다.

2. 욥이 세 친구를 용서함(7-9절)

"여호와께서는 욥에게 하시던 말씀을 마치시고 데만 사람 엘리바스에게 말씀하셨다. '나는 너와 너의 두 친구에게 분노를 금할 수 없다. 너희가 나에 대해서 말한 것이 내 종 욥의 말만큼 진실하지 못하다.'"(7절)

"그런즉 너희는 수소 일곱과 숫양 일곱을 가지고 내 종 욥에게 가서 너희를 위하여 번제를 드리라 내 종 욥이 너희를 위하여 기도할 것인즉 내가 그를 기쁘게 받으리니 너희가 우매한 만큼 너희에게 갚지 아니하리라(내가 그의 기도를 듣고 너희 어리석은 소행대로 갚지 않겠다) 이는 너희가 나를 가리켜 말한 것이 내 종 욥의 말 같이 옳지 못함이라(너희는 내 종 욥처럼 나에 대하여 진실을 말하지 않았다)."(8절) '번제'(burnt offering)는 짐승을 통째 태워 제물로 바치는 제사이다. 매일 아침, 저녁과 안식일, 또는 매달 초하루와 무교절, 속죄일에 드린다.

"이에 데만 사람 엘리바스와 수아 사람 빌닷과 나아마 사람 소발이 가서 여호와께서 자기들에게 명령하신 대로 행하니라 여호와께서 욥을 기쁘게 받으셨더라."(9절) 그들은 하나님께서 그들에게 명령하신 대로 번제를 드렸고, 하나님께서는 욥의 기도를 들어주셨다.

3. 갑절의 축복을 받은 욥(10-17절)

"욥이 자기 친구들을 위해 기도했을 때 여호와께서는 욥의 곤경을 돌이키시고(그를 다시 축복해 주셔서) 전에 그가 소유한 소유(재산)보다 갑절을 그에게 주셨다." (10절)

"이에 그의 모든 형제와 자매와 이전에 알던 이들이 다 와서 그의 집에서 그와 함께 음식을 먹고 여호와께서 그에게 내리신 모든 재앙에 관하여 그를 위하여 슬퍼하며 위로하고 각각 케쉬타 하나씩과 금 고리 하나씩을 주었더라." (11절) 친척과 친지들이 욥을 깊이 위로하고, 돈을 주기도 하고, 금반지를 끼워 주기도 했다.

'케쉬타' (*qesitah*, kesitah, a piece of silver)는 무게와 가치가 알려지지 않은 고대 화폐 단위이다. 금괴(gold bullion, ISV), 금 조각, 또는 은으로 번역되기도 한다. 양 한 마리의 값 정도일 것으로 추정되기도 한다. '금 고리'는 귀걸이나 코걸이를 가리킨다. 이것은 방문객이 축하나 문상을 위해 찾아올 때 가져오는 선물의 일종이었다(대하 32:23).

"여호와께서 욥의 말년에 욥에게 처음보다 더 복을 주시니 그가 양 만 사천과 낙타 육천과 소 천 겨리와 암나귀 천을 두었고" (12절) 하나님께서는 욥의 말년에 처음보다 더 많은 복을 주셨다. 그래서 이제 그는 양 14,000마리, 낙타 6,000마리, 소 2,000마리, 암나귀 1,000마리를 소유하게 되었다. '겨리' (*semed*, yoke)는 소 두 마리가 끄는 쟁기이다. 여기서는 '둘' 을 의미하는 수사로 사용되었다.

"또 아들 일곱과 딸 셋을 두었으며 그가 첫째 딸은 여미마라 이름하였고 둘째 딸은 긋시아라 이름하였고 셋째 딸은 게렌합북이라 이름하였으니." (13, 14절) 하나님은 욥에게 아들 7과 딸 3을 주셨다. 그는 졸지에 아들 9과 딸 3

등 10자녀를 잃었지만 하나님은 그 믿음을 보시고 10자녀 모두를 다시 주심으로 가정을 회복시켜 주셨다. '여미마' (Jemimah)는 '낮과 같이 밝은', 비둘기같이 순결한' 이라는 뜻을, '긋시아' (Keziah)는 '계피 향기' (기쁨을 상징), '게렌합북' (Keren-happuch)은 '염료의 뿔' (눈이나 눈썹을 그리는 염료를 넣어두는 뿔과 같이 영광을 담아두는 자)라는 뜻을 가지고 있다.

"모든 땅에서 욥의 딸들처럼 아리따운 여자가 없었더라 그들의 아버지가 그들에게 그들의 오라비들처럼 기업을 주었더라."(15절) '기업' (*nahalah*, inheritance)은 '토지', '점유' 의 뜻을 가지고 있다. 여기서는 욥의 딸들에게 물려주는 상속재산을 말한다. 당시에는 아들이 없는 경우 딸들에게 유산을 분배했는데(민 27:8), 욥은 그와 관계없이 딸들에게도 유산을 분배했다.

"그 후에 욥이 백사십 년을 살며 아들과 손자 사 대를 보았고, 욥이 늙어 나이가 차서 죽었더라."(16, 17절) 그 후 욥은 140년을 살면서 자손을 4대까지 보았으며, 이렇게 오래 살다가 세상을 떠났다.

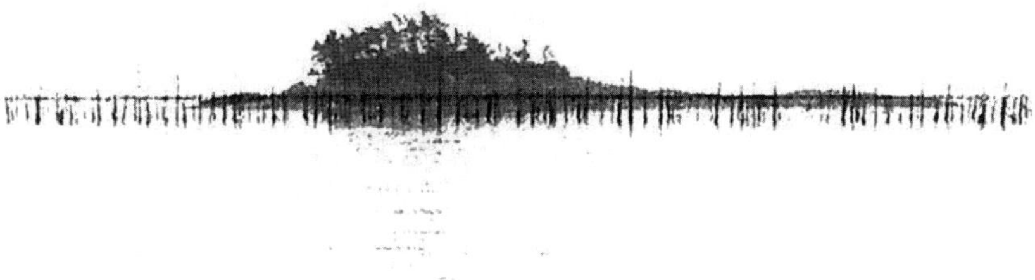

Ecclesiastes

전도서

"전도자가 이르되
헛되고 헛되며 헛되고 헛되니
모든 것이 헛되도다."(2절)
'헛됨' (*habel*, vanity)은 '공허함',
'무의미함' 을 뜻한다.
'헛되고 헛되다' 는 것은
전적으로 희망이 없이 헛되다는 뜻이다.
절대자 하나님을 잃어버린
인간의 최후의 절망적인 탄식을
나타낸다.

제1장

모든 것의 헛됨과 지성주의에 대한 경고

1. 모든 것이 헛되다(1-11절)

"다윗의 아들 예루살렘 왕 전도자의 말씀이라."(1절) 이것은 다윗의 아들이며 예루살렘의 왕인 전도자 솔로몬의 말이다. '전도자' (*kohelet*, preacher, teacher)는 '회중을 모으는 사람' 이라는 뜻이다. 사람이 모인 곳에서 말하는 사람이라는 의미를 살려 '전도자' , 곧 설교자로 번역되었다. 때로 연사, 의장, 대변인, 철학자, 교사 등으로 번역되기도 한다.

"전도자가 이르되 헛되고 헛되며 헛되고 헛되니 모든 것이 헛되도다."(2절) '헛됨' (*habel*, vanity)은 '공허함' , '무의미함' 을 뜻한다. '헛되고 헛되다' 는 것은 전적으로 희망이 없이 헛되다는 뜻이다. 절대자 하나님을 잃어버린 인간의 최후의 절망적인 탄식을 나타낸다.

"해 아래에서 수고하는 모든 수고가 사람에게 무엇이 유익한가."(3절) 사람이 세상에서 아무리 수고한들, 무슨 보람이 있는가. '유익' (*yitrown*, profit)은 문자적으로 '거래가 끝난 후 남은 것' (이익, 이윤)을, 비유적으로는 '이로운 것' 을 가리킨다. '해 아래서' 는 '이 땅에서' 를 뜻한다.

"한 세대(*dowr*, generation)는 가고 한 세대는 오되 땅은 영원히 있도다."(4절) 한 세대가 가고, 또 한 세대가 오지만, 세상은 언제나 그대로다.

"해는 뜨고 해는 지되 그 떴던 곳으로 빨리 돌아가고."(5절) 해는 여전히 뜨고 또 여전히 지며 제자리로 돌아간다. 그리고 다시 떠오른다. 자연도 그대로라는 말이다. "바람은 남으로 불다가 북으로 돌아가며 이리 돌며 저리 돌아 바람은 그 불던 곳으로 돌아가고."(6절) 바람도 이리 돌고 저리 돌다가 불던 곳으로 돌아간다. "모든 강물은 다 바다로 흐르되 바다를 채우지 못하며 강물은 어느 곳으로 흐르든지 그리로 연하여 흐르느니라."(7절) 모든 강물이 바다로 흘러가도, 바다는 넘치지 않는다. 그 물은 강으로 되돌아가 다시 바다로 흐른다. 자연은 순환한다는 말이다.

"모든 만물이 피곤하다는 것을 사람이 말로 다 말할 수는 없나니 눈은 보아도 족함이 없고 귀는 들어도 가득 차지 아니하도다."(8절) 만물이 다 지쳐있음(*yegeim*, wearisome, 단조로운 순환과정으로 지쳐있음)을 사람이 말로 다 나타낼 수 없다. 그런데도 사람은 아무리 많은 것을 보고 들어도 만족할 줄 모른다.

"이미 있던 것이 후에 다시 있겠고 이미 한 일을 후에 다시 할지라 해 아래에는 새 것이 없나니."(9절) 전에 있던 것이 다시 있을 것이고, 이미 한 일도 다시 하게 될 것이다. 세상에는 아무것도 새로운(*hadas*, new) 것이 없다. "무엇을 가리켜 이르기를 보라 이것이 새 것이라 할 것이 있으랴 우리가 있기 오래 전 세대들에도 이미 있었느니라."(10절) '보라, 이것은 새 것이다.' 라고 말할 수 있는 게 무엇인가? 그것은 우리가 태어나기 오래 전부터 있었던 것이다.

"이전 세대들이 기억됨이 없으니 장래 세대도 그 후 세대들과 함께 기억됨이 없으리라."(11절) 지나간 세대는 잊혀지고, 앞으로 올 세대도 그 다음 세대가 기억해 주지 않을 것이다. 사람이 아무리 큰 업적이나 명성을 이뤄냈다 하더라도 죽은 뒤 역사가 흘러가면 결국 잊어버리게 된다는 뜻이다. 하지만 기독교의 부활의 소망은 삶의 영원한 미래적 가치를 제공한다는 점에서 다르다.

2. 지혜의 헛됨: 지성주의의 헛됨(12-18절)

"나 전도자는 예루살렘에서 이스라엘 왕이 되어 마음을 다하며 지혜를 써서 하늘 아래에서 행하는 모든 일을 연구하며 살핀즉 이는 괴로운 것이니 하나님이 인생들에게 주사 수고하게 하신 것이라."(12, 13절) 나 전도자는 예루살렘에서 이스라엘의 왕이 되어 정신을 집중하고 지혜(*hakmah*, wisdom)를 모아 이 세상의 모든 일을 깊이 연구하고 살펴보았다. 심혈을 기울여 알아낸 결과 하나님이 주신 인간의 운명은 괴롭고 고통스러운 것이었다. 하나님은 왜 사람을 이런 수고로운 일에다 얽어매어 꼼짝도 못하게 하시는 것인가?

"내가 해 아래에서 행하는 모든 일을 보았노라 보라 모두 다 헛되어 바람을 잡으려는 것이로다."(14절) 세상에서 벌어지는 온갖 일을 보니 그 모두가 헛되어 바람을 잡으려는 것과 같다.

"구부러진 것도 곧게 할 수 없고 모자란 것도 셀 수 없도다."(15절) 비틀어진 것(crooked)은 바로잡을 수 없고, 없는 것(what is lacking, wanting, 부족한 것)은 그 수를 셀 수가 없다. 솔로몬은 지식의 한계를 노출시킴으로써 지성주의의 헛됨을 지적하고 있다. 지식이 할 수 있는 것도 많지만 지식이 할 수 없는 것은 너무 많다. 그 한계를 통해 하나님을 발견하도록 한다. 하나님 없는 지식은 결국 아무 쓸모가 없기 때문이다. 아무리 지식이 많은 사람도 도덕적인 면에서 많이 넘어진다. 하나님 없는 지식은 넘어진다. 하나님을 경외하는 것이 지식의 근본이다.

"내가 내 마음 속으로 말하여 이르기를 보라 내가 크게 되고 지혜를 더 많이 얻었으므로 나보다 먼저 예루살렘에 있던 모든 사람들보다 낫다 하였나니 내 마음이 지혜와 지식을 많이 만나 보았음이로다."(16절) 나는 혼자 이런 생각을 해 보았다. '나는 나보다 먼저 예루살렘을 다스린 그 어떤 사람보다 더 위대하고 지혜로우며 많은 지혜와 지식을 쌓았다.' 솔로몬이 속으로는 멜기세덱과 아도니세덱(Adanizedek) 같은 왕을 포함하여 자기보다 먼저 예루살렘에 거주했던 자들보다 자신이 훨씬 더 낫다고 생각했음을 말한다. 지혜에 관한 한 자부심이 컸음을 보여준다.

"내가 다시 지혜를 알고자 하며 미친 것들(madness)과 미련한 것들(folly)을 알고자 하여 마음을 썼으나 이것도 바람을 잡으려는 것인 줄을 깨달았도다."(17절) 나는 또 무엇이 슬기롭고 똑똑한 것인지, 무엇이 얼빠지고 어리석은 것인지를 구별하려고 심혈을 기울였다. 그러나 그처럼 알려고 하는 그것 또한 바람을 잡으려는 것과 같은 일임을 알게 되었다. 솔로몬은 지혜의 추구까지 의심했다.

지혜가 많으면 번뇌도 많으니 지식을 더하는 자는 근심을 더하느니라(18절) 지혜가 많으면 번뇌도 많고, 아는 것이 많으면 걱정도 많은 법이다. 여기서 '지혜'는 도덕적이고 윤리적인 그리고 일상생활에서 터득하는 지혜를 뜻한다. 인간의 지식(*daat*, knowledge)은, 한 가지 문제를 해결하면 또 다른 문제를 불러와 한계를 느낄 수밖에 없다. 많은 지식이 번뇌와 근심을 가져온다. 하나님이 없는 지식은 멸망을 가져온다.

제2장

쾌락과 부귀영화의 헛됨, 인간사의 모든 수고가 헛됨

1. 쾌락과 부귀영화의 헛됨(1-11절)

"나는 혼자서 이런 생각도 해 보았다. '내가 시험 삼아 너를 즐겁게 할 것이니, 너는 네 마음껏 즐겨라.' 그러나 이것도 헛된 일이다."(1절) 나는 마음껏 즐기며 행복을 누리겠다고 생각했지만 이것 역시 헛된 것이다.

"내가 웃음에 관하여 말하여 이르기를 그것은 미친 것이라 하였고 희락에 대하여 이르기를 이것이 무슨 소용이 있는가 하였노라."(2절) 알고 보니 웃는 것은 '미친 것'(어리석은 짓)이고, 즐거움은 '쓸데없는 것'(아무 유익이 없는 것)이다. '웃음'(laughter)과 '희락'(*mirth*, pleasure)은 정신적, 영적 기쁨이 아니라 육체적, 세속적 쾌락을 말한다.

"그래서 지혜를 갈망해 온 나는 술로 내 육신을 즐겁게 하고 낙을 누려 보려고 마음먹은 적도 있다(지혜로운 길을 추구하면서 술로 내 인생을 즐기려고 하였다.) 참으로 어리석게도, 이렇게 사는 것이 짧은 한평생을 가장 보람 있게 사는 것이라고 생각하였다."(3절) '육신'(*besar*, flesh)은 모든 육적 존재를 가리키는 말이다.

"내가 한 사업(works, 일)은 수없이 많다. 나는 나를 위하여 집을 짓고 포도원을 가꾸었다."(4절) '나를 위하여'는 솔로몬이 시도한 모든 사업들이 자신의 욕망을 채우기 위한 것이었음을 보여준다. "여러 동산과 과원을 만들고 그 가운데에 각종 과목을 심었으며 나를 위하여 수목을 기르는 삼림에 물을 주기 위하여 못들을 팠으며."(5, 6절) 정원과 공원을 만들어 각종 과일 나무를 심었고 관개 시설을 위해 저수지를 팠다.

"많은 노예를 사들이고 내 집에서도 노예를 낳게 하였으며 나보다 먼저 예루살렘에 살았던 그 어떤 사람보다도 많은 가축을 소유하였다. 나는 또 많은 왕들과 여러 도에서 은과 금을 거둬들였으며 노래로 나를 즐겁게 하는 남녀와 뭇 남성들이 좋아하는 여자와 첩을 수없이 거느리고 있었다."(7, 8절) 예루살렘의 그 어떤 사람보다 부유했고 안 해본 것 없었다. 이것은 그가 얼마나 잘났는가를 보여준다. '노래로 나를 즐겁게 하는 남녀'는 이방 나라로부터 들어온 풍습 중 하나로 왕실 연회석이나 큰 축제 때 흥취를 돋우기 위해 출연하는 가수들로, 대부분 방탕한 자들이다.

"내가 이같이 창성하여 나보다 먼저 예루살렘에 있던 모든 자들보다 더 창성하니 내 지혜도 내게 여전하도다."(9절) 드디어 나는 일찍이 예루살렘에 살던 어느 누구보다도 더 큰 세력을 가진 사람이 되었다. 지혜가 늘 내 곁에서 나를 깨우쳐 주었다.

"무엇이든지 내 눈이 원하는 것을 내가 금하지 아니하며 무엇이든지 내 마음이 즐거워하는 것을 내가 막지 아니하였으니 이는 나의 모든 수고를 내 마음이 기뻐하였음이라 이것이 나의 모든 수고로 말미암아 얻은 몫이로다."(10절) 원하던 것을 나는 다 얻었다. 누리고 싶은 낙은 무엇이든 삼가지 않았다. 나는 하는 일마다 다 자랑스러웠다. 이것은 내가 수고하여 얻은 나의 몫인 셈이었다. "그 후에 내가 생각해 본즉 내 손으로 한 모든 일과 내가 수고한 모든 것이 다 헛되어 바람을 잡는 것이며 해 아래에서 무익한 것이로다."(11절) 인간의 제아무리 위대한 업적도 죽음을 극복하지 못하며, 쾌락도 만족이 없고, 부도 궁극적으로 만족을 줄 수 없다.

2. 인간사의 모든 수고가 헛됨(12-26절)

"그래서 내가 지혜와 망령됨(madness)과 어리석음(folly)이 무엇인지 다시 생각하게 되었는데 결국 왕은 이전의 왕들이 이미 하던 일을 되풀이하고 있을 뿐이다."(12절) '망령됨과 어리석음' 은 정신이 이상하고 머리가 모자라는 상태가 아니라 도덕적으로 정상이 아닌 상태를 뜻한다.

"내가 보니 지혜가 우매보다 뛰어남이 빛이 어둠보다 뛰어남 같도다."(13절) 내가 보기에 지혜가 어리석음보다 나은 것은 빛이 어두움보다 나은 정도에 불과하다. "지혜로운 사람에게는 머리에 눈이 있으나 어리석은 사람은 어두움 속을 다니고 있다. 그러나 나는 이들이 당할 운명이 같은 것을 깨닫고 혼자 이런 생각을 하였다. '어리석은 자가 당한 일을 나도 당하게 된다. 그렇다면 내가 지혜로운 사람이 되어 얻은 유익이 무엇인가?' 이것도 역시 헛된 것이다."(14, 15절)

"지혜자도 우매자와 함께 영원하도록 기억함을 얻지 못하나니(영원히 기억되지는 못할 것이며) 후일에는 모두 다 잊어버린 지 오랠 것임이라(언젠가는 다 잊히고 말 것이다) 오호라 지혜자의 죽음이 우매자의 죽음과 일반이로다."(16절) 죽으면 지혜로운 사람이나 어리석은 사람이나 마찬가지이다. 여기서 지혜에도 실망을 느낀 솔로몬을 본다.

"이러므로 내가 사는 것을 미워하였노니 이는 해 아래에서 하는 일이 내게 괴로움이요 모두 다 헛되어 바람을 잡으려는 것이기 때문이로다."(17절) 그러므로 산다는 것이 나에게 아무런 의미도 없다. 세상의 모든 일이 다 괴로운 것뿐이며 허무하여 바람을 잡으려는 것과 같다.

"내가 해 아래에서 내가 한 모든 수고를 미워하였노니 이는 내 뒤를 이을 이에게 남겨 주게 됨이라."(18절) 내가 수고한 모든 일이 아무 쓸모가 없는 것은 내 다음 사람에게 그 모든 것을 물려주어야 하기 때문이다. "그가 지혜자(지혜로운 사람)일지 우매자(어리석은 사람)일지 누가 알겠는가? 내가 해 아래에서 내 지혜를 다하여 수고한 모든 결과를(온갖 정력과 지혜를 쏟아 이룩한 것을) 그가 다스릴 것이니(그에게 물려주어 다 관리하게 해야 하니) 이것도 헛되도다."(19절)

"이러므로 내가 해 아래에서 한 모든 수고에 대하여 내가 내 마음에 실망하였도다."(20절) 그러므로 나는 이 세상에서 고되게 일한 것을 후회하게 되었다.

"어떤 사람은 그 지혜와 지식과 재주(skill)를 다하여 수고하였어도 그가 얻은 것을 수고하지 아니한 자에게 그의 몫으로 넘겨주리니 이것도 헛된 것이며 큰 악이로다."(21절) 사람이 지혜와 지식과 기술을 총동원하여 아무리 수고한 일이라도 그 모든 것을 수고하지 않은 다른 사람에게 넘겨 줄 수밖에 없으니 이것도 헛되고 불행한 일이다.

"사람이 해 아래에서 행하는 모든 수고와 마음에 애쓰는 것이 무슨 소득이 있으랴."(22절) 사람이 이 세상에서 애쓰고 수고하여 얻는 것이 무엇인가? "일평생에 근심하며 수고하는 것이 슬픔뿐이라 그의 마음이 밤에도 쉬지 못하나니 이것도 헛되도다."(23절) 평생을 수고하여도 근심과 고통뿐이며 그 마음이 밤에도 쉬지 못하니 이것도 헛된 것이다.

"사람에게는 먹는 것과 마시는 것, 자기가 하는 수고에서 스스로 보람을 느끼는 것, 이보다 더 좋은 것은 없다. 알고 보니, 이것도 하나님이 주시는 것이다."(24절) "아, 먹고 즐기는 일을 누가 나보다 더 해 보았으랴."(25절) 하나님께서 자기에게 이 기회를 주셨다는 말이다. 따라서 "그를 떠나서(하나님께서 주시지 않고서야) 누가 먹거나 즐거워할 수 있으랴."로 번역하기도 한다.

"하나님은 그가 기뻐하시는 자에게는 지혜와 지식과 희락(행복, 기쁨)을 주시나 죄인에게는 노고를 주시고 그가 모아 쌓게 하사 하나님을 기뻐하는 자에게 그가 주게 하시지만(넘겨주도록 하신다) 이것도 헛되어 바람을 잡는 것이로다(죄인의 수고도 헛되어서 바람을 잡으려는 것과 같다.)"(26절) 죄인이 많은 시간을 할애하여 수고하며 재산을 쌓지만 결국 그것을 누리는 사람은 따로 있다는 말이다. 단지 세상적인 욕구를 만족시키는 삶에 그치는 것이 아니라 하나님을 기쁘게 하는 삶이어야 한다. 여기서 '바람'(*ruah*, wind)은 덧없음을 뜻한다.

제3장

만사에 다 때가 있음, 때의 주관자이신 하나님, 인생의 헛됨

1. 만사에 다 때가 있다(1-8절)

"범사에 기한이 있고 천하만사가 다 때가 있나니."(1절) 모든 일에는 다 때(*et*, time)가 있다. 세상에서 일어나는 일마다 알맞은 때가 있다. '범사'(everything)는 '모든 활동'으로, 문자적으로는 '사람이 갈망하는 것'이다. 사람의 의도적인 행동들을 가리킨다. 하나님은 여러 가지 서로 다른 사건들이 정해진 때에 따라 나타나도록 세상의 일을 섭리하고 계신다. 이 말은 하나님이 세상을 의미 없는 우연한 세상으로 만들지 않으셨다는 뜻이다. 하나님께서 주권적으로 섭리하시는 세상에서 우연히 일어나는 일은 없다. '천하만사'(*kol hapes*, all activity)는 '기뻐하다', '좋아하다'는 뜻을 가진 'haphets'에서 유래된 말로, 처음에는 '기쁨', '소원' 등의 뜻이었으나 나중에는 '일', '사건'을 의미하게 되었다.

"날 때가 있고 죽을 때가 있으며 심을 때가 있고 심은 것을 뽑을 때가 있으며"(2절) '죽음'(*muth*, death)은 생명의 소멸만을 의미하는 것이 아니다. 하나님이 사람을 겸손하게 하기 위해 주시는 모진 고난을 뜻하기도 한다.

"죽일 때가 있고 치료할 때가 있으며 헐 때가 있고 세울 때가 있으며."(3절) "울 때가 있고 웃을 때가 있으며 슬퍼할 때가 있고 춤출 때가 있으며."(4절)

"돌을 던져 버릴 때가 있고 돌을 거둘 때가 있으며 안을 때가 있고 안는 일을 멀리 할 때가 있으며."(5절) 돌을 흩어버릴 때가 있고, 모아들일 때가 있다. 껴안을 때가 있고, 껴안는 것을 삼갈 때가 있다. '돌을 던져 버릴 때가 있고 돌을 거둘 때가 있으며' 를 '연장을 쓸 때가 있으면 써서 안 될 때가 있고.' 로 번역하기 한다(공동번역).

"찾을 때가 있고 잃을 때가 있으며 지킬 때가 있고 버릴 때가 있으며."(6절) "찢을 때가 있고 꿰맬 때가 있으며 잠잠할 때가 있고 말할 때가 있으며."(7절) "사랑할 때가 있고 미워할 때가 있으며 전쟁할 때가 있고 평화할 때가 있느니라."(8절)

2. 때의 주관자는 하나님이시다(9-15절)

"일하는 자가 그의 수고로 말미암아 무슨 이익이 있으랴."(9절) 그러니 사람이 애써 수고하는 일이 무슨 소용이 있겠는가. 사람이 수고하여 실제로 얻는 것이 무엇인가.

"하나님이 인생들에게 노고를 주사 애쓰게 하신 것을 내가 보았노라."(10절) 이제 보니 이 모든 것은 하나님이 사람에게 수고하라고 지우신 짐이다.

"하나님이 모든 것을 지으시되 때를 따라 아름답게 하셨고 또 사람들에게는 영원을 사모하는 마음을 주셨느니라 그러나 하나님이 하시는 일의 시종을 사람으로 측량할 수 없게 하셨도다."(11절) 하나님은 모든 것을 때를 따라 아름답게 만드시고 사람에게 영원을 사모하는 마음을 주셨다(set eternity in their hearts). 헛된 세상에서 당당하게 살라고 영원을 사모하는 마음을 주신 것이다. 그러나 인간은 타락 이후로 하나님과의 단절로 인하여 하나님이 하시는 일을 처음부터 끝까지 이해할 수가 없다. 삶의 의미와 영원한 가치를 발견하기 위해서는 하나님의 도움이 절대적으로 필요하다. 하나님을 경외할 때 하나님이 주신 삶의 은총을 통해 그 가치를 발견할 수 있다.

"사람들이 사는 동안에 기뻐하며 선을 행하는 것보다 더 나은 것이 없는 줄을 내가 알았고."(12절) 사람이 사는 동안 기쁘게 사는 것, 살면서 좋은 일을 하는 것, 사람에게 이보다 더 좋은 것이 없음을 깨달았다. 하나님께서 헛된 세상에서 보람되게 살라고 선(*towb*, the good)을 행하는 기쁨을 주셨다. 13절에서는 '선'을 '낙'으로 번역했다.

"사람마다 먹고 마시는 것과 수고함으로 낙(*towb*, the good)을 누리는 그것이 하나님의 선물인 줄도 또한 알았도다."(13절) 사람이 먹을 수 있고, 마실 수 있고, 하는 일에 만족을 누릴 수 있다면, 이것이야말로 하나님이 주신 선물(은총)이다. 헛된 세상에서 행복하게 살라고 작은 것들, 평범한 것들에서 기쁨을 얻게 하셨다. "먹고 마시고 일하는 것"은 평범한 것을 의미한다. 이 일이 매우 중요한 일임에도 불구하고 우리가 매일 하다 보니 그 중요성을 잃어버리고 더 자극적인 것에서 기쁨을 찾으려 별의별일을 다한다. 하나님은 행복을 작고 시시한 것에 담아 놓으셨다. '선물'(*mattat*, gift)은, 하나님에 대해서는 헌물로, 하나님으로부터 주어지는 것에 대해서는 '선물'(은총)로 쓰인다.

"하나님께서 행하시는 모든 것은 영원히 있을 것이라 그 위에 더 할 수도 없고 그것에서 덜 할 수도 없나니 하나님이 이같이 행하심은 사람들이 그의 앞에서 경외하게 하려 하심인 줄을 내가 알았도다."(14절) 하나님이 하시는 모든 일은 언제나 한결같다. 거기에다가는 보탤 수도 없고 뺄 수도 없다. 하나님이 이렇게 하시는 목적은 사람이 그를 두려운 마음으로 섬기도록 하기 위해서이다. "이제 있는 것이 옛적에 있었고 장래에 있을 것도 옛적에 있었나니 하나님은 이미 지난 것을 다시 찾으시느니라."(15절) 지금 있는 일도 오래 전에 있었던 일이며 앞으로 일어날 일도 전에 다 있었던 일이다. 이와 같이 하나님은 지나간 일들이 반복해서 일어나게 하신다.

3. 인생은 헛되다(16-22절)

"내가 보니 이 세상에는 잘못된 것이 많이 있다. 법정에도 악이 있고 반드시 정의가 실현되어야 하는 곳에도 악이 있다."(16절) "나는 혼자 이런 생각을 하였다. '하나님은 의로운 자와 악인을 다 같이 심판하실 것이다. 이것은 모든 일과 사건이 일어난 때가 있기 때문이다.'"(17절)

"내가 내 마음속으로 이르기를 인생들의 일에 대하여 하나님이 그들을 시험하시리니 그들이 자기가 짐승과 다름이 없는 줄을 깨닫게 하려 하심이라 하였노라."(18절) 나는 또 사람이 짐승과 다를 것이 없다는 것을 깨닫게 하려고 하나님이 인간을 시험하시는 사실도 알게 되었다.

"사람에게 닥치는 운명이나 짐승에게 닥치는 운명이 같다. 같은 운명이 둘 다를 기다리고 있다. 하나가 죽듯이 다른 하나도 죽는다. 둘 다 숨을 쉬지 않고는 못 사니, 사람이라고 해서 짐승보다 나을 것이 무엇이냐? 모든 것이 헛되다."(19절) 이 말은 죄의 삯인 사망을 인간 스스로는 극복할 수 없다는 점에서 짐승과 마찬가지라는 말이다.

"다 흙으로 말미암았으므로 다 흙으로 돌아가나니 다 한 곳으로 가거니와."(20절) 사람과 짐승 모두 흙에서 났으므로 흙으로 돌아간다. "사람의 영은 위로 올라가고 짐승의 영은 아래 땅으로 내려간다고 하지만, 누가 그것을 알겠는가."(21절) '혼' (*ruah*)은 문자적으로 '호흡', '바람'을 뜻한다. 여기에서는 하나님이 불어 넣으신 생기를 가리킨다. 19절의 '호흡'과 같은 단어이다.

"그러므로 나는 사람이 자기 일에 즐거워하는 것(자기 일에 즐거움을 느끼는 것)보다 더 나은 것이 없음을 보았나니 이는 그것이 그의 몫이기 때문이라 아, 그의 뒤에 일어날 일(사람이 죽은 후에 일어나는 사건)이 무엇인지를 보게 하려고(볼 수 있도록) 그를 도로 데리고 올 자가 누구이랴(사람을 다시 살릴 자가 누구인가)."(22절)

제 4 장

세상의 학대와 시기, 구두쇠의 부질없음, 협력관계의 이점, 권력과 명성의 헛됨

1. 세상의 학대와 시기(1-8절)

"나는 또 해 아래에서(세상에서) 벌어지는 온갖 학대(억압)을 보았다. 억눌리는 사람들이 눈물을 흘려도, 그들을 위로하는 사람이 없다. 억누르는 사람들은 권세(폭력)를 휘두르는데, 억눌리는 사람들을 위로하는 사람이 없다." (1절) 학대(*ashuqim*, oppression, extortion)는 '억압', '압제', '속여 취함'을 뜻한다. 가지지 못한 자들에 대한 정치, 사회적 압박과 탄압이 큼을 보여준다.

"그래서 나는 이미 죽은 자가 지금 살아 있는 자보다 더 행복하다고 말하였다." (2절) "그리고 이 둘보다는, 아직 태어나지 않아서 세상에서 저질러지는 온갖 악한(못된) 일을 보지 못한 사람이 더 낫다고 하였다." (3절)

"내가 또 본즉 사람이 모든 수고와 모든 재주로 말미암아 이웃에게 시기를 받으니 이것도 헛되어 바람을 잡는 것이로다." (4절) 나는 또 사람들이 열심히 일하여 성공하고자 하는 동기가 자기 이웃에 대한 시기(경쟁심) 때문인 것을 알았다. 이것 역시 헛되고 바람을 잡으려는 것과 같다. '재주' (*kishron*, skill, success)은 '성공', '유익' 이라는 뜻을 가지고 있다. 사업의 성취를 가리킨다.

"우매자는 팔짱을 끼고 있으면서 자기의 몸만 축내는도다." (5절) 어리석은 사람은 팔짱을 끼고 앉아서, 제 몸만 축낸다(자기 자신을 파멸시킨다.)고 말한다. 무엇인가를 이루려는 소망도 없이 가진 것으로 만족하며 살면 게으르고 바보 같이 보일 것이다. "두 손에 가득하고 수고하며 바람을 잡는 것보다 한 손에만 가득하고 평온함이 더 나으니라."(6절) 하지만 별로 가진 것이 없어도 마음이 편안히 사는 것이 많은 것을 갖고도 정신없이 일하며 바람을 잡으려는 것보다 낫다. 노동의 참된 의미는 재물의 축적에 있는 것이 아니라 안식에 있음을 보여준다.

2. 구두쇠의 부질없음(7-8절)

"내가 또 다시 해 아래에서 헛된 것을 보았도다."(7절) 이 밖에도 세상에서 또 헛된 것을 보았다.

"어떤 사람은 아들이나 형제도 없이 혼자 살면서 억척스럽게 일하며 자기 부를 만족하게 여기지 않는다. 그는 즐거움도 마다하고 누구를 위해서 그처럼 열심히 일하는가? 이것도 다 헛된 것이며 불행한 일이다."(8절) 자신의 욕심만을 채우기 위해 혼자서 애쓰는 구두쇠의 모습은 헛되고 불행한 일이라는 것이다. 축적된 재산은 가족과 이웃을 위해 사용될 때 보람이 있고 기쁨이 따르는 법인데, 오직 재산 축적만을 위해 수고한다는 것은 부질없다는 말이다.

3. 협력의 이점(9-12절)

구두쇠의 부질없음에 이어 전도자는 다른 사람과의 협력을 강조하고 있다.

"두 사람이 한 사람보다 나음은 그들이 수고함으로 좋은 상을 얻을 것임이라."(9절) 두 사람이 한 사람보다 더 나은 것은 협력하므로 일을 효과적으로 할 수 있기 때문이다. 인간의 삶은 이웃과의 참된 관계를 가지게 될 때 보다 향상된다.

"두 사람이 있다가 하나가 넘어지면, 다른 한 사람이 그를 일으켜 줄 수 있다. 그러나 혼자 있다가 넘어지면 불행하게도 일으켜 줄 사람이 없다."(10절) 어려움에 처했을 때 서로 도움을 받을 수 있다. 두 사람이 함께 여행을 갔을 때 한 사람이 말에서 떨어지면 다른 한 사람이 그에게 도움을 줄 수 있다.

"또 두 사람이 함께 누우면 따뜻하거니와 한 사람이면 어찌 따뜻하랴."(11절) 추운 방에 두 사람이 함께 누우면 따뜻해진다. 그러나 혼자서 어떻게 따뜻해질 수 있겠는가. "혼자 싸우면 지지만, 둘이 힘을 합하면 적에게 맞설 수 있다. 세 겹줄(*hamsullas*, threefold)은 쉽게 끊어지지 않는다."(12절) 강도를 만나더라도 둘이 힘을 합치면 이길 수 있다. 한 사람보다 두 사람이 낫다면, 세 사람은 훨씬 더 낫다. 서로의 협력관계는 그만큼 중하다.

2. 권력과 명성의 헛됨(13-16절)

이 부분은 해석의 어려움이 있지만 권력과 명성도 일시적임을 강조하고 있다.

"가난하여도 지혜로운 젊은이가 늙고 둔하여 경고를 더 받을 줄 모르는 왕보다 나으니."(13절)아무리 나이가 많아도 신하의 직언을 듣지 않는 왕은 어리석다. 그보다는 가난할지라도 슬기로운 젊은이가 더 낫다.

"그는 자기의 나라에서 가난하게 태어났을지라도 감옥에서 나와 왕이 되었음이니라."(14절) 한 나라의 가난한 집안에서 태어나서 젊어서 감옥살이를 하다가도 임금 자리에 오를 수 있다.

"내가 본즉 해 아래에서 다니는 인생들이 왕의 다음 자리에 있다가 왕을 대신하여 일어난 젊은이와 함께 있고"(15절) 내가 보니, 세상의 모든 사람이, 앞으로 왕이 될 젊은이를 따른다. 가난한 처지를 의지로 극복하고 출세한 청년이 마침내 큰 인기와 명성을 얻게 된 것으로 해석하기도 한다.

그러나 그의 명성과 권세는 오래가지 않았다. "그의 치리를 받는 모든 백성들이 무수하였을지라도 후에 오는 자들은 그를 기뻐하지 아니하리니 이것도 헛되어 바람을 잡는 것이로다."(16절) 한 왕이 다스리는 백성의 수가 셀 수 없이 많다 하여도, 그가 물러나면 어느 누구도 그의 업적을 찬양하지 않으니, 왕으로서 통치하는 것도 헛되며 바람을 잡으려는 것과 다를 바 없다. 한때 영웅으로 추앙받고 백성의 섬김을 받던 젊은 왕조차도 다음 세대에 가서는 기억에서 사라질 것이므로 이 또한 헛된 일이라는 말이다.

이 청년의 경우처럼 권세와 명성은 일시적인 것이므로, 가난한 것이 더 낫다고 말한다. 사람이 수고하는 동기라 할 수 있는 명성과 출세도, 시기나 탐욕과 같이 무의미하며 그것을 추구하는 것은 바람을 잡는 것과 같다는 것이다.

제5장

하나님을 경외하고 서원을 갚으라, 재물을 모으는 자의 헛됨

1. 하나님을 경외하고 서원을 갚으라(1-7절)

"너는 하나님의 집에 들어갈 때에 네 발을 삼갈지어다 가까이 하여 말씀을 듣는 것이 우매한 자들이 제물 드리는 것보다 나으니 그들은 악을 행하면서도 깨닫지 못함이니라."(1절) '말씀을 듣는 것'(draw near to listen)은 '주의를 기울이다'와 '복종하다'의 의미를 가지고 있다. 말씀을 듣는 것과 순종하는 것을 분리할 수 없다. 우매한 자들이 드리는 제사는 참된 제사, 참된 예배의 진지함이나 정직함 없이 형식적으로 드리는 것을 말한다. 참된 예배를 결정짓는 것은 장소가 아니라 예배자의 태도이다.

"너는 하나님 앞에서 함부로 입을 열지 말며 급한 마음으로 말을 내지 말라 하나님은 하늘에 계시고 너는 땅에 있음이니라 그런즉 마땅히 말을 적게 할 것이라."(2절) 하나님 앞에서 조심할 것 세 가지를 말하고 있다. '함부로 입을 열지 말라.' 이것은 중언부언하는 기도에 대한 경고이다. 마음을 조급하게 가져서도 안 된다. 그리고 하나님 앞에서 말을 많이 하지 않도록 주의한다.

"걱정이 많으면 꿈이 생기고 말이 많으면 우매한 자의 소리가 나타나느니라."(3절) 걱정이 많으면 꿈이 많아지고, 말이 많으면 바보 같은 소리가 나오는 법이다.

"네가 하나님께 서원하였거든 갚기를 더디게 하지 말라 하나님은 우매한 자들을 기뻐하지 아니하시나니 서원한 것을 갚으라."(4절) 서원(*neder*, vow)은 하나님께 드린 약속을 말한다. 성급한 서원은 무엇이 대상이든 경고의 대상이었다(잠 20:25). 그러나 여기에서는 서원한 것은 무엇이든 지체 없이 지킬 것을 강조하고 있다. "서원하고 갚지 아니하는 것보다 서원하지 아니하는 것이 더 나으니."(5절) 서원하고서 지키지 못할 바에는 차라리 서원하지 않는 것이 낫다.

"네 입으로 네 육체가 범죄하게 하지 말라 천사 앞에서 내가 서원한 것이 실수라고 말하지 말라 어찌 하나님께서 네 목소리로 말미암아 진노하사 네 손으로 한 것을 멸하시게 하랴."(6절) 너는 입으로 범죄하지 말아라. 너는 하나님의 사자 앞에서 네 약속이 잘못된 것이라고 말하지 말라. 하나님을 노하시게 하여 네가 한 일을 망쳐 놓을 이유가 무엇이냐. 여기서 '육체' (flesh)는 인간 전체를 가리키는 말로 사용되었다. '천사' (*malak*, messenger)는 '메시지를 전하는 사자', '대표자' 등의 뜻을 가지고 있다. 경우에 따라서는 선지자, 제사장도 이 명칭으로 불린다.

"꿈이 많으면 헛된 것이 많고, 말이 많아도 그러하다. 오직 너는 하나님을 경외하며(두려워하며) 살라."(7절)

2. 재물을 모으는 자의 헛됨(8-20절)

8-9절은 부패한 관료들이 아랫사람을 학대하며 부당하게 탈취하는 장면을 묘사하고 있다.

"너는 어느 지방에서든지 빈민을 학대하는 것과 정의와 공의를 짓밟는 것을 볼지라도 그것을 이상히 여기지 말라 높은 자는 더 높은 자가 감찰하고 또 그들보다 더 높은 자들도 있음이니라."(8절) 가난한 자를 학대하고, 법과 정의를 짓밟는 자들을 보아도 놀라지 말라. 모든 관리는 자기보다 더 높은 자들의 감시를 받고 있다. 잘못이 드러나지 않을 수 없다.

"땅의 소산물은 모든 사람을 위하여 있나니 왕도 밭의 소산을 받느니라." (9절) 모든 사람이 농산물의 혜택을 받고 있으며 왕도 밭에서 나는 것을 먹고 산다. 이것은 소작인들을 수탈한 타락한 왕들이 곧잘 내세우던 변명이었다. 왕은 땅의 소산을 먹고 살 권리가 있다면서 과도하게 소작료를 걷어갔다.

"은을 사랑하는 자는 은으로 만족하지 못하고 풍요를 사랑하는 자는 소득으로 만족하지 아니하나니 이것도 헛되도다."(10절) 돈을 사랑하는 자가 그 돈으로 만족을 얻지 못하고 부유하기를 바라는 자가 그 수입으로 만족을 얻지 못하니 이것도 헛된 것이다. '은' (*kisep*, silver)은 돈을 총칭하는 말이다.

"재산이 많아지면 먹는 자들도 많아지나니 그 소유주들은 눈으로 보는 것 외에 무엇이 유익하랴."(11절) 재산이 늘면 그만큼 소비도 많아진다. 그 소유주의 눈을 즐겁게 하는 것 외에 무슨 유익이 있겠는가. '먹는 자들' 은 고용된 일꾼들과 집안의 종들을 말한다.

"노동자는 먹는 것이 많든지 적든지 잠을 달게 자거니와 부자는 그 부요함 때문에 자지 못하느니라."(12절) 노동자는 먹을 것이 많든 적든 단잠을 잘 수 있으나 부자는 재산이 많으므로 이것저것 걱정하다가 잠을 자지 못한다. '노동자' (worker, labouring man)는 노예를 뜻하는 것이 아니라 땀 흘리며 양식을 버는 모든 사람을 말한다. 여기서는 농부 또는 막일꾼을 가리킨다. 부자가 재물이 많으면 근심이 많아져 잠을 자지 못한다. 재물이 평안을 가져다주는 것은 아니다.

13-17절은, 개인이 소유했던 재물은 그의 죽음과 동시에 그에게서 떠나버리고 만다는 사실을 일깨워준다.

"내가 해 아래에서 큰 폐단 되는 일이 있는 것을 보았나니 곧 소유주가 재물을 자기에게 해가 되도록 소유하는 것이라."(13절) 일껏 재산을 모아 놓았는데 그 재산 때문에 우환을 당하는 일이 있다는 말이다. '폐단되는 일'(*howlah raah*, severe evil, sore evil)은 문자적으로 '심하게 병든 악'을 뜻한다. 번뇌와 분노라는 단어와 함께 사용될 때는 정신적인 질병이라는 의미가 있다. 여기서 폐단은 사람의 머리를 어지럽게 하는 해로운 문젯거리라는 의미로 사용되었다.

"그 재물이 재난을 당할 때 없어지나니 비록 아들은 낳았으나 그 손에 아무것도 없느니라."(14절) 불운이 닥쳐 재산이 달아나 후손에게 물려주지 못할 수도 있다.

"그가 모태에서 벌거벗고 나왔은즉 그가 나온 대로 돌아가고 수고하여 얻은 것을 아무것도 자기 손에 가지고 가지 못하리니."(15절) 죽으면 아무 것도 가지고 갈 수 없다.

"이것도 큰 불행이라 어떻게 왔든지 그대로 가리니 바람을 잡는 수고가 그에게 무엇이 유익하랴."(16절) 그러므로 재물을 모으려는 일평생의 수고는 바람을 잡으려는 것과 같이 헛된 일이다.

"일평생을 어두운 데에서 먹으며(평생 어둠 속에서 먹고 지내며) 많은 근심과 질병과 분노가 그에게 있느니라."(17절) 거기서 얻는 것은 번뇌와 질병과 분노뿐이다. '근심'(*kaas*, sorrow)은 문자적으로 '많은 슬픔'이란 뜻이다. 재산이 많다고 행복한 것은 결코 아니다.

"사람이 하나님께서 그에게 주신 바 그 일평생에 먹고 마시며 해 아래에서 하는 모든 수고 중에서 낙을 보는 것이 선하고 아름다움을 내가 보았나니 그것이 그의 몫(*helqow*, his heritage, 복)이로다."(18절) 삶 자체를 볼 때는 참된 만족을 얻을 수 있는 활동이란 거의 없다. 따라서 먹고, 마시고, 노동하는 삶의 기본적인 활동들 가운데서 자족하고 단순한 기쁨을 누릴 줄 안다면 그것이야말로 하나님이 주신 축복이라는 말이다. 하나님이 허락하시는 한 수고한 보람으로 먹고 마시며, 기뻐하며 사는 것이 인간이 누릴 수 있는 정당한 분복이다.

"만일 하나님이 어떤 사람에게 재물과 부요를 주셔서 그것을 누리게 하시며 제 몫을 받아 자기가 수고한 것을 즐길 수 있게 하시면 그것은 하나님의 선물(*mattat*, gift)이다."(19절) "그는 자기의 생명의 날을 깊이 생각하지 아니하리니 이는 하나님이 그의 마음에 기뻐하는 것으로 응답하심이니라."(20절) 하나님이 그의 마음에 기쁨을 채워 주셨으므로 그는 인생이 짧다는 것(인생의 덧없음)을 그리 심각하게 생각하지 않아도 된다.

제6장

부귀장수의 헛됨과 피할 수 없는 인생의 허무

"내가 해 아래에서 한 가지 불행한 일이 있는 것을 보았나니 이는 사람의 마음을 무겁게 하는 것이라(그것은 참으로 견디기 어려운 것이다.)" (1절) "하나님이 어떤 사람에게 부귀와 영화를 주어 그의 영혼이 바라는 바 무엇이든 부족하지 않게 하셨는데 하나님이 그에게 그것을 즐길 수 있도록 하지 않으심으로, 다른 사람(엉뚱한 사람)이 그것을 누리게 되니 이것도 헛되고 악한 병(비통한 일)이다." (2절)

'영혼' (*nephesh*, soul)은 문자적으로 '마음', '식욕', '목구멍' 등을 뜻한다. 같은 단어가 7절에서는 '식욕' 으로 번역되었다. 이것은 언어유희로, 마음에 원하는 것을 다 얻을 수 없는 사람일지라도 그의 식욕은 끊임없이 다시 생겨나 채워지지 않는다는 것이다. '다른 사람' (*nakeri*, foreigner)은 합법적으로 상속 자격이 없는 사람을 말한다.

"사람이 비록 백 명의 자녀를 낳고 또 장수하여 사는 날이 많을지라도 그의 영혼은 그러한 행복으로 만족하지 못하고 또 그가 안장되지 못하면 나는 이르기를 낙태된 자가 그보다는 낫다 하나니." (3절) 전도자 생각에 따르면 삶의 낙을 누리지 못하다가 죽거나 또는 명예롭지 못하고 존경 받지 못한 상태로 죽는 것은 낙태된 삶보다 못하다. '그가 안장되지 못하면', 곧 시체가 묻히지 않았다는 사실은 그 자체로서 극도의 치욕과 불명예 상태를 나타낸다.

"낙태된 아이는 헛되이 왔다가 이름 한 자 남기지 못한 채 어두움 속에서 사라지므로 빛도 보지 못하고 자기가 존재한 것도 알지 못하지만 그 사람보다는 더 평안하다."(4, 5절) 3절의 생각을 보충하는 말이다.

"그가 비록 천년의 갑절(천년씩 두 번)을 산다고 하여도 행복(즐거움)을 누리지 못한다면 그것이 무슨 소용이 있겠는가? 결국 다 같은 곳으로 돌아갈 뿐이다."(6절) 부귀영화를 갖고도 그것을 누리지 못하면 소용이 없다. 누린 자나 누리지 못한 자 모두 다 같은 곳으로 가게 된다.

"사람의 수고는 다 자기의 입을 위함이나(먹기 위해 수고하지만) 그 식욕은 채울 수 없느니라(그 식욕을 다 채우지는 못한다.)"(7절) 여기서 '식욕'은 히브리어 '네페쉬'이다(2절 참조할 것).

"지혜자가 우매자보다 나은 것이 무엇이냐 살아 있는 자들 앞에서 행할 줄을 아는 가난한 자에게는 무슨 유익이 있는가."(8절) 지혜로운 자가 어리석은 자보다 나은 것이 무엇인가? 가난한 자가 처세술을 잘 안다고 해서 무슨 소득이 있겠는가. 이것도 헛되다. '살아 있는 자들 앞에서 행할 줄을 아는' 자란 같은 시대의 사람들 사이에서 처세술, 곧 세상 살아가는 방법을 아는 자라는 뜻이다. 여기서 가난한 자는 지혜자와 동일시되는 것으로 보인다.

"눈으로 보는 것(가지고 있는 것으로 만족하는 것)이 마음으로 공상하는 것(욕심에 사로잡혀서 헤매는 것)보다 나으나 이것도 헛되어 바람을 잡는 것이로다."(9절)

"이미 있는 것은 무엇이든지 오래 전부터 그의 이름이 이미 불린 바 되었으며 사람이 무엇인지도 이미 안 바 되었나니 자기보다 강한 자와는 능히 다툴 수 없느니라."(10절) 현존하는 것이 무엇이든 그것은 오래 전에 이미 그 운명이 결정되었으며 사람이 어떻게 될 것도 이미 알려진 일이다. 그러므로 사람이 자기보다 강하신 하나님과 다투어도 소용없는 일이다.

"헛된 것을 더하게 하는 많은 일들이 있나니 그것들이 사람에게 무슨 유익이 있으랴."(11절)

"헛된 생명의 모든 날을 그림자 같이 보내는 일평생에 사람에게 무엇이 낙인지를 누가 알며 그 후에 해 아래에서 무슨 일이 있을 것을 누가 능히 그에게 고하리요."(12절) 그림자처럼 덧없이 지나가는 짧은 일생에서 사람에게 좋은 것이 무엇인지 누가 알겠는가? 사람이 죽은 후에 세상에서 일어날 일을 누가 그에게 말해 줄 수 있겠는가? '헛된 생명'은 헛된 인생이라는 뜻이다.

제7장

죽음에 대한 지혜, 지혜자의 중용적 선택, 인간의 부패와 지혜 없음

1. 죽음에 대한 지혜: 형통한 날과 곤고한 날(1-14절)

"좋은 이름(*sem*, good name)이 좋은 기름(precious ointment)보다 낫고 죽는 날이 출생하는 날보다 나으며."(1절) 좋은 명성(명예)은 값진 향수보다 낫고 죽는 날이 출생하는 날보다 낫다. '좋은 이름'은 하나님으로부터 인정받은 명예로운 이름을 말한다. '기름'(*shemen*, ointment)은 값진 향유를 말한다. 여기서는 일시적인 세상 재물을 상징한다.

"초상집에 가는 것이 잔칫집에 가는 것보다 나으니 모든 사람의 끝이 이와 같이 됨이라 산 자는 이것을 그의 마음에 둘지어다."(2절) 초상집에 가는 것이 잔칫집에 가는 것보다 더 낫다. 살아 있는 사람은 누구나 죽는다는 것을 명심하여야 한다.

"슬픔이 웃음보다 나음은 얼굴에 근심하는 것이 마음에 유익하기 때문이니라."(3절) 슬픔이 웃음보다 나은 것은 그 슬픔으로 인해서 새로운 것을 깨달을 수 있기 때문이다. '슬픔'(*kaas*, sorrow)은 단순한 슬픈 감정이 아니라 격렬한 슬픔을 뜻한다.

"지혜자의 마음은 초상집에 있으되 우매한 자의 마음은 혼인집에 있느니라."(4절) 지혜로운 사람은 죽음에 대해서 많이 생각하지만 어리석은 사람은 눈앞에 보이는 즐거움밖에 생각하지 못한다. 사후 소망이 없이 사는 사람들은 세상에서의 즐거움과 연락을 선호한다. 그러나 사후 소망에 뜻을 두고 사는 사람들은 죽음(인생의 슬픈 측면)을 진지하게 생각하고 받아들인다.

"지혜로운 사람의 책망을 듣는 것이 우매한 자들의 노래를 듣는 것보다 나으니라."(5절) 지혜자의 책망은 잘못된 것을 바로 잡고 연약한 심령을 강하게 한다. 하지만 어리석은 자들의 노래는 환락가에서 들리는 노래처럼 사람의 정신을 혼미케 하고 악인의 간사한 아첨과 같다. "어리석은 사람의 웃음소리는 가마솥 밑에서 가시나무 타는 소리와 같다. 이 또한 헛되다."(6절) 숯을 구하기 어려울 때 대신 사용한 것이 가시나무였다. "탐욕은 지혜자를 우매하게 하고(어리석게 만들고), 뇌물은 사람의 명철을 망하게 하느니라(사람의 마음을 부패하게 한다)."(7절)

"일의 끝이 시작보다 낫고 참는 마음이 교만한 마음보다 나으니."(8절) 일은 시작할 때보다 끝낼 때가 더 좋다. 마음은 자만할 때보다 참을 때가 더 낫다. '참는 마음' (the slow in spirit, patient spirit)은 문자적으로 '너그러운 마음' 을 뜻한다. "급한 마음으로 노를 발하지 말라 노는 우매한 자들의 품에 머무름이니라."(9절) 성급하게 화를 내지 말라. 바보들이나 하는 짓이다.

"옛날이 오늘보다 나은 것이 어찜이냐 하지 말라 이렇게 묻는 것은 지혜가 아니니라."(10절) 지난 날 좋았던 것들을 생각하며 현재의 고난을 참아내지 못한다면 현명하지 못한 일이다.

"지혜는 유산 같이 아름답고 햇빛을 보는 자에게 유익이 되도다."(11절) 지혜는 유산처럼 좋은 것이며 세상을 살아가는 자에게 유익하다.

"지혜의 그늘 아래에 있음은 돈의 그늘 아래에 있음과 같으나, 지혜에 관한 지식이 더 유익함은 지혜가 그 지혜 있는 자를 살리기 때문이니라."(12절) 지혜로도 보호를 받을 수 있고 돈으로도 보호를 받을 수 있으나 지혜가 더 유익한 것은 지혜가 그 사람을 살리기 때문이다. 이 '지혜' (hokmah, wisdom)

는 세상적, 인간적 차원이 아닌 신앙적, 영적 통찰력을 가진 지혜를 말한다. '그늘' (*besel*, defense)은 뜨거운 햇빛으로 몸을 보호한다. 이런 뜻에서 그늘은 '피난처', '보호' 라는 의미로 사용되었다. 여기서는 하나님의 '보호' 라는 뜻으로 사용되었다.

"하나님께서 행하시는 일을 보라(생각해보라) 하나님께서 굽게 하신 것(구부려놓으신 것)을 누가 능히 곧게 하겠느냐."(13절)

"형통한 날에는 기뻐하고 곤고한 날에는 되돌아보아라 이 두 가지를 하나님이 병행하게 하사 사람이 그의 장래 일을 능히 헤아려 알지 못하게 하셨느니라."(14절) 일이 잘되어 갈 때는 기뻐하고 어려움을 당할 때는 생각하라. 하나님은 행복도 주시고 고난도 주시므로 다음에 무슨 일이 일어날지 사람은 알 수가 없다. '곤고한 날에는 되돌아보아라.' (in the day of adversity consider) 문자적으로 '악한 날에는 유의하라' 는 말이다. 삶의 고난과 징계 속에서 하나님의 뜻을 분별하며 살라는 것이다.

인생의 희로애락은 하나님이 정하신 것이다. 그분의 비밀스런 섭리가운데 전개되어 나간다. 따라서 장차 형통할 날이 올지 곤고한 날이 올지 알 수 없다. 이런 가운데 인간이 할 수 있는 것은 하나님을 신뢰하는 것뿐이다.

2. 지혜자의 중용적 선택(15-22절)

"내 허무한 날을 사는 동안 내가 그 모든 일을 살펴보았더니 자기의 의로움에도 불구하고 멸망하는 의인이 있고 자기의 악행에도 불구하고 장수하는 악인이 있으니."(15절) 헛된 세월을 사는 동안에, 나는 두 가지를 다 보았다. 의롭게 살다가 망하는 의인이 있는가 하면, 악한 채로 오래 사는 악인도 있다.

전도자는 선한 자가 성공하고 악한 자가 고난을 당한다는 정통적인 견해를 비판한다. 그 반대의 경우가 많기 때문이다. 그러나 이것이 절망의 이유가 될 수 없고, 의를 버리고 악하게 살아도 된다는 근거가 될 수 없다. 의인에게 주어지는 시련은 하나님의 구속 목적에 일치하는 신앙의 성숙을 위한 것이기 때문이다. '내 허무한 날' (the days of my vanity, my futile life)은 전도자가 지금까지 살아온 모든 날들을 가리킨다. 이것은 짧지만 이 덧없는 세월을 보내면서 세상만사를 다 겪어본 다음에 내린 자신의 생각이라는 말이다.

16-18절에서 전도자는 이에 대한 현실적인 제안으로 중용(中庸)을 택할 것을 권하고 있다

"지나치게 의인이 되지도 말며 지나치게 지혜자도 되지 말라 어찌하여 스스로 패망하게 하겠느냐."(16절) 그러니 너무 의롭게 살지도 말고, 너무 슬기롭게 살지도 말아라. 왜 스스로를 망치려 하는가.

"지나치게 악인이 되지도 말며 지나치게 우매한 자도 되지 말라 어찌하여 기한 전에 죽으려고 하느냐."(17절) 너무 악하게 살지도 말고, 너무 어리석게 살지도 말아라. 왜 제 명도 다 못 채우고, 죽으려고 하는가.

"너는 이것도 잡으며 저것에서도 네 손을 놓지 아니하는 것이 좋으니 하나님을 경외하는 자는 이 모든 일에서 벗어날 것임이니라."(18절) 하나를 붙잡되, 다른 것도 놓치지 않는 것이 좋다. 하나님을 두려워하는 사람은 극단을 피하는 것이 좋다. "지혜가 지혜자를 성읍 가운데에 있는 열 명의 권력자들보다 더 능력이 있게 하느니라."(19절) 지혜는 슬기로운 한 사람을, 성읍을 다스리는 통치자 열 명(권력을 가진 열 사람)보다 더 강하게 만든다. 하나님을 경외하는 지혜는 유능한 통치자들의 집단 지혜보다 훨씬 위대하다.

'권력자' (*sallitim*, rulers)는 권력을 가진 지도자를 말한다. 이 구절에 따르면 한 성읍에 열 명의 지도자들이 있다. 이를 미루어볼 때 이 단어는 권력의 크고 작음에 관계없이 여러 계층의 지도자들을 가리키는 데 사용되었음을 알

수 있다. "선을 행하고 전혀 죄를 범하지 아니하는 의인은 세상에 없기 때문이로다."(20절) 항상 옳은 일만 하고 죄를 짓지 않는(좋은 일만 하고 잘못을 전혀 저지르지 않는) 의인은 세상에 하나도 없기 때문이다.

"또한 사람들이 하는 모든 말에 네 마음을 두지 말라 그리하면 네 종이 너를 저주하는 것을 듣지 아니하리라."(21절) 남들이 하는 말에 마음을 쓰지 말라. 자칫하다가는 네 종이 너를 욕하는 것(저주하는 소리)까지 듣게 된다. "너도 가끔 사람을 저주하였다는 것을 네 마음도 알고 있느니라."(22절) 너도 다른 사람을 여러 번 저주한 것(욕한 일이 많다는 것)을 네 자신이 알고 있다.

3. 인간의 부패와 지혜 없음(23-29절)

"내가 이 모든 것을 지혜로 시험하며 스스로 이르기를 내가 지혜자가 되리라 하였으나 지혜가 나를 멀리 하였도다."(23절) 내가 지혜로 이 모든 것을 시험하며 이제 "지혜로운 자가 되어야지" 하고 결심해 보았지만, 지혜가 나를 멀리하였다.

"이미 있는 것은 멀고 또 깊고 깊도다 누가 능히 통달하랴."(24절) 지혜가 무엇인지 그것이 멀고 심오하기만 하니 누가 그것을 찾을 수(알 수) 있겠는가.

"내가 돌이켜 전심으로 지혜와 명철을 살피고 연구하여 악한 것이 얼마나 어리석은 것이요 어리석은 것이 얼마나 미친 것인 줄을 알고자 하였더니."(25절) 나는 최선을 다하여 지혜를 찾고 연구하며 사물의 이치를 깨닫고 악한 것이 어리석은 것이며 어리석은 것이 미친 것임을 알고자 하였다. '내가 돌이켜' (I and my mind applied)는 문자적으로 '나와 내 마음을 돌이켜' 이다. 현재의 잘못을 반성함과 아울러 적극적으로는 바른 진리를 추구하고자 하는 의지를 담은 말이다. '연구하여' (*hesbown*, find the explanation, reason, reckoning)는 일상사와 연관된 여러 문제들을 조사하고 분별하는 행위를 나타낸다.

“마음은 올무와 그물 같고 손은 포승 같은 여인은 사망보다 더 쓰다는 사실을 내가 알아내었도다 그러므로 하나님을 기쁘게 하는 자는 그 여인을 피하려니와 죄인은 그 여인에게 붙잡히리로다.”(26절) 내가 한 가지 깨달은 사실은 죽음보다 더 지독한 것이 있는데 그것은 마음이 덫이나 그물 같고 손이 쇠사슬과 같은 여자이다. 하나님을 기쁘게 하는 자는 그런 여자를 피하지만 죄인은 그녀의 덫에 걸리고 만다.

‘포승’(*asurim*, bonds, bands, chains)은 몸을 결박하기 위해 사용되는 것으로, 여기서는 남자의 몸을 애무하여 그의 마음을 사로잡는 여인의 손길을 상징한다. 죄인은 그런 여자에게 걸려들고 만다는 말이다.

“전도자가 이르되 보라 내가 낱낱이 살펴 그 이치를 연구하여 이것을 깨달았노라.”(27절) 나 전도자가 찾고 연구하는 중에 알게 된 것은 이것이다. “내 마음이 계속 찾아보았으나 아직도 찾지 못한 것이 이것이라 천 사람 가운데서 한 사람을 내가 찾았으나 이 모든 사람들 중에서 여자는 한 사람도 찾지 못하였느니라.”(28절) 아직도 얻지 못하였지만, 다만 찾으면서 깨달은 것은 오로지 1,000명의 사람 가운데 지혜로운 남자 하나는 찾을 수 있어도, 1,000명 가운데 지혜로운 여자는 하나도 찾을 수 없었다는 것이다. 29절과 관련시킨다면 정직한 사람을 하나 얻기가 참으로 어려울 만큼 부패했다는 말이다.

“내가 깨달은 것은 오직 이것이라 곧 하나님은 사람을 정직하게 지으셨으나 사람이 많은 꾀들을 낸 것이니라.”(29절) 그리고 내가 깨달은 것은 하나님이 사람을 정직하게 만드셨지만 인간은 여러 가지 꾀를 생각해 냈다는 사실이다. 하나님은 사람을 평범하고 단순하게 만드셨지만, 우리가 우리 자신을 복잡하게 만들어 버렸다는 것이다.

제 8 장

때와 판단에 대한 인간의 한계, 삶의 부조리 문제, 인간 지성의 한계

1. 때와 판단에 대한 인간의 한계(1-10절)

"어떤 사람이 지혜 있는 사람인가? 사물의 이치를 아는 사람이 누구인가? 지혜는 사람의 얼굴을 밝게 하고 얼굴의 사나운 것(굳은 표정)을 바꾸어 준다." (1절)

"내가 권하노라 왕의 명령을 지키라 이미 하나님을 가리켜 맹세하였음이니라." (2절) 여기서 왕은 창조주 하나님을 가리킨다. "왕 앞에서 물러가기를 급하게 하지 말며 악한 것을 일삼지 말라 왕은 자기가 하고자 하는 것을 다 행함이니라." (3절) 왕은 절대적 주권을 가지신 하나님을 상징한다. 따라서 그 앞에서 급하게 물러나는 것은 하나님을 대적하는 행위이다. "왕의 말은 권능이 있나니 누가 그에게 이르기를 왕께서 무엇을 하시나이까 할 수 있으랴." (4절) 왕의 말이 곧 최고의 법인데, 누가 감히 그에게 '무엇을 하느냐' (왜 그렇게 하시는가?) 하고 말할 수 있겠는가.

"명령을 지키는 자는 불행을 알지 못하리라 지혜자의 마음은 때와 판단을 분변하나니." (5절) 왕의 명령을 지키면 해를 입지 않을 것이다. 지혜로운 사람은 왕의 명령을 수행할 시기와 방법을 안다. '때와 판단' 은 왕의 명령을 수행할 적당한 때(*eth*, time)와 절차(방법)를 말한다. '판단' (*mispat*, judgment, procedure)은 '절차', '방법' 의 뜻을 가지고 있다.

"무슨 일에든지 때와 판단이 있으므로 사람에게 임하는 화가 심함이니라." (6절) 모든 일을 하는 데는 적절한 시기와 방법이 있다. 우리는 그것에 대해서 잘 몰라 크게 고통을 당한다.

"사람이 장래 일을 알지 못하나니 장래 일을 가르칠 자가 누구이랴." (7절) 앞으로 일어날 일을 아무도 모르는데 누가 장래 일을 말해 줄 수 있겠는가.

"바람을 주장하여 바람을 움직이게 할 사람도 없고 죽는 날을 주장할 사람도 없으며 전쟁할 때를 모면할 사람도 없으니 악이 그의 주민들을 건져낼 수는 없느니라." (8절) 바람을 다스려 그치게 할 수 있는 사람이 없듯이, 자기가 죽을 날을 피하거나 연기시킬 수 있는 사람도 없다. 전쟁이 일어나면 벗어날 사람이 없듯이, 악은 악인을 구해 낼 수도 없다(행악자를 놓아 주지 않는다.) '모면할 사람' 은 전투 중에 거기서 벗어나려는 사람을 가리킨다. 전시에는 제대도 없다.

2. 삶의 부조리 문제(9-15절)

전도자는 9-15절에서 삶의 부조리 문제를 다루고 있다.

"내가 이 세상의 모든 일을 잘 살펴보니 어떤 사람은 권력을 가지고 다른 사람을 지배하며 또 어떤 사람은 그 지배아래서 고통을 당한다." (9절) 이 세상에는 권력 쥔 사람 따로 있고, 그들에게 고통 받는 사람 따로 있음을 알았다는 말이다.

"그런 후에 내가 본즉 악인들은 장사지낸바 되어 거룩한 곳을 떠나 그들이 그렇게 행한 성읍 안에서 잊어버린바 되었으니 이것도 헛되도다." (10절) 나는, 악한 사람들이 죽어서 무덤에 묻히는 것을 보았다. 그들은 거룩한 곳(성전)을 오갔던 사람들이었다. 그들은 그렇게 악한 일을 행한 그 성읍에서 잊혀졌다

(*yistakkehu*, they were forgotten). 이것을 보니 허탈한 마음이 든다. 일부 번역본에서는 '잊힌 것' 을 '칭송을 받은 것' (be praised)으로 표현하기도 했다. '거룩한 곳' (the holy place)은 성전, 예루살렘, 재판하는 곳 등 다양하게 해석되고 있다.

"하나님이 죄인들을 즉시 벌하시지 않기 때문에 사람들의 마음이 악을 행하는 데 담대하다." (11절) 악한 일을 하는데도 바로 벌이 내리지 않기 때문에 사람들은 서슴지 않고 죄를 짓는다.

"죄인이 백 번이나 악을 행하고도 장수하거니와(여전히 살아남을 수 있을는지 모르지만) 내가 알기에는 하나님을 경외하는 자(두려운 마음으로 섬기는 자)가 분명히 잘될 것이다." (12절) 죄인이 악을 행하면서도 장수할 수 있다는 것은 하나님의 심판이 유보되고 있음을 뜻한다. 그러나 심판의 날은 온다. 악인은 자신이 행한 악에 대해 책임을 져야 한다. 그러므로 참된 복락은 오직 하나님을 경외함에 달려있다.

"악인은 잘 되지 못하며 장수하지 못하고 그 날이 그림자와 같으리니 이는 하나님을 경외하지 아니함이니라," (13절) 그러나 악인은 하나님을 두려워하지 않으므로 그는 잘되지 못하고 그들의 사는 날이 그림자와 같아서 곧 죽고 말 것이다. 이 세상에서 일시적으로 번성하는 것처럼 보이는 악인의 삶은 하나님을 경외하는 자가 받는 상급과 비교할 바 되지 못한다. '장수하지 못하고' 는 12절과 모순된 것처럼 보이지만 하나님을 경외하는 의인의 삶에 비한다면 단지 '그림자' 와 같다는 말이다.

"세상에는 헛된 일(이해할 수 없는 일)이 많이 있다. 의로운 사람이 악인의 벌을 받는 경우가 있고 악인이 의로운 사람의 상을 받는 경우도 있으니 이것도 헛된 것이다." (14절) 사람들이 생각하기에는 의로운 이가 잘 되고 악인이 망할 것 같은 데 삶이라는 것이 그런 논리에 따라 움직이지 않는다는 것이다.

이것은 삶의 부조리다.

"이에 내가 희락을 찬양하노니(나는 생을 즐기라고 권하고 싶다) 사람에게, 먹고 마시고 즐기는 것보다 더 좋은 것이 세상에 없기 때문이다. 그래야 이 세상에서 일하면서, 하나님께 허락받은 한평생을 사는 동안에, 언제나 기쁨이 사람과 함께 있을 것이다."(15절) 전도자는 다시금 세상의 삶에 대해 관심을 보이면서 기쁨과 즐거움을 갖도록 권하고 있다. 이 모든 것을 하나님이 주시기 때문이다.

앞서 언급된 삶의 부조리 문제에 대해 전도자는 두 가지 해답을 제시한다. 하나는, 15절과 같이 일상의 삶에서 삶의 기쁨을 찾으라는 것이다. 다른 하나는 13절과 같이 하나님의 궁극적인 정의가 실현되리라는 것을 알라는 것이다.

3. 인간 지성의 한계(16-17절)

16-17절에서, 알 수 없는 인생의 물음에 대해 전도자의 결론은 인간이 인생에 대해 아무것도 알 수 없다는 데 만족해야 한다는 것이다. 안다고 장담해도 한계에 부딪힐 수밖에 없다. 그러므로 인간은 하나님 앞에 경건히 고개 숙이고 자기의 유한성을 고백해야 한다.

"나는 지혜를 추구하며 세상에서 일어나는 일을 알려고 애쓰는 가운데 밤낮 자지 않고 일만 하는 자가 있음을 알았다."(16절) '밤낮으로 자지 못하는 자'는 밤낮 쉬지도 않고 수고하는 자를 말한다. 그런 자의 심정을 알지만 그것 역시 헛되다는 말이다.

"그리고 하나님의 모든 행사(하나님이 하시는 일)을 살펴보니 세상에서 되어지는 일을 사람은 이해할 수가 없다. 아무리 애써서 찾는다고 해도 그 의미를 찾을 수가 없으며 지혜로운 자가 다 안다고 주장하여도 실제로 그것을 이해할 수가 없다." (17절) 인간의 지성으로는 삶의 의미를 온전히 깨달을 수 없다. 하나님만이 그 궁극적인 문제들에 대해 대답을 줄 수 있다. '하나님의 모든 행사' 는 창조주 하나님의 주권적 통치와 섭리를 가리킨다.

제9장

세상만사가 다 하나님의 손 안에 있다, 병기보다 나은 지혜

1. 세상만사가 다 하나님의 손 안에 있다(1-12절)

"이 모든 것을 내가 마음에 두고 이 모든 것을 살펴본즉 의인들이나 지혜자들이나 그들의 행위나 모두 다 하나님의 손 안에 있으니 사랑을 받을는지 미움을 받을는지 사람이 알지 못하는 것은 모두 그들의 미래의 일들임이니라."(1절) 전도자는 의인이나 지혜로운 사람이나 그들이 하는 모든 일이 하나님의 손에 달려있다는 결론을 내렸다. 하나님은 하나님의 섭리를 모르기 때문에 번영을 누릴지 고난을 받을지, 사랑을 받을지 미움을 받게 될지 모른다.

"모든 사람에게 임하는 그 모든 것이 일반이라(모두가 같은 운명을 타고 났다) 의인과 악인, 선한 자와 깨끗한 자와 깨끗하지 아니한 자, 제사를 드리는 자와 제사를 드리지 아니하는 자에게 일어나는 일들이 모두 일반이니(다 같은 운명을 타고 났다) 선인과 죄인, 맹세하는 자와 맹세하기를 무서워하는 자가 일반이로다(착한 사람이라고 해서 죄인보다 나을 것이 없고, 맹세한 사람이라고 해서 맹세하기를 두려워하는 사람보다 나을 것이 없다.)"(2절) 인간은 모두 같은 운명을 타고난 하나의 공동운명체라는 말이다. 그래서 어느 사람이든 다른 사람과 나을 것이 없다.

"모든 사람의 결국은 일반이라 이것은 해 아래에서 행해지는 모든 일 중의 악한 것이니 곧 인생의 마음에는 악이 가득하여 그들의 평생에 미친 마음을 품고 있다가 후에는 죽은 자들에게로 돌아가는 것이라."(3절) 인간이 같은 운명에 처해 있다는 것은 공평하지 못한 일이다. 그래서 사람들은 구태여 선하게 살려고 애쓰지 않고 한평생을 미친개처럼 살다가(마음에 사악과 광증을 품고 살다가) 결국 저 세상으로 가고 만다.

"모든 산 자들 중에 들어 있는 자에게는 누구나 소망이 있음은 산 개(living dog)가 죽은 사자(dead lion)보다 낫기 때문이니라."(4절) 그래도 살아 있는 자가 희망이 있는 것은 살아 있는 개가 죽은 사자보다 낫기 때문이다. 아무리 어려운 상황일지라도 살아있는 자(산 개)는 소망을 가질 수 있으므로 명성과 공적을 가졌다 하더라도 죽음과 함께 모든 것이 끝나는 자(죽은 사자)보다 낫다는 뜻이다. 개는 가장 경멸받는 동물이고, 사자는 가장 힘이 세고 위엄이 있는 동물이다. 여기는 각기 비천한 사람과 존귀한 사람을 상징한다.

"산 자들은 죽을 줄을 알되 죽은 자들은 아무것도 모르며 그들이 다시는 상을 받지 못하는 것은 그들의 이름이 잊어버린바 됨이니라."(5절) 살아있는 자들은 죽을 것을 알지만 죽은 자들은 아무것도 모르며 다시는 상도 받지 못하고 그들의 기억은 영원히 사라지고 만다. 사람들은 죽은 자들을 오래 기억하지 않는다.

"그들의 사랑과 미움과 시기도 없어진 지 오래이니 해 아래에서 행하는 모든 일 중에서 그들에게 돌아갈 몫은 영원히 없느니라."(6절) 죽은 자들에게는 그들이 살았을 때 가진 사랑과 미움과 질투도 죽음과 함께 다 사라지고, 그들은 이 세상에서 일어나는 그 어떤 일에도 참여하지 못한다. 다시 끼어들 자리가 없다.

"너는 가서 기쁨으로 네 음식물을 먹고 즐거운 마음으로 네 포도주를 마실지어다 이는 하나님이 네가 하는 일들을 벌써 기쁘게 받으셨음이니라."(7절) 그러니 지금 살아있는 너는 가서 기쁨으로 음식을 먹고 즐거운 마음으로 포도주를 마셔라. 하나님은 네가 하는 일을 이미 인정하셨다.

"네 의복을 항상 희게 하며 네 머리에 향 기름을 그치지 아니하도록 할지니라."(8절) 너는 항상 깨끗한 옷을 입고 머리를 단정하게 손질하여라. '흰 의복' (white garments)과 '향 기름' (oil)은 기쁨의 상징이다. 팔레스타인의 기복 복장은 속옷, 겉옷, 그리고 외투이다.

"네 헛된 평생의 모든 날 곧 하나님이 해 아래에서 네게 주신 모든 헛된 날에 네가 사랑하는 아내와 함께 즐겁게 살지어다 그것이 네가 평생에 해 아래에서 수고하고 얻은 네 몫이니라."(9절) 이 세상에서 하나님이 너에게 주신 덧없는 삶을 사는 동안 너는 네가 사랑하는 아내와 인생을 즐겨라. 이것은 이 세상에서 네가 수고한 것에 대한 보상(세상에서 애쓴 수고로 받는 몫)이다.

"네 손이 일을 얻는 대로 힘을 다하여 할지어다 네가 장차 들어갈 스올에는 일도 없고 계획도 없고 지식도 없고 지혜도 없음이니라."(10절) 너는 무슨 일을 하든지 최선을 다하라. 네가 앞으로 들어갈 무덤에는 일도 없고 계획도 없으며 지식이나 지혜도 없다. '스올' (*Sheol*, grave)은 음부로, 죽은 영혼이 머무르는 장소를 가리킨다. 여기서는 이 땅에서 생활에 필요한 어떤 활동도 그곳에서는 이루어지지 않기 때문에 살아있을 때 힘써 일하라는 말이다.

"내가 다시 해 아래에서 보니 빠른 경주자들이라고 선착하는 것이 아니며 (빠르다고 해서 달리기에서 이기는 것은 아니며) 용사들이라고 전쟁에 승리하는 것이 아니며 지혜자들이라고 음식물을 얻는 것도 아니며 명철자들이라고 재물을 얻는 것도 아니며 지식인들이라고 은총을 입는 것이 아니니(배웠다고 해서 늘 잘되는 것도 아니니) 이는 시기와 기회(불행한 때와 재난, 뜻하지 않는 일들)는 그들 모두에게 임함이니라."(11절) 인간적인 측면에서 볼 때 이들은 모두 탁월하며 성공을 위한 외적 조건을 충분히 갖춘 자들이다. 그러나 그들 중 어느 누구도 성공이나 번영을 보장 받을 수 없다. 시기(*eth*, time)와 기회(*pega*, chance), 곧 불행한 때와 재난은 인간이 전혀 예측할 수 없는 하나님의 섭리에 의해 일어나기 때문이다.

"분명히 사람은 자기의 시기도 알지 못하나니 물고기들이 재난의 그물에 걸리고 새들이 올무에 걸림 같이 인생들도 재앙의 날이 그들에게 홀연히 임하면 거기에 걸리느니라."(12절) 사람은 언제 불행한 일을 당할지 그 때를 알지 못한다. 물고기가 그물에 걸리고 새가 덫에 걸리듯이 사람도 갑자기 재앙이 밀어닥치면 거기에 걸리고 만다.

2. 병기보다 나은 지혜(13-18절)

"나는 세상에서 지혜로운 사람이 겪는 일을 보고서, 큰 충격을 받은 적이 있다."(13절) "인구가 별로 많지 않은 조그만 성이 하나 있었는데 어느 강력한 왕이 자기 군대를 이끌고 와서 그 성을 포위하고 큰 흉벽을 쌓고 성을 치고자 하였다."(14절) '흉벽'(siege works)은 성을 공격할 때 공격의 효과를 높이기 위해 성 밖에 흙으로 높이 쌓아올린 담이나 둑을 말한다.

"이때 그 성 안에 가난하지만 아주 지혜로운 사람이 하나 있었다. 그가 지혜로 그 성을 구했다. 그러나 그 후에 이 가난한 자를 기억하는 사람은 하나도 없었다."(14절) 지혜는 재산과 관계가 없고 세상 권세보다 강하지만 아무도 그 진정한 가치를 알아주지 않는다는 뜻이다.

"그래서 나는 지혜가 힘보다 낫지만 지혜로운 사람이 가난하면 무시를 당하고 그가 하는 말을 인정해 주는 자가 없음을 알게 되었다."(16절) 지혜는 큰 가치가 있는 것이지만 사람들은 지혜의 소리에 귀를 기울이기보다 부와 권력을 배경으로 외쳐지는 큰 목소리를 듣기 좋아한다.

"조용히 들리는 지혜자들의 말들이 우매한 자들을 다스리는 자(어리석은 통치자)의 호령보다 나으니라."(17절) 어리석은 통치자의 고함치는 명령보다는, 차라리 지혜로운 사람의 조용한 말을 듣는 것이 더 낫다.

"지혜가 무기보다 나으니라 그러나 죄인 한 사람이 많은 선을 무너지게 하느니라."(18절) 지혜가 전쟁무기보다 더 낫다. 하지만 죄인 하나가 많은 선한 것을 망칠 수 있다. 자그마한 어리석음이 지혜의 큰 가치를 해친다는 말이다.

제 10 장

우매자의 해악

“죽은 파리들이 향 기름을 악취가 나게 만드는 것 같이 적은 우매가 지혜와 존귀를 난처하게 만드느니라.”(1절) 향수병에 빠져 죽은 파리가 향수에서 악취가 나게 하듯이, 작은 어리석음이 지혜를 가리고 명예를 더럽힌다.

“지혜자의 마음은 오른쪽에 있고 우매자의 마음은 왼쪽에 있느니라.”(2절) 지혜로운 사람의 마음은 옳은 일을 하는 쪽으로 기울어지고 어리석은 사람의 마음은 악을 행하는 쪽으로 기울어진다. ‘오른쪽’ (the right)은 옳은 길(정의와 능력)을, ‘왼쪽’ (the left)은 그릇된 길(불의와 무능력)을 상징한다.

“우매한 자는 길을 갈 때에도 지혜가 부족하여 각 사람에게 자기가 우매함을 말하느니라.”(3절) 어리석은 자는 길을 갈 때에도, 생각 없이 자기의 어리석음을 누구에게나 드러낸다.

“주권자가 네게 분을 일으키거든 너는 네 자리를 떠나지 말라 공손함이 큰 허물을 용서 받게 하느니라.”(4절) 통치자(윗사람)가 너에게 화를 낼 때에, 너는 네 자리를 뜨지 말라(사표를 내지 말라). 아무 말 없이 가만히 있으면(침착하면) 큰 잘못도 용서 받을 수 있다.

“내가 해 아래에서 한 가지 재난을 보았노니 곧 주권자에게서 나오는 허물이라.”(5절) 나는 통치자들에게서 한 가지 잘못된 점을 보았다.

“우매한 자가 크게 높은 지위들을 얻고 부자들이 낮은 지위에 앉는도다.”(6절) 어리석은 사람을 높은 자리에 앉히고, 부자(the rich, 존귀한 사람, 지혜로운 자)를 낮은 자리에 앉히는 것이다.

"또 내가 보았노니 종들은 말을 타고 고관들은 종들처럼 땅에 걸어 다니는도다."(7절) 내가 보니, 종은 말을 타고, 상전은 종처럼 걸어 다니는 일이 있었다. 무가치한 사람이 존중을 받고, 가치가 있는 사람이 존중을 받지 못한다는 말이다. 6절의 내용을 보충하고 있다.

"함정을 파는 자는 거기에 빠질 것이요 담을 허는 자는 뱀에게 물리리라."(8절) 구덩이를 파는 자는 거기에 빠질 수가 있고, 담을 허무는 자는 뱀에게 물릴 수가 있다. 일을 할 때는 무슨 위험이 있는가를 살필 줄 알아야 한다는 말이다. 그것이 지혜자이다.

"돌들을 떠내는 자는 그로 말미암아 상할 것이요 나무들을 쪼개는 자는 그로 말미암아 위험을 당하리라."(9절) 돌을 떠내는 자는 돌에 다칠 수가 있고, 나무를 패는 자는 나무에 다칠 수가 있다. 그러므로 이런 위험한 일들을 할 때는 지혜를 써서 피해야 한다는 말이다.

10, 11절에서, 전도자는 일을 하기 전에 지혜를 사용하여 먼저 사전에 위험을 줄이고 사고를 방지할 것을 말하고 있다.

"철 연장이 무디어졌는데도 날을 갈지 아니하면 힘이 더 드느니라 오직 지혜는 성공하기에 유익하니라."(10절) 도끼를 갈지 않아 날이 무디면 그만큼 힘이 더 든다. 그러므로 도끼날을 가는 것이 지혜로운 방법이다. 여기서 지혜는 도끼의 날이 무딘 것을 발견하고, 그 날을 날카롭게 하는 역할을 한다.

"주술을 베풀기 전에 뱀에게 물렸으면 술객은 소용이 없느니라."(11절) 뱀을 부리지도 못하고 뱀에게 물리면, 뱀을 부린다는 그 사람은 쓸 데가 없다. '주술' 은 최면을 걸거나 피리를 불어서 뱀을 길들이는 것을 말한다. 11절은 10절과 대조를 이룬다. 지혜를 적절한 때 사용하지 못하면 아무 소용이 없다는 말이다.

"지혜자의 입의 말들은 은혜로우나 우매자의 입술들은 자기를 삼키나니."

(12절) 지혜로운 사람은 말을 해서 덕을 보고, 어리석은 사람은 제 입으로 한 말 때문에 망한다.

"그의 입의 말들의 시작은 우매요 그의 입의 결말들은 심히 미친 것이니라."(13절) 미련한 자는 처음에 어리석은 말로 시작했다가 나중에는 미치광이처럼 말한다.

"우매한 자는 말을 많이 하거니와 사람은 장래 일을 알지 못하나니 나중에 일어날 일을 누가 그에게 알리리요."(14절) 그런데도 어리석은 자는 미래에 대해 자신 있게 말을 하고 또 한다. 앞으로 무슨 일이 일어날지 아는 사람은 아무도 없다. 그런데도 자꾸만 말을 한다. 세상에 누가 나중에 일어날 일(미래의 일, 죽은 다음의 일)을 그에게 말해 줄 수 있겠는가. 하나님 외에는 아무도 말할 수 없다.

"우매한 자들의 수고는 자신을 피곤하게 할 뿐이라 그들은 성읍에 들어갈 줄도 알지 못함이니라."(15절) 어리석은 자는 작은 일에도 쉽게 싫증을 느끼며 자기 집을 찾아가는 길도 모른다. '성읍에 들어갈 줄도 알지 못한다.' 는 말은 성읍으로 들어가는 길은 누구나 다 알 수 있음에도 불구하고 우매자는 그것도 모른다는 말이다. '낫 놓고 기억자도 모른다.' 는 우리속담처럼 몹시 미련하다는 뜻이다.

"왕은 어리고 대신들은 아침부터 잔치하는 나라여 네게 화가 있도다."(16절) 왕이 무능하고 지도자들이 아침부터 술타령을 하는 나라는 망할 것이다. 왕은 '어리고' (*naar*, a child)는 나이가 어린 것을 말하는 것이 아니라 무능하고 경험이 부족한 것을 말한다.

"왕은 귀족들의 아들이요 대신들은 취하지 아니하고 기력을 보하려고 정한 때에 먹는 나라여 네게 복이 있도다."(17절) 그러나 왕이 고결한 인품을 가졌고 지도자들은 취하기 위해서가 아니라 건강을 지키려고 제때에 먹는 나라(일하는 데 필요할 힘을 얻기 위해서 때와 장소를 가려 먹고 마시는 나라)는 번영을 누릴 것이다.

'귀족들의 아들' (the son of nobles)은 신분이 높은 자라는 뜻이 아니라 고귀한 인격의 소유자라는 뜻이다. '기력을 보하는 것' 은 음식을 제 때에 섭취함으로, 건강을 얻고 힘을 축적한다는 뜻이다.

"게으른즉 서까래가 내려앉고 손을 놓은즉 집이 새느니라."(18절) 게으르면 서까래가 썩어서 내려앉고 손을 움직이지 않고 가만히 있으면 집에 물이 새는 법이다. '손을 놓은 것' (idleness of hands)은 일을 하지 않는 것으로, 게으름에 익숙한 모습을 비유적으로 표현한 것이다.

"잔치는 희락을 위하여 베푸는 것이요 포도주는 생명을 기쁘게 하는 것이나 돈은 범사에 이용되느니라."(19절) 잔치는 즐기기 위한 것이고 포도주는 흥을 돋우기 위한 것이다. 돈은 만사를 해결하는 데 사용된다.

'돈은 범사에 이용된다.' (money answers everything)는 말을 18절과 대조시켜 지혜자의 생활 모습을 나타내는 것으로 해석하기도 하고, 18절과 연결시켜 방탕한 생활태도를 나타내는 것으로 보기도 한다. 후자일 가능성이 높다. 또한 돈으로 모든 욕구를 충족시킬 수 있다는 통치자의 생각을 반영한 것으로 해석되기도 한다.

"심중에라도 왕을 저주하지 말며 침실에서라도 부자를 저주하지 말라 공중의 새가 그 소리를 전하고 날짐승이 그 일(네 소리)을 전파할 것임이니라."(20절) 마음으로도 왕을 저주하지 말며 은밀한 침실에서도 부자를 저주하지 말라. 낮말은 새가 듣고 밤 말은 쥐가 듣는다.

정당한 근거에 의한 정의로운 비판이 아니라 함부로 남을 해롭게 말하는 행위는 지양해야 한다는 것이다. 말이란 항상 순수하고 진실한 마음을 드러내는 것이어야 한다.

제 11 장

구제하는 자의 지혜, 만사를 이루시는 하나님, 청년에 대한 충고

1. 구제하는 자의 지혜(1-4절)

"너는 네 떡(*lahmeka*, your bread)을 물 위에 던져라 여러 날 후에 도로 찾으리라."(1절) 너는 물질을 후하게 나누어 주어라. 언젠가는 그것이 너에게 되돌아 올 것이다. 보상을 기대하지 말고 용감하게 주라. 선을 행하되 낙심하지 말라. 때가 이르매 거두리라. 여기서 '던지라' (*sallah*, cast)는 '조건 없이 주라', '기쁘게 자원하는 마음으로 주라' 는 뜻이다. 대가를 바라지 말고 구제하라는 것이다.

새번역은 "돈이 있으면, 무역에 투자하여라. 여러 날 뒤에 너는 이윤을 남길 것이다."로 번역하였다.

"일곱에게나 여덟에게 나눠 줄지어다 무슨 재앙이 땅에 임할는지 네가 알지 못함이니라."(2절) 되도록 많은 사람에게 나누어 주어라. 이 땅에 무슨 재난이 일어날지 알 수가 없다. '일곱' 은 만수, 많은 수, 충분한 수이다. '여덟' 은 더 많은 수를 의미한다. 유대인들은 인생을 살면서 7, 8명에게 큰 영향력을 미칠 수 있어야 한다고 말한다. 주는 것은 보물을 하늘에 쌓아두는 것이다. 가장 안전하게 저장하는 방법이다. 탈무드는 주는 것만이 남는 것이라고 말한다.

새번역은 "이 세상에서 네가 무슨 재난을 만날지 모르니, 투자할 때에는 일곱이나 여덟로 나누어 하여라." 로 번역했다. 포트폴리오(분산투자) 개념을 적용한 것이다.

3-4절에서 전도자는 일하기 좋은 기회만을 기다리며 가만히 앉아있지 말고 부지런하게, 열심히 일하라 한다.

"구름에 비가 가득하면 땅에 쏟아지며 나무가 남으로나 북으로나 쓰러지면 그 쓰러진 곳에 그냥 있으리라."(3절) 하늘에 구름이 가득하면 비가 쏟아진다. 구름에 물이 가득 차면 비가 되어서 땅 위로 쏟아진다. 그리고 나무가 남이나 북으로 쓰러지면 어느 쪽으로 쓰러지든지 쓰러진 그 곳에 그대로 있다.

"풍세를 살펴보는 자는 파종하지 못할 것이요 구름만 바라보는 자는 거두지 못하리라."(4절) 바람이 분다고 바람이 그치기를 기다리다가는 씨를 뿌리지 못한다. 구름이 끼었다고 걷히기를 기다리다가는 거두어들이지 못 한다. 지나치게 외적 조건만을 따지며 계산하다가는 일을 시작하거나 결실을 거둘 수 없다. 이런저런 이유를 들어 구제를 회피하면 기회를 놓친다는 말이다. 기회는 언제나 오는 것이 아니다. 기회가 주었을 때 선한 일을 하라. '풍세'(風勢, *ruah*, wind)는 바람의 세력, 일기를 말한다.

선행은 공짜가 아니다. 하나님이 갚아주신다.

"구제를 좋아하는 자는 풍족하여질 것이요 남을 윤택하게 하는 자는 윤택하여지리라."(잠 11:25) "주라 그리하면 너희에게 줄 것이니 곧 후히 되어 누르고 흔들어 넘치도록 하여 너희에게 안겨 주리라."(눅 6:38a)

2. 만사를 이루시는 하나님(5-8절)

5-6절에서, 사람은 눈에 보이지 않는 일들, 그리고 만물을 창조하시고 지배하시는 하나님의 섭리를 우리는 잘 알지 못한다는 내용을 담고 있다.

“바람의 길이 어떠함과 아이 밴 자의 태에서 뼈가 어떻게 자라는지를 네가 알지 못함 같이 만사를 성취하시는 하나님의 일을 네가 알지 못하느니라.”(5절) 바람이 어떻게 불며 태아가 어떻게 자라나는지 알 수 없듯이 만물의 창조자이신 하나님의 일도 이해할 수가 없다. 하나님이 만사를 어떻게 성취하시는지는 우리가 알지 못한다. 마지막 결과를 거두시는 분은 하나님이시다.

“너는 아침에 씨를 뿌리고 저녁에도 손을 놓지 말라 이것이 잘 될는지, 저것이 잘 될는지, 혹 둘이 다 잘 될는지 알지 못함이니라.”(6절) 너는 아침(청년의 시기)에도 씨를 뿌리고 저녁(노년의 시기)에도 씨를 뿌려라. 이것이 잘 자랄지 저것이 잘 자랄지 아니면 둘 다 잘 자랄지 알 수 없기 때문이다. 어떤 때(시기)든 기회가 닿는 대로 열심히 그리고 최선을 다해 일하라는 말씀이다.

7-8절에서 전도자는 빛과 어두움을 각각 생명과 죽음에 대한 상징으로 언급하고 있다. “빛은 실로 아름다운 것이라 눈으로 해를 보는 것이 즐거운 일이로다.”(7절) 빛을 보고 산다는 것은 즐거운 일이다. 해를 보고 산다는 것은 기쁜 일이다. ‘빛’ (*haowr*, light)은 생명, 기쁨을 상징한다. 반대로 어둠은 죽음, 슬픔을 상징한다. 하나님은 성도로 하여금 빛의 삶, 곧 믿음의 삶과 기쁨의 삶을 살도록 하신다.

“사람이 여러 해를 살면 항상 즐거워할지로다 그러나 캄캄한 날들이 많으리니 그 날들을 생각할지로다 다가올 일은 다 헛되도다.”(8절) 항상 인생을 즐겁게 살아라. 사람이 아무리 오래 살아도 언젠가는 죽음의 날이 있을 것을 기억하라. 이 세상에는 기대할 만한 것이 아무것도 없다. ‘캄캄한 날’ (the days of darkness)은 슬픔과 불행의 때 또는 죽음의 날을 가리킨다

3. 청년에 대한 충고(9, 10절)

전도자는 청년에게도 호소한다. 청년시절이 인생에서 가장 즐거움을 누릴

수 있는 시기이기 때문이다.

"청년이여 네 어린 때(in your youth, 네 젊은 시기)를 즐거워하며 네 청년의 날들을 마음에 기뻐하여 마음에 원하는 길들과 네 눈이 보는 대로 행하라 그러나 하나님이 이 모든 일로 말미암아 너를 심판하실 줄 알라."(9절) 청년이여, 젊음을 마음껏 즐겨라. 아직 젊었다는 것을 기뻐하고, 하고 싶은 일은 무엇이든지 하라. 그러나 하나님의 심판도 있다는 것을 기억하라.

젊은 시기는 성숙을 위한 시기이다. 청년이 자신의 삶을 누리는 것도 좋지만 자신의 모든 젊은 날의 행위에 대하여 하나님 앞에 책임이 있다는 것을 알아야 한다. '어린 때를 즐거워하라' 는 것은 어린 시절부터 하나님의 선물인 인생을 즐기는 것을 배우라는 뜻이다.

"그런즉 근심(*kaas*, sorrow, anger, grief)이 네 마음에서 떠나게 하며 악(raah, evil, pain)이 네 몸에서 물러가게 하라 어릴 때와 검은 머리의 시절이 다 헛되니라."(10절) 그러므로 네 마음의 걱정(슬픔)과 육체의 고통을 없애라. 젊음도 덧없이 지나가고 만다.

제 12 장

곤고한 날이 이르기 전에 창조주를 기억하라, 지혜자의 말은 잘 박힌 못과 같다. 마지막 당부, 하나님을 경외하라

1. 곤고한 날이 이르기 전에 너의 창조주를 기억하라(1-8절)

"너는 청년의 때에 너의 창조주를 기억하라 곧 곤고한 날이 이르기 전에, 나는 아무 낙이 없다고 할 해들이 가깝기 전에."(1절) 너는 아직 젊을 때, 곧 고난의 날이 오기 전에, 아무 낙이 없다고 말할 때가 되기 전에 너의 창조자를 기억하라.

'창조주를 기억하라' (remember your Creator). 이 표현은 자아신뢰나 우상숭배와 대조적인 것으로, 사람에게 생명을 주신 하나님을 두려운 마음으로 섬기며 그의 계명을 지키라는 뜻이다. '창조주' (*bowreka*, Creator)는 창조사역자의 탁월한 능력과 위엄을 강조하고 있다. '곤고한 날' (the days of adversity, evil days, troublesome days)은 어려움이 많은 때, 거동하기 불편하고 비탄에 빠지기 쉬운 노년기를 말한다.

"해와 빛과 달과 별들이 어둡기 전에, 비 뒤에 구름이 다시 일어나기 전에 그리하라."(2절) 너무 늙어 해와 달과 별이 보이지 않고 먹구름이 곧 비를 몰고 올 때(슬픔이 떠날 날이 없을 때) 그를 기억하려고 하면 늦다. 그러니 그 전에(젊었을 때) 창조주를 기억하라.

"그런 날에는 집을 지키는 자들이 떨 것이며 힘 있는 자들이 구부러질 것이며 맷돌질 하는 자들이 적으므로 그칠 것이며 창들로 내다보는 자가 어두워질 것이며."(3절) 그때(노년)에는 너를 보호하던 팔도 떨 것이며 지금 강한 너의 다리도 약해질 것이다. 그리고 이빨이 거의 다 빠져 음식을 잘 씹지 못할 것이며 눈은 침침해져 보는 것마저 힘들게 된다.

'집을 지키는 자'는 방어하는 데 주로 손을 사용하는 것에 착안하여 손을 가리키는 비유적인 표현이다. '힘 있는 자'는 다리를 가리킨다. 다리에는 단단한 근육이 많기 때문에 성경에서는 힘을 상징하는 말로 사용되었다.

"길거리 문들이 닫혀질 것이며 맷돌 소리가 적어질 것이며 새의 소리로 말미암아 일어날 것이며 음악하는 여자들은 다 쇠하여질 것이며."(4절) 귀는 먹어 바깥에서 나는 소리도 못 듣고, 맷돌질 소리도 희미해지고, 잠을 곤히 자지 못하고 새들이 지저귀는 노랫소리에 일찍 일어날 것이다. 음악을 하는 여인들의 모든 노래 소리도 희미해질 것이다. 몸의 모든 기능이 약해진다는 말이다.

"또한 그런 자들은 높은 곳을 두려워할 것이며 길에서는 놀랄 것이며 살구나무가 꽃이 필 것이며 메뚜기도 짐이 될 것이며 정욕이 그치리니 이는 사람이 자기의 영원한 집(본향)으로 돌아가고 조문객들이 거리로 왕래하게 됨이니라."(5절) 높은 곳에는 무서워서 올라가지도 못하고, 넘어질세라 걷는 것마저도 무서워질 것이다(걷는 것도 위험할 것이다). 검은 머리가 파뿌리가 되고(머리는 온통 희어지고), 메뚜기도 짐이 될 것이며(젊은 시절처럼 활발하게 움직이지 못하며, 거동하기가 불편해서 몸을 제대로 끌고 다닐 수 없을 것이며), 정욕이 그칠 것이다(모든 의욕과 정욕은 사라질 것이다, 원기가 떨어져서 보약을 먹어도 효력이 없을 것이다.) 그렇게 되면 결국 조객들이 네 집을 찾아들 날도 멀지 않을 것이다(사람이 영원히 쉴 곳으로 가는 날, 길거리에는 조객들이 오가리라.) 노년의 때는 젊은 때와는 완전히 다르다.

"은 줄이 풀리고 금 그릇이 깨지고 항아리가 샘 곁에서 깨지고 바퀴가 우물 위에서 깨지고."(6절) 은사슬이 끊어지고, 금 그릇이 부서지고, 샘에서 물 뜨는 물동이가 깨지고, 우물에서 도르래가 부셔지기 전에, 네 창조주를 기억하라. 몸의 모든 기능이 정지되기 전에 하나님을 기억하고 신앙생활을 잘하라는 말이다.

"흙은 여전히 땅으로 돌아가고 영은 그것을 주신 하나님께로 돌아가기 전에 기억하라."(7절) 육체가 원래 왔던 흙으로 돌아가고, 숨(*haruah*, spirit, 영)이 그것을 주신 하나님께로 돌아가기 전에, 네 창조주를 기억하라. 죽음의 성경적인 의미는 육체와 영의 분리이다. 죽음이 찾아온 뒤에는 땅에서의 모든 소망은 끊어진다. 그러므로 그 때가 이르기 전에 하나님이 기뻐하시는 삶을 살라는 말이다. "전도자가 이르되 헛되고 헛되도다 모든 것이 헛되도다."(8절) 전도자가 말한다. "세상사는 다 헛되고 헛되며 모든 것이 헛될 뿐이다."

2. 지혜자의 말은 잘 박힌 못과 같다(9-11절)

"전도자는 지혜자이어서 여전히 백성에게 지식을 가르쳤고 또 깊이 생각하고 연구하여 잠언을 많이 지었으며."(9절) 전도자는 지혜로운 사람이었기 때문에 자기가 아는 것을 사람들에게 계속 가르쳤으며 그는 또 깊이 생각하고 연구하는 중에 많은 금언을 모아 정리하였다.

"전도자는 힘써 아름다운 말들을 구하였나니 진리의 말씀들을 정직하게 기록하였느니라."(10절) 이 전도자는 바르고 고운 말을 찾으려고 애썼으므로 그가 기록한 것은 거짓이 없고 진실하다.

"지혜자들의 말씀들은 찌르는 채찍들 같고 회중의 스승들의 말씀들은 잘 박힌 못 같으니 다 한 목자가 주신 바이니라."(11절) 지혜로운 자들의 말은 양떼를 모는 채찍 같고 그들이 수집한 명언은 잘 박힌 못과 같은 것이니 그것은 다 우리의 목자 되시는 하나님이 주신 것이다.

'찌르는 채찍' (*goads*, cattle prods)은 소와 말을 다룰 때 채찍질을 하듯 지혜로운 사람의 말이 사람들에게 자극을 주어 올바른 생활을 하도록 한다는 것이다. '잘 박힌 못' (well-driven nails, firmly embedded nails)은 단단하게 박힌 못에 안심하고 여러 물건을 걸어놓듯, 지혜로운 자의 말은 믿을만하다는 말이다.

3. 마지막 당부, 하나님을 경외하라(12-14절)

"내 아들아 또 이것들로부터 경계를 받으라 많은 책들을 짓는 것은 끝이 없고 많이 공부하는 것은 몸을 피곤하게 하느니라."(12절) 내 아들아, 이 밖에 조심할 일이 있다. 아무리 책을 많이 써도 끝이 없으니 지나치게 공부하는 것은 몸을 피곤하게 할 뿐이다.

"일의 결국을 다 들었으니 하나님을 경외하고 그의 명령들을 지킬지어다 이것이 모든 사람의 본분이니."(13절) 할 말은 다 하였다. 결론은 이것이다. "하나님을 두려워하라. 그분이 주신 계명을 지켜라. 이것이 바로 사람이 해야 할 의무다."

'일의 결국' (the conclusion of whole matter)은 '결론은 이것이다' 는 말이다. '경외하고' (fear God)는 하나님을 두려운 마음으로 섬긴다는 말이다. 경외(revere)는 하나님을 두려워하고(fear), 존경하는(respect) 것이다. 하나님을 인정하고, 하나님의 뜻대로 살며, 기쁘시게 하며 사는 것을 말한다. 하나님께 주파수를 맞추는 것이다.

"하나님은 모든 행위와 모든 은밀한 일을 선악 간에 심판하시리라."(14절) 하나님은 모든 행위를 심판하신다. 선한 것이든 악한 것이든 모든 은밀한 일을 다 심판하신다. 우리를 심판하실 분은 오직 하나님 한 분뿐이시다. 따라서 우리는 하나님이 요구하시는 명령을 따라야 한다.

'은밀한 일' (*nelam*, secret, hidden thing)은 숨은 허물 또는 은밀한 죄를 가리킨다. 하나님은 우리의 모든 은밀한 일까지 심판하신다. 그러므로 주님 앞에서 철저하게 깨끗해야 한다.

the Song of Songs

아가서

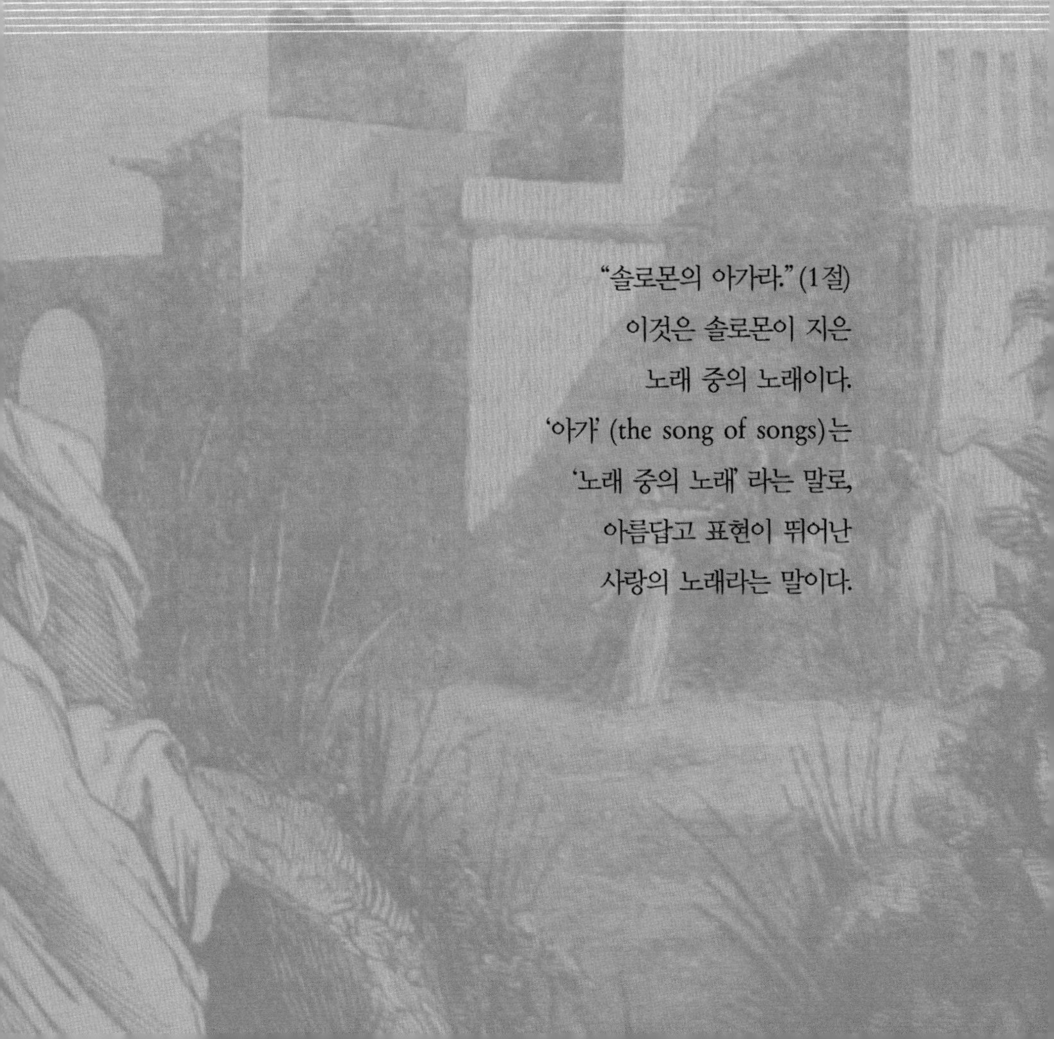

"솔로몬의 아가라." (1절)
이것은 솔로몬이 지은
노래 중의 노래이다.
'아가' (the song of songs)는
'노래 중의 노래' 라는 말로,
아름답고 표현이 뛰어난
사랑의 노래라는 말이다.

제1장

신랑을 기다리는 신부의 마음, 신랑과 신부가 사랑으로 만남

1. 신랑을 기다리는 신부의 마음(1-8절)

"솔로몬의 아가라."(1절) 이것은 솔로몬이 지은 노래 중의 노래이다. '아가' (*sir hassirim*, the song of songs)는 '노래 중의 노래' 라는 말로, 아름답고 표현이 뛰어난 사랑의 노래라는 말이다.

아가서는 크게 다섯 부분으로 나뉘어 있다. 1:2-3:5은 그 첫 단락으로, 독백과 대화로 되어 있으며, 서로의 사랑을 갈구하는 연인들의 모습을 보여주고 있다.

2-4절은 여자(신부, 술람미 여인, 6:13)가 자신을 사랑하는 남자(신랑, 솔로몬 왕, 6:8)에 대해 한 말이다. 사랑하는 이의 사랑이 포도주나 향기름보다 감미롭고 즐거운 것임을 나타내고 있다.

여자 : "내게 입 맞추기를 원하니 네 사랑이 포도주보다 나음이로구나."(2절) " 나에게 입 맞춰 주세요. 당신의 사랑(*dodeka*, your love)은 포도주보다 더 달콤합니다." 신부는 신랑을 그리다가 입 맞추기를 원한다고 고백한다. 입맞춤은 사랑과 공경의 표시이다.

"당신의 기름이 향기롭고 당신의 이름이 쏟아지는 향수와 같으므로 처녀들(*alamowt*, virgins)이 당신을 사랑합니다."(3절) '처녀들' 은 이스라엘을 가리키며 교회를 상징한다.

“왕이 나를 그의 방(his chambers)으로 이끌어 들이시니 너는 나를 인도하라 우리가 너를 따라 달려가리라 우리가 너로 말미암아 기뻐하며 즐거워하니 네 사랑이 포도주보다 더 진함이라 처녀들이 너를 사랑함이 마땅하니라.”(4절) “나를 데려가 주세요. 자, 함께 달려갑시다. 왕이 나를 자기 궁전으로 데려가셨으니 우리는 정말 행복할 것입니다. 당신의 사랑이 포도주보다 나으므로 모든 여자들이 당신을 사랑하는 것도 당연합니다.” 여호와 하나님은 이스라엘의 왕이시다. ‘그의 방’은 예루살렘 성전, 특히 지성소를 가리키는 것으로 볼 수 있고, 교회와 관련시킬 수도 있다.

5-7절은 자신이 사랑하는 이에게 매력 없이 보이면 어쩌나, 너무 천박하게 보일까 염려하며 조바심치는 여인의 모습을 드러내고 있다.

“예루살렘 딸들아 내가 비록 검으나 아름다우니 게달의 장막 같을지라도 솔로몬의 휘장과도 같구나.”(5절) “예루살렘의 여자들아, 나는 비록 검지만 아름답단다. 내가 검은 천막(tents)처럼 그을렸어도 솔로몬 궁전의 휘장처럼 아름답단다.”

‘예루살렘 딸들’은 예루살렘 태생으로 신랑의 들러리다. ‘내가 비록 검으나 아름다우니.’ 겉은 검지만 내면의 아름다운 크다는 말이다. 노동으로 인해 피부는 검게 되었지만 아름다움은 외모에서 오는 것이 아니라 인격의 고귀함에서 온다는 것을 보여준다.

‘게달의 장막’, 게달(*qedar*, Kedar)은 ‘게다르’(검은)라는 뜻으로, 이스마엘 아들 중의 한 사람으로 게달 지파의 조상을 가리키기도 한다. 그러나 여기서 게달은 다마스쿠스 남동쪽 지역(Syro-Arabia)을 가리키는 지명이자 그 지역에 살고 있는 유목민(베두인족)을 일컫는 말이다. 그들이 유목생활을 하며 거처하는 장막은 검은 염소 털로 만들었기 때문에 그 빛깔이 매우 검었다.

“내가 햇볕에 쬐어서 거무스름할지라도 흘겨보지 말 것은 내 어머니의 아들들이 나에게 노하여 포도원지기로 삼았음이라 나의 포도원을 내가 지키지 못하였구나."(6절) "내 피부가 검다고 나를 흘겨보지 말라. 햇볕에 그을렸을 뿐이다. 내 오빠들이 화를 내어(미움을 받아) 나를 포도원에서 일하게 하였으므로 내가 몸을 돌볼 시간이 없었다." 새번역에는 "오빠들 성화에 못 이겨서, 나의 포도원은 버려 둔 채, 오빠들의 포도원들을 돌보느라고 이렇게 된 것이다."로 되어 있다. 여기서 '나의 포도원'은 그녀의 몸을 가리키는 말로, 포도원을 자신이 지키지 못했다는 것은 외모를 가꿀 여유가 없었다는 말이다.

여자 : "내 마음으로 사랑하는 자야 네가 양 치는 곳과 정오에 쉬게 하는 곳을 내게 말하라 내가 네 친구의 양 떼 곁에서 어찌 얼굴을 가린 자 같이 되랴."(7절) "사랑하는 그대여, 오늘은 당신이 양떼를 어디서 먹이며 정오에는 어디에서 쉬는지 말해 주세요. 어째서 내가 이리저리 방황하며 당신 친구들의 양떼 가운데서 얼굴을 가린 자 같이(창녀처럼) 당신을 찾아야 합니까?" 신부가 신랑을 만나고 싶어 하는 마음을 극적으로 표현하고 있다. 자신의 사랑의 표현이 품위 없는 음란한 모습으로 보일까봐 걱정하는 모습도 보인다.

남자 : "여인 중에 어여쁜 자야 네가 알지 못하겠거든(그대가 나 있는 곳을 모른다면) 내 양 떼의 발자취를 따라 목자들의 장막(천막) 곁에서 너의 염소 새끼를 먹일지니라(그대의 염소새끼를 먹이시오.)"(8절) 신랑은 어떻게 하면 자신을 만날 수 있는 지를 말해준다.

2. 신랑과 신부가 사랑으로 만남(9-17절)

1:9-2:7에서 연인은 마침내 서로 만나게 된다. 그리고 자신들이 알고 있는 최상의 사물에 빗대어 서로의 아름다움과 사랑의 만족감을 표현하며 화답한다.

남자 : "내 사랑아 내가 너를 바로의 병거의 준마에 비하였구나."(9절) "나

의 사랑 그대는 바로의 병거를 끄는 날랜 말과도 같소." '준마' (mare)는 잘 달리는 우량한 말을 가리킨다. "네 두 뺨은 땋은 머리털로, 네 목은 구슬꿰미로 아름답구나."(10절) "머리를 늘어뜨린 그대의 뺨과 목걸이로 장식한 그대의 목이 참으로 아름답소."

친구들 : "우리가 너를 위하여 금 사슬에 은을 박아 만들리라."(11절) "금 사슬에 은구슬을 박은 귀고리를 우리가 너에게 만들어 주마."

여자 : "왕이 침상에 앉았을 때에 나의 나도 기름이 향기를 뿜어냈구나."(12 절) "왕이 침대에 누우셨을 때에, 나의 나도 기름이 향기를 내뿜었어요." '나도 기름' (spikenard)은 향기로운 냄새를 풍기는 '나드 향' 을 말한다. 히말라야 지방에서 자생하는 식물에서 추출한 것이어서 팔레스타인에서는 값이 나갔다. "나의 사랑하는 자는 내 품 가운데 몰약 향주머니요."(13절) "사랑하는 그이는 나에게 가슴에 품은 향주머니라오." '몰약' (myrrh)은 발삼(balsam) 나무껍질에서 채취한 향기로운 수지로, 여성 화장품으로, 왕의 혼례복을 향기롭게 하는 데도 쓰였다. '향주머니' 는 향을 넣어 차고 다니는 말총으로 짠 주머니를 말한다. "나의 사랑하는 자는 내게 엔게디 포도원의 고벨화 송이로구나."(14절) "사랑하는 그이는 나에게 엔게디 포도원의 고벨 꽃송이라오." '엔겐디(En Gedi) 포도원' 은 사해 서쪽 해안에 있는 오아시스 지역으로, 그곳에서는 포도나무를 비롯해 각종 열대 및 아열대 식물이 자랐다. 그곳에서 나는 식물은 최상품이어서 사랑하는 자를 이것에 빗대어 표현하기도 했다. '고벨화' (a cluster of henna blossoms)는 중동지방에서 자라는 헤나(*henna*)로, 향기로운 꽃송이가 다발로 뭉쳐있다. 향기가 나는 최상품 꽃으로 친다.

남자: "내 사랑아 너는 어여쁘고 어여쁘다 네 눈이 비둘기 같구나."(15절) "그대는 정말 아름답구려. 그대의 눈은 비둘기 같소." 왕으로부터 사랑을 받는 신부가 되었음을 보여준다.

여자 : "나의 사랑하는 자야 너는 어여쁘고 화창하다 우리의 침상(침대)은 푸르고(푸른 풀밭이고) 우리 집의 들보는 백향목이며 서까래는 잣나무로구나."(16, 17절) 왕이신 하나님이 나를 아름답다, 고귀하다 할 때 아름답고, 고귀한 존재가 된다.

제2장

신부와 신랑의 교창, 임을 그리워하는 신부의 노래

1. 신랑과 신부의 교창(1-7절)

앞 장에 이어 신랑과 신부의 교창이 반복된다. 서로 상대방을 부르며 사랑의 기쁨을 나눈다. 특히 전원 이미지, 특히 각종 꽃들, 나무들, 동물들 등을 이용해 서로를 생동감 있게 표현하고 있다.

여자 : "나는 사론의 수선화요 골짜기의 백합화로다."(1절) "나는 사론의 장미(*habasselet*, rose)요, 골짜기의 백합화(lily)라오." '사론'은 '평야'라는 뜻으로, 욥바에서 가이사랴까지의 해안 평야지대를 가리킨다.

남자 : "여자들 중에 내 사랑은 가시나무 가운데 백합화 같도다."(2절) "내가 사랑하는 님은 가시나무 가운데 있는 백합화 같구려."

여자 : "남자들 중에 나의 사랑하는 자는 수풀 가운데 사과나무 같구나 내가 그 그늘에 앉아서 심히 기뻐하였고 그 열매는 내 입에 달았도다."(3절) "내가 사랑하는 사람은 숲속의 사과나무 같구나. 내가 그의 그늘에 앉아서 기뻐하며 그의 열매를 맛있게 먹는구나."

"그가 나를 인도하여 잔칫집에 들어갔으니 그 사랑은 내 위에 깃발이로구나."(4절) "그가 나를 데리고 연회장으로 들어가니 임의 사랑이 내 위에 깃발처럼 펄럭이네." '깃발'(banner)은 전쟁 때 흩어진 군대를 모으는 역할을 한다. 젊고 늠름한 신랑에게서 느껴지는 신부의 안락한 감정이 시적으로 형상화

되어 있다.

"너희는 건포도로 내 힘을 돕고 사과로 나를 시원하게 하라 내가 사랑하므로 병이 생겼음이라."(5절) "건포도를 주세요. 힘을 좀 내게요. 사과 좀 주세요. 기운 좀 차리게요. 사랑하다가, 나는 그만 병들었다오."

"그가 왼팔로 내 머리를 고이고 오른팔로 나를 안는구나."(6절) "그가 왼손을 베게 하고 오른손으로 나를 안는구나."

"예루살렘 딸들아 내가 노루와 들 사슴을 두고 너희에게 부탁한다 내 사랑이 원하기 전에는 흔들지 말고 깨우지 말지니라."(7절) "예루살렘 아가씨들아, 노루와 들 사슴을 두고서 부탁한다. 우리가 마음껏 사랑하기까지는, 흔들지도 말고 깨우지도 말아 다오." 제발 우리의 사랑을 방해하지 말아달라며 간절히 부탁한다. 고결한 사랑이 흔들려서는 안 되기 때문이다.

2. 임을 그리워하는 신부의 노래(8-17절)

2:8~3:5절까지 결혼 직전 서로 애타게 만나고 싶어 하는 장면이 묘사되고 있다. 여인은 그녀의 집에서 연인을 사모하는 노래를 부른다.

여자 : "내 사랑하는 자의 목소리로구나 보라 그가 산에서 달리고 작은 산을 빨리 넘어오는구나."(8절) "사랑하는 임의 목소리가 들리는구나. 그가 산을 넘고 들을 지나 달려온다."

"내 사랑하는 자는 노루와도 같고 어린 사슴과도 같아서 우리 벽 뒤에 서서 창으로 들여다보며 창살 틈으로 엿보는구나."(9절) "내 사랑하는 임은 노루처럼, 어린 사슴처럼 빠르구나. 벌써 우리 집 담 밖에 서서 창틈으로 기웃거리며, 창살 틈으로 엿보는구나."

"나의 사랑하는 자가 내게 말하여 이르기를 나의 사랑, 내 어여쁜 자야 일어나서 함께 가자." (10절) "아, 내 사랑하는 임이 말하네. (남자) '나의 사랑 그대, 일어나오. 나의 어여쁜 그대, 어서 나오오.'"

남자의 사랑에의 초청은 계속된다. "겨울도 지나고 비도 그쳤고 지면에는 꽃이 피고 새가 노래할 때가 이르렀는데 비둘기의 소리가 우리 땅에 들리는구나." (11, 12절) "겨울은 지나고, 비도 그쳤소. 비구름도 걷혔소. 이제 꽃 피고 새들 노래하는 계절이 이 땅에 돌아왔소. 비둘기 우는 소리가 들리고 있소." 이제 겨울도 지나 봄이 왔다. 이 때 솔로몬은 술라미 여인에게 사랑의 초청장을 보낸다.

"무화과나무에는 푸른 열매가 익었고 포도나무는 꽃을 피워 향기를 토하는구나 나의 사랑, 나의 어여쁜 자야 일어나서 함께 가자." (13절) "무화과가 맺히기 시작하고 포도나무가 꽃이 피어 향기를 날립니다. 사랑하는 그대여, 일어나 함께 갑시다." 포도나무도 달콤한 향기를 토한다. 솔로몬은 뜨거운 사랑으로 일어나 함께 가자고 말한다.

"바위 틈 낭떠러지 은밀한 곳에 있는 나의 비둘기야 내가 네 얼굴을 보게 하라 네 소리를 듣게 하라 네 소리는 부드럽고 네 얼굴은 아름답구나." (14절) "바위틈에 숨은 비둘기 같은 님이여, 그대의 사랑스런 얼굴을 보이고 그대의 아름다운 목소리를 들려주오." 솔로몬은 시골의 전원 속에 묻혀있는 술라미 여인을 애타게 보고 싶어 한다.

"우리를 위하여 여우 곧 포도원을 허는 작은 여우를 잡으라 우리의 포도원에 꽃이 피었음이라." (15절) "여우들을 좀 잡아 주오. 꽃이 한창인 우리 포도원을 망가뜨리는 새끼 여우들을 좀 잡아 주오." 한창 사랑의 교제가 이루어지고 있는 때에 사랑이 깨어지지 않기를 바라는 간절한 심정이 묘사되고 있다. '작은 여우' (*qetannim sualim*, little foxes)는 왕과 여인의 사랑을 깨려고 하는 방해자 또는 방해요소를 가리키다. 영적으로는 성도가 그리스도를 사랑할 때 이를 시기하는 사단의 역사를 상징한다.

여자: "내 사랑하는 자는 내게 속하였고 나는 그에게 속하였도다 그가 백합화 가운데에서 양 떼를 먹이는구나."(16절) "임은 나의 것이요 나는 임의 것. 임은 백합화 가운데서 양떼를 먹이는구나." 신랑과 신부와의 관계는 서로에게 자기 자신을 온전히 내어주는 것이다.

"내 사랑하는 자야 날이 저물고 그림자가 사라지기 전에 돌아와서 베데르 산의 노루와 어린 사슴 같을지라."(17절) "내 사랑하는 님이시여, 날이 저물고 그림자가 사라지기 전 노루처럼 빨리 돌아와 주세요. 베데르 산의 날랜 사슴처럼 빨리 오세요." 어서 돌아와서 어린 사슴처럼 되어 달라는 말이다. 술라미 여인은 왕이 날이 어두워지기 전에 속히 자기에게 돌아오기를 고대하고 있다. '베데르(Beter) 산' 은 문자적으로 '이별의 산' 이다. 아직 결혼을 하지 않았기 때문에 밤이면 서로 헤어져야 하는 아쉬움을 이 단어를 통해 나타내고 있다.

제3장

신부의 꿈 노래, 오고 있는 신랑의 모습

1. 신부의 꿈 노래(1-5절)

이 단락에서는 밤마다 잠자리에 들면서 사랑하는 이를 그리워하며 애태우는 여인의 모습이 그려져 있다. 이것은 실제가 아니라 꿈에서 일어났던 것을 묘사한 것이다.

"내가 밤에 침상에서 마음으로 사랑하는 자를 찾았노라 찾아도 찾아내지 못하였노라."(1절) '밤에'(*ballelowt*, by night, all night, night after night)는 '밤마다'라는 뜻이다. 사랑하는 자가 사라지는 꿈과 그를 향한 그리움으로 밤마다 잠을 이루지 못하는 안타까운 심경을 나타낸다.

"이에 내가 일어나 거리와 큰 길(광장)으로 나가서 사랑하는 사람을 찾았으나 만나지 못하였다."(2절) "성 안을 순찰하는 자들을 만나서 묻기를 내 마음으로 사랑하는 자를 너희가 보았느냐 하고."(3절) 야경꾼들을 만나 내 사랑하는 임을 보았느냐고 물었다.

"그들을 지나치자마자(그들이 떠난 즉시) 마음에 사랑하는 자를 만나서 그를 붙잡고(붙잡아 가지 못하게 하고) 내가 태어난 우리 집 방으로 데리고 갔노라."(4절) 찾은 기쁨이 크다.

"예루살렘 딸들아(아가씨들아) 내가 노루와 들사슴을 두고 너희에게 부탁한다 사랑하는 자가 원하기 전에는 흔들지 말고 깨우지 말지니라."(5절) 제발 우리의 사랑을 방해하지 말아다오.

2. 오고 있는 신랑의 모습: 결혼 행렬의 노래(6-11절)

3:6~5:1은 아가서의 두 번째 단락으로, 연인들이 마침내 결혼하여 가정을 이루고, 솔직한 어휘로 서로의 육체적인 매력을 노래하며 사랑을 나누는 모습을 담고 있다. 3:6-11은 호화로운 가마와 호위병들을 보내어 신부를 데려오는 과정을 그리고 있다.

여자 : "몰약과 유향과 상인의 여러 가지 향품으로 향내 풍기며 연기 기둥처럼 거친 들에서 오는 자가 누구인가."(6절) 상인들의 향품으로 만든 몰약과 유향의 향기를 날리며 연기 기둥처럼 사막에서 오는 자가 누구인가? '향품'(*abqat*, fragrant powders)은 인도, 아라비아, 아프리카 등지에 자생하는 나무 껍질에서 추출해낸 것들로, 관유의 원료나 태우는 향으로 사용되었다. 예수님 탄생 때 동방박사가 가져온 선물 가운데 하나였다.

"볼지어다 솔로몬의 가마(couch, royal litter, chariot, 결혼 가마, 마차)라 이스라엘 용사 중 육십 명이 둘러쌌는데 다 칼을 잡고 싸움에 익숙한 사람들이라 밤의 두려움으로 말미암아 각기 허리에 칼을 찼느니라."(7, 8절) 용감한 병사 60명의 호위를 받으며 솔로몬의 마차가 오고 있다. 그 경호병들은 칼을 잘 쓰는 역전의 용사들이며 밤에도 왕을 경호하려고 모두 허리에 칼을 찼다. 60명은 궁궐 근위병의 10분의 1에 해당되는 인원으로, 왕은 이들을 자기의 신변보호나 존귀를 나타내기 위해 데리고 다녔다. 이 가마가 결혼식을 위해 오고 있다.

"솔로몬 왕이 레바논 나무로 자기의 가마를 만들었는데 그 기둥은 은이요 바닥은 금이요 자리는 자색 깔개라 그 안에는 예루살렘 딸들의 사랑이 엮어져 있구나(그 내부는 예루살렘 여자들의 사랑으로 꾸며져 있구나.)" (9, 10절) 솔로몬의 가마가 얼마나 안과 밖으로 화려한가를 보여준다.

"시온의 딸들아 나와서 솔로몬 왕을 보라 혼인날 마음이 기쁠 때에 그의 어머니가 씌운 왕관이 그 머리에 있구나." (11절) 결혼식의 축제분위기를 암시하고 있다. 왕의 모친에 대한 언급은 왕의 결혼을 인정해주고 축하해주었음을 보여준다.

제 4 장

신부에 대한 사랑의 노래, 신부가 신랑에게 첫날밤을 허락하는 노래

4장은 솔로몬이 신부의 아름다움을 극찬하고 있다. 이 시는 예수 그리스도께서 교회의 아름다움을 묘사한 것으로 간주되고 있다.

1. 신부의 고운 자태를 노래함(1-5절)

남자 : "내 사랑 너는 어여쁘고도 어여쁘다 너울 속에 있는 네 눈이 비둘기 같고 네 머리털은 길르앗 산기슭에 누운 염소 떼 같구나."(1절) 신부의 아름다움을 노래하고 있다. 신부가 신랑에게 인도될 때 베일에 가리어진 신부의 눈은 마치 비둘기 같고, 머리털은 길르앗 산에서 뛰어내려오는 염소 떼 같이 윤기가 나고 활기차다.

"네 이는 목욕장에서 나오는 털 깎인 암양 곧 새끼 없는 것은 하나도 없이 각각 쌍태를 낳은 양 같구나."(2절) 신부의 이빨을 보며 칭찬하는 말이다. 털을 깎으려고 목욕하고 나오는 암양 떼 같이 아주 희고, 하나도 빠진 것 없이 가지런하다. '각각 쌍태를 낳은 양 같다'는 것은 여인의 위 이빨이 그 아래이빨과 잘 맞추어져 한 쌍이 되어 있는 모습이 마치 한 쌍의 양과 같다는 것이다.

"네 입술은 홍색 실(붉은 실, 우리말로 앵두) 같고 네 입은 어여쁘고(사랑스럽고) 너울 속의 네 뺨은 석류 한 쪽 같구나(반으로 쪼개 놓은 석류 같다)."(3절) 신부의 입술을 붉게 칠하는데, 그 모습이 참 아름답다는 말이다. 신부의 입술,

입, 뺨, 곧 얼굴의 아름다움을 노래하고 있다.

"네 목은 무기를 두려고 건축한 다윗의 망대 곧 방패 천 개, 용사의 모든 방패가 달린 망대 같고."(4절) 금장식 목걸이를 하고 있는 여인의 목을 금빛 찬란한 방패로 장식된 다윗의 망대(tower of David)에 비유하여 찬란하고 영광스러운 이미지를 나타내고 있다. 아직 정복되지 아니한 신부의 순결성과 굳건함을 다윗의 망대에 비유한 것으로 보기도 한다.

"네 두 유방은 백합화 가운데서 꼴을 먹는 쌍태 어린 사슴 같구나."(5절) 그대의 젖가슴은 백합화(나리꽃 밭) 가운데서 꼴을 먹는 한 쌍 사슴(two fawns of deer) 같고 쌍둥이 노루(twins of a gazelle) 같다. '쌍태 어린 사슴' (어린 사슴 두 마리)은 두 개의 크기가 고르며 작은 처녀의 유방에 대한 묘사이다. 유방은 위로와 영광의 풍성함(사 66:11-12)을 제공한다. 영의 양식을 자녀들에게 제공하는 역할을 하여 그 아름다움이 더하다.

2. 그녀와 나누는 사랑의 기쁨을 노래함(6-15절)

이 단락에서는 신부와 나누는 신랑의 순결한 사랑과 기쁨이 생동감 있게 묘사되고 있다. "날이 저물고 그림자가 사라지기 전에 내가 몰약 산과 유향의 작은 산으로 가리라."(6절) 몰약산과 유향의 작은 산은 몰약(myrrh)과 향품(frankincense)으로 곱게 치장된 신부의 아름다운 모습을 상징하고 있다. 매일 아침, 저녁으로 하나님께 향 연기가 피어오르는 예루살렘 성전이 있는 산(모리아 산과 성전 터)을 가리킨다는 주장도 있다. 우리가 주님께 드릴 몰약과 유향은 준비되어 있는가.

"나의 사랑 너는 어여쁘고 아무 흠이 없구나."(7절) 아름답기도 하지만 흠잡을 데가 하나도 없다는 말이다.

“내 신부야 너는 레바논에서부터 나와 함께 하고 레바논에서부터 나와 함께 가자 아마나와 스닐과 헤르몬 꼭대기에서 사자 굴과 표범 산에서 내려오너라.”(8절) “신부여, 레바논을 떠나 나와 함께 갑시다. 아마나산과 스닐 산과 헤르몬 산에서 내려오시오. 거기는 사자와 표범이 살고 있소.” ‘아마나’(*amana*h, Amana, Abanah)는 레바논 근처의 산으로, 다마스쿠스 근처 아마나 강의 발원지이다. 엘리사가 나아만에게 요단 강에서 몸을 일곱 번 씻으라 했을 때 나아만은 불평하며 차라리 아마나와 바르발 강에서 씻는 것이 더 낫겠다고 했다. ‘스닐’ (Senir)은 다마스쿠스 북서쪽에서 본 헤르몬(Hermon) 산의 다른 이름이거나 헤르몬 산에 대한 아모리 사람들의 명칭으로 간주되고 있다. 모두 레바논 지역의 산과 계곡을 가리킨다.

“내 누이, 내 신부야 네가 내 마음을 빼앗았구나 네 눈으로 한 번 보는 것과 네 목의 구슬 한 꿰미로 내 마음을 빼앗았구나.”(9절) “나의 누이, 나의 신부야! 오늘 나 그대에게 마음을 빼앗기고 말았다. 그대의 눈짓 한 번 때문에, 목에 걸린 구슬 목걸이 때문에, 나는 그대에게 마음을 빼앗기고 말았다.” 한눈에 반했다는 말이다. ‘누이’ 는 혈통적인 관계를 나타내는 것이 아니라 아내를 극진히 사랑하여 부른 애칭이다. 신부를 다정하게 부른 것이다.

“내 누이, 내 신부야 네 사랑이 어찌 그리 아름다운지 네 사랑은 포도주보다 진하고 네 기름의 향기는 각양 향품보다 향기롭구나.”(10절) 그대의 사랑이 어찌 그리 아름다운지요. 그대의 사랑은 포도주보다 달콤하고 그대가 풍기는 향기는 그 어떤 향수보다 낫다. “내 신부야 네 입술에서는 꿀방울이 떨어지고 네 혀 밑에는 꿀과 젖이 있고 네 의복의 향기는 레바논의 향기 같구나.”(11절) “그대의 입술에서는 꿀이 떨어지고, 그대의 혀 밑에도 꿀과 우유가 있으며, 그대의 옷에서는 레바논의 향기가 풍긴다.”

주님의 신부인 교회는 정숙하고 아름다워야 한다. 주님은 이처럼 교회를 아름답게 보신다. 그러나 겉만 아름답다 하여 아름답다는 말을 들으면 안 된다. 내면의 아름다움이 더 중요하다.

"내 누이, 내 신부는 잠근 동산(enclosed, locked garden)이요 덮은 우물(a spring shut up)이요 봉한 샘이로구나."(12절) 그대는 공개되지 않은 동산이며 나 혼자만이 마실 수 있는 우물이요 샘이다. '봉한 샘'(sealed fountain)에서 봉했다는 것은 결혼한 신부에 대한 신랑의 소유권을 가리킨다. 이것은 성도에 대한 하나님의 소유권(계 7:3-8)으로 간주될 수 있다.

"네게서 나는 것은 석류나무와 각종 아름다운 과수와 고벨화와 나도풀과 나도와 번홍화와 창포와 계수와 각종 유향목과 몰약과 침향과 모든 귀한 향품이요."(13, 14절) 그대는 석류와 같은 각종 아름다운 과일, 가장 좋은 모든 향품과도 같다. 번홍화(saffron)는 흰색 또는 자색의 꽃을 피우는 사프란으로, 꽃잎을 말려 향료와 염료, 식물 착색 용 약재에 쓰인다. 여기서는 신부를 묘사하는데 쓰였다. 이 모든 것은 교회가 주께 내어놓을 열매들이다. 성령의 열매들이다. 주님을 위한 우리의 열매도 풍성해야 한다. 목에 구슬만 차고 있어서는 안 된다. "너는 동산의 샘이요 생수의 우물이요 레바논에서부터 흐르는 시내로구나."(15절) 그 동산에 생수의 물이 강처럼 흐르고 있는가. 아니면 오늘도 메마른 상태로 방치되어 있는가. 깊게 생각해볼 때다.

3. 신부가 신랑에게 첫날밤을 허락하는 노래(16절)

여자 : "북풍아 일어나라 남풍아 오라 나의 동산에 불어서 향기를 날리라 나의 사랑하는 자가 그 동산에 들어가서 그 아름다운 열매 먹기를 원하노라."(16절) 첫날밤 신랑을 허락하는 노래다. 주의 신부인 우리도 주님을 위해 아름다운 열매를 드릴 수 있어야 한다.

제5장

첫날밤의 노래, 신부의 꿈 노래, 신랑을 기다리는 신부의 노래

1. 첫날밤의 노래(1절)

남자 : "내 누이, 내 신부야 내가 내 동산에 들어와서 나의 몰약과 향 재료를 거두고 나의 꿀송이와 꿀을 먹고 내 포도주와 내 우유를 마셨으니 나의 친구들아 먹으라 나의 사랑하는 사람들아 많이 마시라."(1절) "나의 누이, 나의 신부야. 나의 동산으로 내가 찾아왔다. 몰약과 향료를 거두고, 꿀과 꿀송이를 따먹고, 포도주와 젖도 마셨다. 친구들아 먹고 마셔라. 연인들아. 사랑에 취할 때까지 마셔라." 이는 첫날밤을 치루는 신랑의 기쁨을 노래한 것이다.

4:16-5:1은 아가서 전체의 구심점을 이루는 부분이다. 부부의 인연을 맺는 두 연인이 마침내 완전한 결합을 이루었기 때문이다.

2. 신부의 꿈 노래(2-9절)

5:2-9은 아가서의 세 번째 단락으로, 요구, 거절, 찾아 나섬 등의 내용으로 구성되어 있다. 이 단락은 결혼 후 부부 사이에 찾아오는 사랑의 갈등과 위기를 꿈으로, 시적으로 표현하고 있다.

여자 : "내가 잘지라도 마음은 깨었는데 나의 사랑하는 자의 소리가 들리는구나 문을 두드려 이르기를 나의 누이, 나의 사랑, 나의 비둘기, 나의 완전

한 자야 문을 열어 다오 내 머리에는 이슬이, 내 머리털에는 밤이슬이 가득하였다 하는구나."(2절) "내가 잠을 자면서도 마음은 깨어 있는데 내 사랑하는 임이 문을 두드리는 소리가 들리는구나. (남자) '나의 누이, 나의 사랑, 나의 아름다운 비둘기여, 문을 열어 주시오. 내 머리가 이슬에 젖고 내 머리털이 밤안개에 젖었다오.'" 누워서 들어보니 자신을 찾아온 남편이 문을 열어달라는 목소리다(요구). 이것은 사랑하는 자가 산을 넘어 긴 여행을 마치고 늦은 밤에 돌아왔음을 보여준다. 남편은 그래도 부드럽게 사랑을 표현하고 있다.

여자 : "내가 옷을 벗었으니 어찌 다시 입겠으며 내가 발을 씻었으니 어찌 다시 더럽히랴마는."(3절) "내가 옷을 벗었는데 어떻게 다시 입겠습니까? 내가 발을 씻었는데 어떻게 더럽힐 수 있겠습니까?"(거절) 신랑에게 순간적인 이기심이 발동한다. 부인은 다소 냉담하고 마지못해 하는 반응을 보여주고 있다. 이로써 두 사람의 갈등이 시작된다. 이것은 부부관계를 깨뜨릴 수 있는 위기가 자연스러운 사랑의 교감이 단절되었을 때 찾아올 수 있음을 보여주고 있다.

"내 사랑하는 자가 문틈으로 손을 들이밀매 내 마음이 움직여서."(4절) "내 사랑하는 임이 문틈으로 손을 내어밀자 내 가슴이 두근거렸네." 그래도 부인의 마음이 설렌다.

"일어나 내 사랑하는 자를 위하여 문을 열 때 몰약이 내 손에서, 몰약의 즙이 내 손가락에서 문빗장에 떨어지는구나."(5절) 그래도 남편을 맞으려고 벌떡 일어나서 몰약에 젖은 손으로, 몰약의 즙이 뚝뚝 떨어지는 손가락으로 문빗장을 잡았다. 꿈속에서 사랑하는 남편의 간청에 못 이겨 문을 열어주었다는 말이다.

6-8절은 두 사람의 갈등과 사랑의 과정이 야기되는 꿈 노래이다. 이것은 서로 다른 두 사람이 만나 한 마음, 한 뜻을 이루는 과정에서 야기되는 갈등

을 반영하고 있다.

"내가 내 사랑하는 자를 위하여 문을 열었으나 그는 벌써 물러갔네 그가 말할 때에 내 혼이 나갔구나 내가 그를 찾아도 못 만났고 불러도 응답이 없었노라."(6절) 사랑하는 남편을 위해 문을 열었으나 그는 이미 가고 없었다. 남편이 보이지 않는다. 임의 말에 넋을 잃고 그를 찾아 나섰지만, 가버린 그를 찾을 수 없다. 불러도 대답이 없다.

"성 안을 순찰하는 자들이 나를 만나매 나를 쳐서 상하게 하였고 성벽을 파수하는 자들이 나의 겉옷을 벗겨 가졌도다."(7절) 여인은 남편을 찾아 성 안을 찾아 헤맨다(찾아나섬). 성문의 출입을 통제하는 순찰자(야경꾼, 경비병, 파수꾼)들은 야간에 돌아다니는 술람미 여인을 범죄자로 보고 엄하게 다루었다. 때려 상처를 입히고 겉옷을 벗겨갔다.

"예루살렘 딸들아 너희에게 내가 부탁한다 너희가 내 사랑하는 자를 만나거든 내가 사랑하므로 병이 났다고 하려무나."(8절) "예루살렘 여자들아, 내가 너희에게 부탁한다. 너희가 내 사랑하는 임을 만나거든 내가 사랑 때문에 병이 났다고 말해다오." 여인은 사랑하는 자를 잃은 슬픔에 예루살렘 여자들에게 호소한다. 그들은 그의 결혼 잔치에 참여했던 증인들이었다.

예루살렘 여자들(친구들) : "여자들 가운데에 어여쁜 자야 너의 사랑하는 자가 남의 사랑하는 자보다 나은 것이 무엇인가 너의 사랑하는 자가 남의 사랑하는 자보다 나은 것이 무엇이기에 이같이 우리에게 부탁하는가."(9절) 예루살렘 여자들은 오히려 질문을 한다. "여자 중에 가장 아름다운 미인이여, 네 사랑하는 임이 다른 사람보다 나은 것이 무엇인가? 그가 얼마나 잘났다고 네가 우리에게 이런 부탁을 하는가?" 도대체 당신의 남편이 다른 사람에 비해 무엇이 낫다는 말인가. 그것을 말해달라는 것이다. 그의 남편에 대한 존재의 확인이다.

3. 신랑을 기다리는 신부의 노래(10-16절)

5:10-7:9은 아가서의 네 번째 단락으로, 결혼의 위기를 사랑으로 극복하고 다시금 사랑을 회복하는 내용을 노래하고 있다. 이들은 다시 서로의 매력을 확인하고, 결혼생활에서 서로 짊어져야 할 사랑의 의무가 뒤따른다는 사실을 인식함으로써 성숙한 사랑의 길로 나아가게 된다.

10-16절에서 술람미 여인은 남편이 얼마나 값있고 사랑스러우며 고결하고 온유한가를 아주 황홀하게 묘사하고 있다. 남자 중에 가장 멋진 남자라는 것이다.

여자 : "내 사랑하는 자는 희고도 붉어 많은 사람 가운데에 뛰어나구나." (10절) "내 사랑하는 자는 혈색이 좋고 건장하며 뭇 남성 가운데서도 가장 뛰어난 미남자이다." '희고도 붉어' 는 말쑥한 몸매에 혈색이 좋다는 말이다. "머리는 순금 같고 머리털은 고불고불하고 까마귀 같이 검구나."(11절) 그의 머리는 순금 같고 그의 머리털은 고불고불하며 까마귀처럼 검다.

"눈은 시냇가의 비둘기 같은데 우유로 씻은 듯하고 아름답게도 박혔구나." (12절) 그의 눈은 시냇가의 비둘기 같아서 우유에 씻은 듯하고 보석이 박힌 듯 아름답다. "뺨은 향기로운 꽃밭 같고 향기로운 풀언덕과도 같고 입술은 백합화 같고 몰약의 즙이 뚝뚝 떨어지는구나."(13절) 꽃밭과 풀언덕으로 뺨을 비유한 것은 솔로몬의 얼굴에 수염이 있어 우아하게 보였기 때문인 것으로 보인다. "손은 황옥을 물린 황금 노리개 같고 몸은 아로새긴 상아에 청옥을 입힌 듯하구나."(14절) 그의 팔은 보석이 박힌 황금 지팡이 같고 그의 몸은 청옥을 입힌 상아처럼 미끈하고 윤기가 난다.

"다리는 순금 받침에 세운 화반석 기둥 같고 생김새는 레바논 같으며 백향목처럼 보기 좋고."(15절) 다리는 정금 받침에 세운 대리석 기둥 같고, 외모는 레바논의 백향목처럼 잘생겼다. '화반석' 은 흰 대리석으로, 위대함과 순결을 상징한다. 다윗은 성전 건축을 위해 대리석을 대량 수입하였다. "입은 심히 달콤하니 그 전체가 사랑스럽구나 예루살렘 딸들아 이는 내 사랑하는 자요 나의 친구로다."(16절) "그의 입도 달콤하여 모든 것이 사랑스럽기만 하다. 예루살렘 여자들아, 이 사람이 바로 내 사랑하는 사람이다." '입' 은 입에서 나온 말로도 볼 수 있다.

제 6 장

신랑을 찾아나서는 노래, 신부를 기리는 신랑의 노래, 신랑을 찾는 신부, 신랑 친구들이 신부를 기리는 노래

1. 신랑을 찾아나서는 노래(1-3절)

예루살렘 여자들(또는 친구들): "여자들 가운데에서 어여쁜 자야 네 사랑하는 자가 어디로 갔는가 네 사랑하는 자가 어디로 돌아갔는가 우리가 너와 함께 찾으리라." (1절) 예루살렘 여자들, 곧 친구들은 여인의 말을 듣고 함께 찾자고 제안한다.

여자 : "내 사랑하는 자가 자기 동산으로 내려가 향기로운 꽃밭에 이르러서 동산 가운데에서 양 떼를 먹이며 백합화를 꺾는구나." (2절) "나의 사랑하는 자는 자기의 동산, 향기 가득한 꽃밭으로 내려가서 그 동산에서 양 떼를 치면서 백합화를 꺾고 있겠지." 신부는 직접, 그것도 신랑이 홀로 있는 그곳을 찾아 나서겠다고 한다.

"나는 내 사랑하는 자에게 속하였고 내 사랑하는 자는 내게 속하였으며 그가 백합화 가운데에서 그 양 떼를 먹이는도다." (3절) 내 님은 백합화 가운데서 자기 양떼를 먹인다네. 여자는 자신이 남편에게 속해있고, 남편은 자기에게 속해있음을 확인한다. 부부는 하나 된 존재임을 밝힌 것이다. 5:2-9에 약간의 갈등이 있었지만 파국에는 이르지 않았음을 보여준다.

2. 신부를 기리는 신랑의 노래(4-10절)

이 단락은 부부가 잠시의 갈등으로 떨어져 있었지만 신랑의 근본 마음은 신부에게 있었음을 보여주는 장면이다.

남자: "내 사랑아 너는 디르사 같이 어여쁘고, 예루살렘 같이 곱고, 깃발을 세운 군대 같이 당당하구나."(4절) 나의 사랑하는 임은 디르사처럼 아름답고 예루살렘처럼 사랑스러우며 깃발을 휘날리며 승리의 행진을 하는 군대처럼 위엄이 있다. 디르사(Tirzah)는 '기쁨', '아름다움' 이라는 뜻을 가지고 있으며, 세겜 북동쪽, 곧 가나안 땅 중심부에 자리한 전략적 요충지였다. 여호수아에 패배당한 가나안 사람의 왕도였고, 북왕국 이스라엘의 정치, 경제의 중심지였다. 동산과 수풀, 물이 많아 자연경관이 뛰어났다.

"네 눈이 나를 놀라게 하니 돌이켜 나를 보지 말라 네 머리털은 길르앗 산 기슭에 누운 염소 떼 같고"(5절) "그대의 눈이 나를 사로잡고 있소. 눈길을 내게서 돌려주시오. 그대의 머리털은 길르앗 산에서 뛰어내려오는 염소 떼 같소이다."

"네 이는 목욕하고 나오는 암양 떼 같으니 쌍태를 가졌으며 새끼 없는 것은 하나도 없구나."(6절) "그대의 이는 털 깎으려고 목욕하고 나오는 암양 떼 같이 희구나. 저마다 짝이 맞아서 빠진 것이 하나도 없구나." 이가 희고, 위나 아래 치아가 균열이나 손상 없이(하나도 빠진 것 없이) 고르게 나있다는 말이다.

"너울 속의 네 뺨은 석류 한 쪽 같구나."(7절) 너울 속 그대의 볼은 반으로 쪼개어 놓은 석류 같다.

"왕비가 육십 명이요 후궁이 팔십 명이요 시녀가 무수하되."(8절) 나에게는 왕비가 60명이고, 후궁(비빈)이 80명이고, 궁녀도 수없이 많다. 열왕기상 11:3에 따르면 솔로몬에게는 왕후가 700명이고, 후궁이 300명이라 했다. 아가서의 수는 솔로몬의 통치 초기인 것으로 보인다.

"내 비둘기, 내 완전한 자(*tammati*, my perfect one)는 하나뿐(ahat, the

only one)이로구나 그는 그의 어머니의 외딸이요 그 낳은 자가 귀중하게 여기는 자로구나 여자들이 그를 보고 복된 자라하고 왕비와 후궁들도 그를 칭찬하는구나."(9절) "하지만 나의 비둘기, 나의 완전한 사랑은 하나뿐이구나. 그녀는 자기 어머니의 사랑을 한 몸에 받고 있는 외딸이다. 모든 여자들이 그녀를 보고 복 받았다고 말하니 왕후와 후궁들도 그녀를 칭찬한다." 왕후와 후궁이 많지만 솔로몬이 생각하는 완전한 여인, 곧 그가 온전히 사랑한 여자는 술람미 여인이었다.

"아침 빛 같이 뚜렷하고(shine) 달 같이 아름답고(*yapah*, fair, beautiful) 해 같이 맑고(*barah*, pure, bright) 깃발을 세운 군대 같이 당당한(*ayummah*, awesome) 여자가 누구인가."(10절) 이 여인은 새벽처럼 밝고, 보름달처럼 훤하고, 해처럼 눈부시고, 깃발을 앞세운 군대처럼 장엄하다.

3. 신랑을 찾는 신부(11, 12절)

이 단락은 신랑의 지극한 칭찬에 대한 신부의 응답이다. 1-3절과 연결된 부분으로, 신부가 마침내 신랑을 다시 찾고 또 신랑의 완전한 용납으로 환대를 받은 신부의 기쁨을 노래하고 있다.

여자 : "골짜기의 푸른 초목을 보려고 포도나무가 순이 났는가 석류나무가 꽃이 피었는가 알려고 내가 호도 동산으로 내려갔을 때에."(11절) "내가 골짜기에 새로 돋아난 초목을 보려고, 포도나무가 순이 났는지 석류나무가 꽃이 피었는지 알아보려고 호도나무 숲으로 내려갔었지."

"부지중에 내 마음이 나를 내 귀한 백성의 수레 가운데에 이르게 하였구나."(12절) "나도 모르게 갑자기 사랑이 그리워 내 백성 가운데로 돌아가고 싶었다네." 여인은 자기도 모르는 사이에, 어느덧 마음이 시키는 대로 왕의 수레에 올라앉았다. 신부는 강제로 왕에게 끌려온 여자가 아니라 사랑의 힘에 매료되어 왕의 수레에 올라탔다고 말한다. 그녀가 조용히 동산생활을 하는 동안 솔로몬의 수레가 도착하자 그녀는 다시 한 번 마음을 빼앗겼다.

4. 신랑 친구들이 신부를 기리는 노래(13절)

예루살렘 여자들(또는 친구들) : "돌아오고 돌아오라 술람미 여자야 돌아오고 돌아오라 우리가 너를 보게 하라."(13a절) "돌아오라, 돌아오라 술람미 여자여, 우리가 너를 다시 볼 수 있도록 돌아오라, 돌아오라." 예루살렘의 친구들이 신랑에게 신부인 술람미 여인을 보여 달라 청한다.

여기서 솔로몬의 여자는 '술람미 여인' (Shulammite)인 것이 드러나 있다. '술람미' 는 술람(Shulam)이라는 마을의 한 여인일 것이라는 주장도 있고, 수넴 지방 출신의 여자(수 19:18)를 의미한다고 하여 수넴 여인 아비삭(왕상 1:3)을 가리킨다는 주장도 있고, 솔로몬이라는 단어의 여성 형태로서 '솔로몬의 여자' 를 가리킨다는 주장도 있다.

남자 : "너희가 어찌하여 마하나임에서 춤추는 것을 보는 것처럼 술람미 여자를 보려느냐."(13b절) 그대들은 어찌하여 마하나임 춤마당에서 두 무리들의 춤을 보듯 술람미의 아가씨를 보려 하는가? '마하나임' (Mahanaim)은 얍복강 근처에 있는 곳으로, 야곱이 하란에서 가나안으로 돌아오던 중 하나님의 천사들을 만났던 곳이다. 다윗이 압살롬을 피해 숨었던 곳이다. 그곳은 춤으로도 유명했다. 여기서는 마하나님이 '두 그룹' '두 떼'이라는 뜻이 있어 두 줄로 도는 무리들의 춤으로 간주된다. 그들보다 술람미 여인이 더 뛰어나다는 말이다.

제7장

신랑 친구들이 신부를 기리는 노래(계속), 신랑과 신부의 교창

1. 신랑 친구들이 신부를 기리는 노래(계속)(1-5절)

1-7절은 5:11-15처럼 머리에서 발끝까지 술람미 여인의 아름다운 모습을 관능적이면서도 비유적인 어법으로 표현되고 있다. 신부의 아름다움을 순수한 기쁨으로 나타낸 것이다.

신랑 친구들(또는 남자): "귀한 자의 딸아 신을 신은 네 발이 어찌 그리 아름다운가 네 넓적다리는 둥글어서 숙련공의 손이 만든 구슬꿰미 같구나."(1절) "귀한 집안의 딸이여, 신발을 신은 그대의 발이 어쩌면 그처럼 아름다운가. 그대의 다리는 숙련공이 공들여 만든 패물(예술가의 작품)처럼 우아하구나." '숙련공'(*amman*, skillful workman)은 장인으로, 단순기술자와 구별되는 순수공예인을 말한다.

"배꼽은 섞은 포도주를 가득히 부은 둥근 잔 같고 허리는 백합화로 두른 밀단 같구나."(2절) "그대의 배꼽은 혼합 포도주를 가득 부은 둥근 술잔 같으며 그대의 허리는 백합화로 두른 밀 짚단 같구나."

"두 유방은 암사슴의 쌍태 새끼 같고."(3절) "너의 젖가슴은 한 쌍 사슴 같고 쌍둥이 노루 같구나."

"목은 상아 망대 같구나 눈은 헤스본 바드랍빔 문 곁에 있는 연못 같고 코는 다메섹을 향한 레바논 망대 같구나."(4절) "너의 목은 상아로 만든 탑

(ivory tower) 같고, 너의 눈은 바드랍빔 (Bath Rabbim) 성문 옆에 있는 헤스본 연못 같고, 너의 코는 다마스쿠스 쪽을 살피는 레바논의 망대 같구나."

'헤스본' (Heshbon)은 사해 동쪽에 있는 도시로, 한 때 아모리 왕 시혼이 수도로 삼은 곳이자 샘물이 솟아나는 축복의 땅이다. '레바논의 망대' (tower of Lebanon)는 좋은 전망을 내다 볼 수 있는 곳으로, 솔로몬 왕궁 북쪽 벽에 세워진 군사적 목적의 망대 또는 헤르몬 산 동쪽 능선에 세워진 망대로 추정되고 있다.

"머리는 갈멜 산 같고 드리운 머리털은 자주 빛(purple)이 있으니 왕이 그 머리카락에 매이었구나."(5절) "그대의 머리는 갈멜 산 같고 머리털은 비단(purple cloth, purple threads, 붉은 공단, 삼단)처럼 고와 왕이 그 매력에 사로잡히고 말았소."

2. 신랑과 신부의 교창(6-13절)

남자 : "사랑아 네가 어찌 그리 아름다운지, 어찌 그리 화창한지 즐겁게 하는구나."(6절) "내 사랑이어. 어쩌면 그대는 그처럼 아리땁고 고운가. 어찌 이리도 나를 기쁘게 하는가." 여인의 매력이 대단하다는 말이다.

"네 키는 종려나무 같고 네 유방은 그 열매송이 같구나."(7절) "그대의 늘씬한 몸매는 종려나무 같고, 그대의 젖가슴은 그 열매 송이 같구나." '종려나무' (palm tree)는 열대와 아열대 지방에서 자라나는 상록수이다. 여기서는 이 나무가 곧게 자라는 성질을 여인의 키가 크고 곧은 자세에 비유하고 있다.

"내가 말하기를 종려나무에 올라가서 그 가지를 잡으리라 하였나니 네 유방은 포도송이 같고 네 콧김은 사과 냄새 같고."(8절) " '내가 이 종려나무에 올라가서 그 가지(branches, fruit stalks, fruit, 열매로도 번역되었다)를 휘어

잡아야지.' 그대의 유방은 포도송이 같고 그대의 숨에서는 사과(능금) 냄새가 난다."

"네 입은 좋은 포도주 같을 것이니라 이 포도주는 내 사랑하는 자를 위하여 미끄럽게 흘러내려서 자는 자의 입을 움직이게 하느니라."(9절) "그대의 입술은 제일 좋은 포도주처럼 달콤하구려."(9a절)

여자 : "이 포도주가 내 사랑하는 임의 입술로 부드럽게 흘러들어가기를 원하노라"(9b절) 잇몸과 입술을 거쳐서 부드럽게 흘러내리는 이 포도주를 임에게 드려야지.

7:10-8:14은 아가서의 결론 부분으로 사랑의 참된 가치와 아름다움을 노래하고 있다. 사랑은 자신을 완전히 내어주는 데서 그 참된 가치가 실현될 수 있고, 사랑이야말로 죽음보다, 자연의 힘보다, 재물보다 위대한 아름다운 것임을 보여주고 있다.

여자 : "나는 내 사랑하는 자에게 속하였도다 그가 나를 사모하는구나."(10절) "나는 내 사랑하는 임의 것, 그가 나를 사모하는구나." 나는 임의 것이요 임이 그리워하는 사람은 나라는 말이다.

11-13절은, 술람미 여인이 2:10-13에서처럼 사랑하는 사람으로부터 초청을 받는 것으로 해석하기도 하고, 신부가 신랑에게 요청하는 것으로 보기도 한다.

남자(또는 여자) : "내 사랑하는 자야 우리가 함께 들로 가서 동네에서 유숙하자."(11절) "내 사랑하는 임이여, 우리 함께 들(시골)로 가서 마을에서 밤을 보냅시다." HCSB는 '동네에서 유숙하자.' 하는 대목을 '고벨화'(henna)가 만개한 곳에서 밤을 보내자' 라고 번역했다.

"우리가 일찍이 일어나서 포도원으로 가서 포도 움이 돋았는지, 꽃술이 퍼졌는지, 석류꽃이 피었는지 보자 거기에서 내가 내 사랑을 네게 주리라."(12절) "우리 일찍 일어나 포도원으로 가서 포도 순이 돋았는지, 꽃봉오리가 맺

혔는지, 석류꽃이 피었는지 알아봅시다. 내가 거기서 당신에게 내 사랑을 바치겠어요."

"합환채가 향기를 뿜어내고 우리의 문 앞에는 여러 가지 귀한 열매가 새 것, 묵은 것으로 마련되었구나 내가 내 사랑하는 자 너를 위하여 쌓아 둔 것이로다."(13절) "자귀나무가 향기를 내뿜어요. 문을 열고 들어오면 온갖 열매 다 있어요. 햇것도 해묵은 것도, 임이여, 내가 임께 드리려고 고이 아껴 둔 것들이라오."

'합환채' (*haddudaim*, mandrakes)는 '사랑의 사자' 라 불리는 꽃으로, 침실의 분위기를 돋우고, 향기를 내는데 사용되었다. 이 열매는 성욕을 북돋아주는 최음제로 쓰여 임신에 효험이 있는 것으로 믿어졌다. 갈릴리 들판에서 자생하고 있다. 맨드레이크, 자귀나무, 만다라화 등으로 번역하기도 한다.

제 8 장

신랑과 신부의 교창(계속), 신랑과 신부의 친정 방문 노래, 친정을 돕는 신부의 노래, 마지막 교창

1. 신랑과 신부의 교창(계속)(1-4절)

여자 : "만일 당신이 우리 어머니의 젖을 먹고 자란 오빠라면 내가 길거리에서 당신을 만나 입을 맞추어도 나를 업신여길(비웃는, 천하게 보는) 자가 없을 것입니다."(1절) "내가 당신을 우리 집으로 데려와서 당신의 교훈(가르침)을 받고 싶어요. 나는 당신에게 석류 즙으로 만든 향기로운 술을 갖다드릴 것입니다."(2절) 신랑의 교훈을 받으려는 여인의 이 같은 자세는 주님에 대한 우리의 태도를 가르쳐준다.

"너는 왼팔로는 내 머리를 고이고 오른손으로는 나를 안았으리라."(3절) "당신은 나를 왼팔에 눕혀 오른손으로 껴안아 준다면 얼마나 좋을까요."

남자 : "예루살렘 딸들아 내가 너희에게 부탁한다 내 사랑하는 자가 원하기 전에는 흔들지 말며 깨우지 말지니라."(4절) "예루살렘 여자들아, 내가 너희에게 부탁한다. 너희는 제발 우리의 사랑을 방해하지 말아다오." 사랑의 순간이 영원히 지속되기를 바라는 신랑의 후렴이다.

2. 신랑과 신부의 친정 방문 노래(5-7절)

5절은 신랑과 신부가 고향을 방문하는 장면을 소개하고 있다. 신부와 함께 친정을 찾은 신랑은 다시 한 번 사랑을 확인해준다.

예루살렘 여자들(또는 친구들) : "그의 사랑하는 자를 의지하고 거친 들에서 올라오는 여자가 누구인가" (5a절): 사랑하는 임의 팔을 끼고 거친 들(벌판, 사막)에서 올라오는 여자가 누구인가?

남자 : "너로 말미암아 네 어머니가 고생한 곳 너를 낳은 자가 애쓴 그 곳 사과나무 아래에서 내가 너를 깨웠노라." (5b절) "그대의 어머니가 산통을 겪으며 그대를 해산한 그 사과나무 아래서 내가 그대를 깨웠노라." '사과나무' (apple tree)는 신부가 태어난 집 근처에 있는 나무로 보인다. 신랑은 사과나무를 들어 지난날 그들이 만났던 첫사랑의 장면과 그 때의 말을 상기시키고 있다.

여자 : "너는 나를 도장 같이 마음에 품고 도장 같이 팔에 두라 사랑은 죽음 같이 강하고 질투는 스올 같이 잔인하며 불길 같이 일어나니 그 기세가 여호와의 불과 같으니라." (6절) "도장 새기듯 임의 마음에, 임의 팔에 나를 새기세요. 사랑은 죽음처럼(보다) 강하고, 사랑의 질투(시샘)은 무덤처럼(보다) 잔인합니다. 사랑은 타오르는 불길이어서 아무도 그 불길을 끌 수 없습니다."

'도장' (*hotam*, seal)은 소유주의 뜻을 확증하는 역할을 하는 것으로 솔로몬의 소유가 되기를 바라는 술라미 여인의 염원을 담고 있다. 자신은 영원히 솔로몬에게 속해 있다는 것이다. 나아가 도장은 상속권을 가진다는 징표이기도 하다. 하나님은 그 나라의 모든 것을 우리에게 주셨다. 또한 도장(인장, 반지, 가락지)는 영원히 변하지 않는다는 징표이다. 하나님은 영원히 변하지 않는 사랑을 우리 손에 끼워주셨다. 하나님의 사랑을 도장처럼 마음에 두라.

'그 기세가 여호와의 불과 같다' 는 것은 우리를 향한 하나님의 사랑, 불길처럼 타오르는 하나님의 그 크신 사랑은 아무도 끌 수 없다는 것으로, 사랑의 강렬함을 비유적으로 표현한 말이다. 아무도 그들의 사랑을 끊을 수 없다는 말이다.

"많은 물도 이 사랑을 끄지 못하겠고 홍수라도 삼키지 못하나니 사람이 그의 온 가산을 다 주고 사랑과 바꾸려 할지라도 오히려 멸시를 받으리라."(7절) "많은 물(many waters, mighty waters, 바닷물)도 사랑의 불을 끌 수 없고 홍수(floods, 강물)라도 그것을 소멸할 수 없습니다. 사람이 자기 재산을 다 주고 사랑을 살 수 있을까요? 오히려 멸시만 받을 것(비웃음만 살 것)입니다." 그들의 사랑은 돈으로 살 수 없을 만큼 순수하고, 끌 수 없을 만큼 강렬하다는 말이다.

3. 친정을 돕는 신부의 노래(8-12절)

여자의 오빠들 : "우리에게 있는 작은 누이는 아직도 유방이 없구나 그가 청혼을 받는 날에는 우리가 그를 위하여 무엇을 할까?"(8절) "우리 누이동생은 아직 어려서 가슴이 없는데, 청혼이라도 받는 날이 되면, 누이에게 우리가 무엇을 해야 하나?" 이것은 친정 오빠들이 여동생을 볼 때 아직 결혼할 나이가 아닌 것으로 생각하고 있음을 보여준다.

"만일 동생이 성벽이라면 우리는 동생에게 은 망대를 세워 줄 것이며 만일 동생이 문이라면 우리가 백향목 판자를 둘러 주리라."(9절) 여동생을 보호하기 위해 최선을 다할 것을 말해준다. 왕비가 된 동생을 측은히 여기는 마음이 있다.

여자 : "나는 성벽이요 내 유방은 망대 같으니 그러므로 나는 그가 보기에 화평을 얻은 자 같구나."(10절) '화평을 얻은 자 같구나'는 '부족함이 없는 자 같구나'로 번역할 수 있다. 그래서 그가 그토록 날 좋아한다는 말이다. '화평'(*salowm*, peace)은 문자적으로 '완전함', '온전함', '조화를 이룸' 등의 뜻을 가지고 있다. 더할 나위 없는 사랑, 곧 사랑을 받음으로써 얻는 마음

의 안식과 기쁨을 뜻한다. 11절의 솔로몬의 이름과 조화를 이루고 있다.

"솔로몬이 바알하몬(Baal Hamon)에 포도원이 있어 지키는 자들(소작인들)에게 맡겨 두고 그들로 각기 그 열매로 말미암아(사람마다 도조를) 은화 천개(세겔)을 바치게 하였구나."(11절) 솔로몬이 자기 포도밭 소작인들로부터 소작료를 받지 않는가.

"솔로몬 너는 천을 얻겠고 열매를 지키는 자도 이백을 얻으려니와 내게 속한 내 포도원은 내 앞에 있구나."(12절) "나에게도 내가 받은 포도밭이 있습니다. 솔로몬 임금님, 은화 천 세겔은 임금님의 것이고 은화 이백 세겔은 그 밭을 가꾼 이들의 것입니다." 여인은 솔로몬에게 포도원 같은 존재인 자기 자신을 지금까지 지키고 가꾼 오라비들에게 응분의 대가를 주는 것이 마땅하다는 논리를 제시하며 친정을 돕도록 한다. 신랑은 이에 긍정적으로 반응했으리라.

4. 마지막 교창(13, 14절)

남자 : "동산에 앉아 있는 사랑하는 자여, 그대의 음성을 들려주오. 내 친구들이 그대의 목소리를 듣고 싶어 한다오."(13절) '동산'(gardens)은 여인이 마음으로 그리는 장소로, 자기 집이 있는 작은 언덕을 가리킨다.

여자 : "나의 사랑하는 임이여, 노루처럼 달려오세요. 향기로운 산의 어린 사슴처럼 속히 달려오세요."(14절) '향기로운 산'(mountains of spices)은 사랑의 기쁨을 마음껏 누릴 수 있는 곳이다. 꽃이 핀 향기로운 산과 들에서 그들은 노루가 뛰놀 듯이 이곳저곳을 뛰어다니면서 사랑을 노래했다. 지고지순한 사랑의 아름다움과 강렬한 기쁨으로 깊은 여운을 남기며 아가는 끝난다.

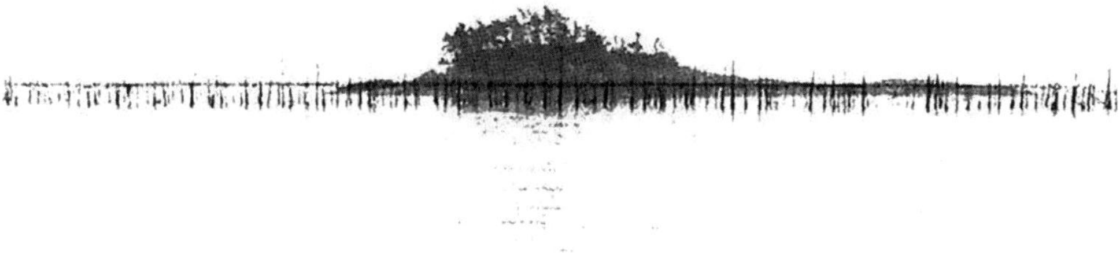